融合型·新形态教材
复旦社云平台 fudanyun.cn

婴幼儿托育·教养·早期教育系列教材

U0730977

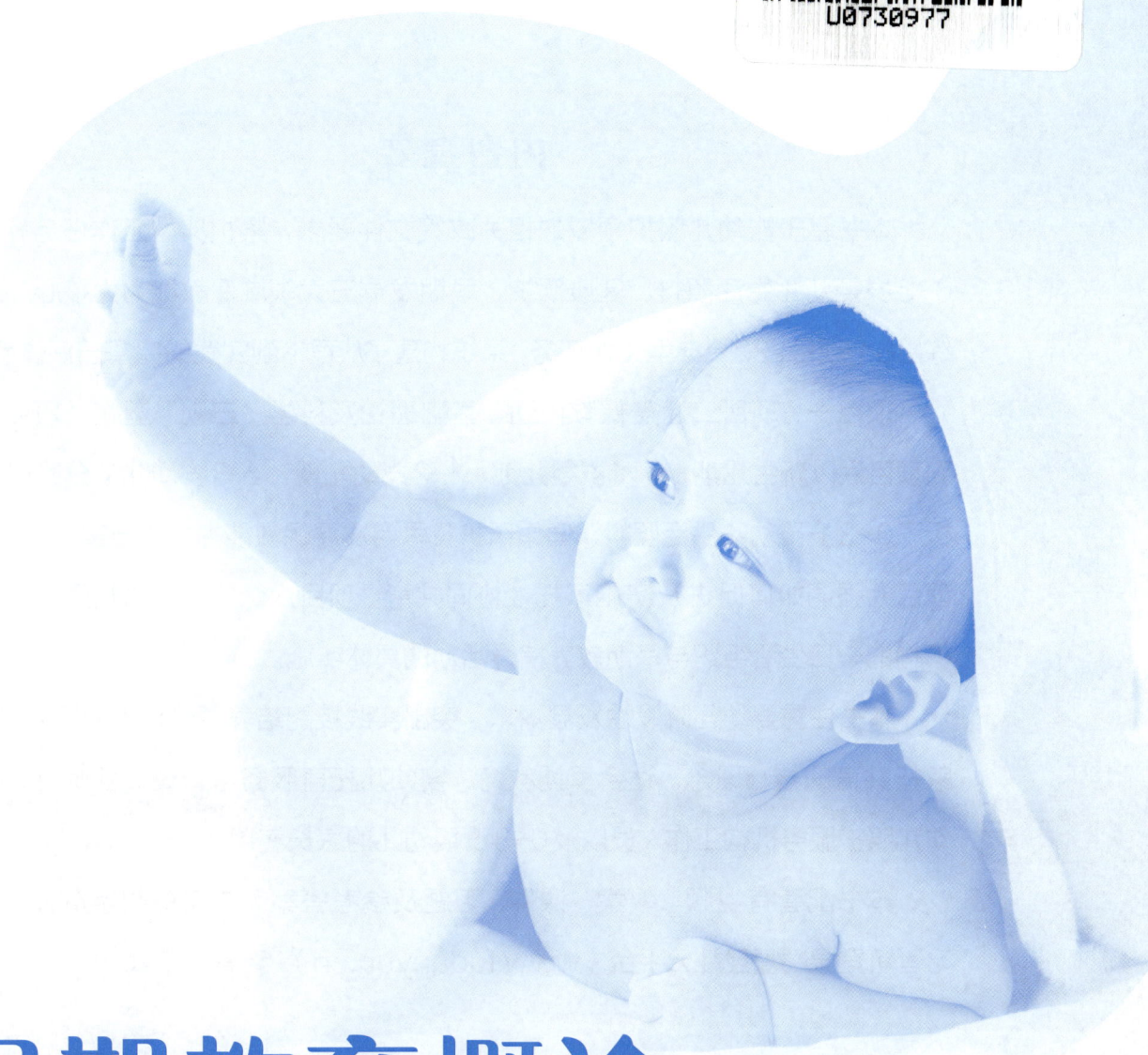

早期教育概论

总主编 陈雅芳　颜晓燕

主　编 刘丽云

副主编 林晓婷　郑丽彬

编　者 刘丽云　林晓婷　郑丽彬　夏　佳

　　　　林文勤　简敏玲　黄　静

复旦大学 出版社

内容提要

本书基于婴幼儿照护领域的相关政策文件要求，紧扣典型工作任务，以0~3岁婴幼儿生活照料、健康照护、早期发展三大领域保教能力为核心，凝练出8个项目、22个典型工作任务，系统构建了从理论到实践的完整知识体系。

项目一、项目二涵盖保教内涵、基础理论及科学"三观"塑造。项目三到项目六以新生儿期、0~1岁婴儿期、1~2岁幼儿期、2~3岁幼儿期分阶段解析了0~3岁婴幼儿生活照料、健康照护及早期发展保教能力要求与实施路径。项目七强调如何促进及实施家托社协同共育。项目八介绍了婴幼儿照护服务机构的一日生活组织与早期教养指导活动的具体实施。

本书注重婴幼儿阶段性发展需求，突出实践技能培养，体现教养医结合、家托共育的核心理念。适合早期教育、婴幼儿托育服务与管理专业师生，婴幼儿照护服务机构工作人员以及0~3岁婴幼儿的家长使用。

本书配套有视频、教案、课件、习题及参考答案等丰富的数字资源，学习者可登录"复旦社云平台（www.fudanyun.cn）"查看、下载。

"婴幼儿教养系列教材"编委会

总 主 编：陈雅芳　颜晓燕

副总主编：许琼华　洪培琼

高等院校委员：

曹桂莲　林　娜　孙　蓓　刘丽云　刘婉萍　许　颖　孙巧锋　公燕萍　林　競

邓诚恩　郭俊格　许环环　谢亚妮　练宝珍　张　洋　姚丽娇　柯　瑜　黄秋金

冯宝梅　洪安宁　林晓婷　候松燕　郑丽彬　王　凤　戴巧玲　夏　佳　林淳淳

行业企业委员：

陈春梅（南安市宏翔教育投资有限公司教学顾问、泉州工程职业技术学院继续教育学院副院长）

李志英（泉州幼儿师范高等专科学校附属东海湾实验幼儿园党支部书记、园长）

黄阿香（泉州幼师附属幼儿园党支部书记、园长）

欧阳毅红（泉州市丰泽幼儿园党支部书记、园长）

褚晓瑜（泉州市刺桐幼儿园党支部书记、园长）

吴聿霖（泉州市丰泽区教师进修学校幼教教研室主任）

郑晓云（泉州市丰泽区实验幼儿园党支部书记）

李嫣红（泉州市台商区湖东实验幼儿园党支部书记、园长）

陈丽坤（晋江市实验幼儿园党支部书记、园长）

何秀凤（晋江市第二实验幼儿园党支部书记、园长）

柯丽容（晋江市灵源街道灵水中心幼儿园园长）

张珊珊（晋江市灵源街道林口中心幼儿园园长）

王迎迎（晋江市金井镇毓英中心幼儿园园长）

庄妮娜（晋江市明心爱萌托育集团教学总监）

孙小瑜（泉州市丰泽区信和托育园园长）

庄培培（泉州市海丝优贝婴幼学苑教学园长）

林文勤（泉州市博博宝贝托育服务有限公司园长）

郑晓燕（福建省海丝优贝托育服务有限公司园长）

黄巧玲（福州鼓楼国投润楼教育小茉莉托育园园长）

林远龄（厦门市实验幼儿园党支部书记、园长）

钟美玲（厦门市海沧区实验幼儿园党支部书记、园长）

黄小立（厦门市翔安教育集团副校长）

简敏玲（漳州市悦芽托育服务中心园长）

复旦社云平台
数字化教学支持说明

　　为提高教学服务水平，促进课程立体化建设，复旦大学出版社建设了"复旦社云平台"，为师生提供丰富的课程配套资源，可通过"电脑端"和"手机端"查看、获取。

【电脑端】

　　电脑端资源包括PPT课件、电子教案、习题答案、课程大纲、音频、视频等内容。可登录"复旦社云平台"（fudanyun.cn）浏览、下载。

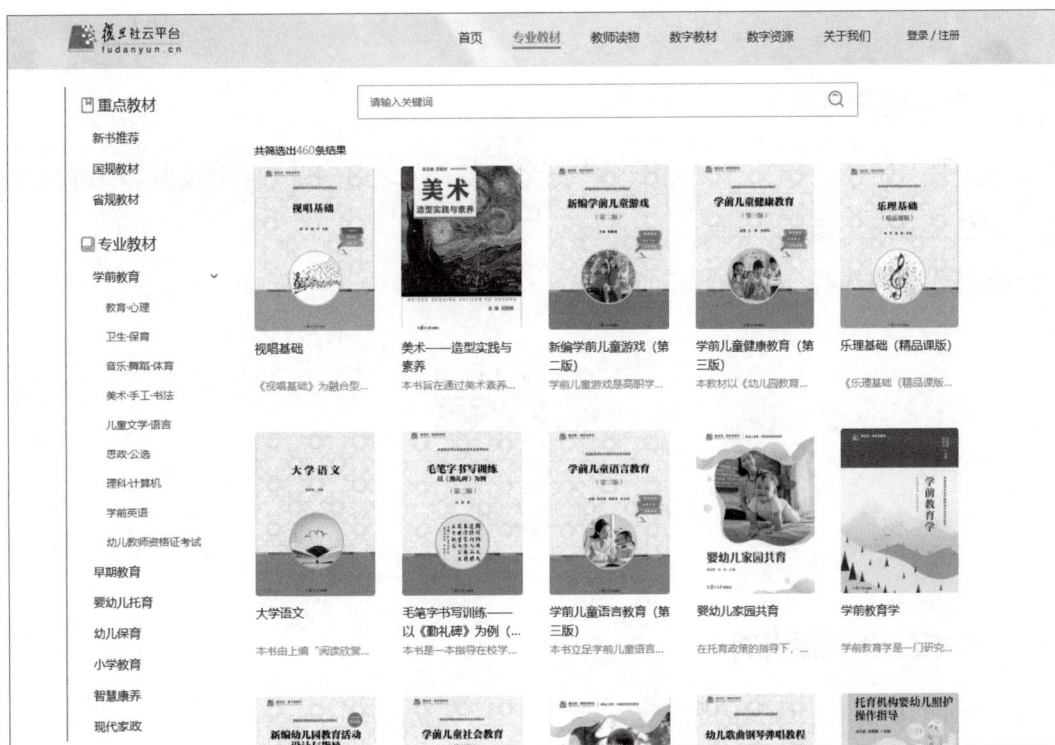

　　Step 1　登录网站"复旦社云平台"（fudanyun.cn），点击右上角"登录／注册"，使用手机号注册。

　　Step 2　在"搜索"栏输入相关书名，找到该书，点击进入。

　　Step 3　点击【配套资料】中的"下载"（首次使用需输入教师信息），即可下载。音频、视频内容可点击【数字资源】，搜索书名进行浏览。

📱 **【手机端】**

PPT 课件、音视频、阅读材料：用微信扫描书中二维码即可浏览。

扫码浏览 ➡

📖 **【更多相关资源】**

更多资源，如专家文章、活动设计案例、绘本阅读、环境创设、图书信息等，可关注"幼师宝"微信公众号，搜索、查阅。

平台技术支持热线：029-68518879。

"幼师宝"微信公众号

✏️ **【本书配套资源说明】**

1. 刮开书后封底二维码的遮盖涂层。

2. 使用手机微信扫描二维码，根据提示注册登录后，完成本书配套在线资源激活。

3. 本书配套的资源可以在手机端使用，也可以在电脑端用刮码激活时绑定的手机号登录使用。

4. 如您的身份是教师，需要对学生使用本书的配套资料情况进行后台数据查看、监督学生学习情况，我们提供配套教师端服务，有需要的教师请登录"复旦社云平台"（fudanyun.cn），点击"教师监控端申请入口"提交相关资料后申请开通。

序

人生百年,立于幼学。0～3岁婴幼儿的早期教育与照护是学前教育与终身教育的开端,不仅关系着儿童的健康成长,也关系到千家万户的幸福和谐与国家未来人才的综合素质。习近平总书记指出,要大力发展普惠托育服务体系,显著减轻家庭生育、养育及教育负担。党的二十大报告指出:深入贯彻以人民为中心的发展思想,在幼有所育上持续用力。坚持以推动高质量发展为主题,建设教育强国,办好人民满意的教育。2022年7月,国家卫生健康委、国家发展改革委等17部门联合印发《关于进一步完善和落实积极生育支持措施的指导意见》,也明确提出提升托育服务质量。在此背景下,国家迫切需要建设一支"品德高尚、富有爱心、敬业奉献、素质优良"的婴幼儿照护服务队伍,开展托幼专业师资人才培养培训并编写相应的专业教材成为当务之急。泉州幼儿师范高等专科学校在2014年编写了"0～3岁儿童早期教育"系列教材,在此基础上,我们再次组织高校、幼儿园和托育机构的教师团队,对本套丛书进行编写和修订。

本丛书以习近平新时代中国特色社会主义思想为指导,贯彻落实党中央关于托育工作的决策部署,依据国务院办公厅《关于促进3岁以下婴幼儿照护服务发展的指导意见》(国办发〔2019〕15号),国家卫生健康委《托育机构保育指导大纲(试行)》(国卫人口发〔2021〕2号),国家卫生健康委办公厅《3岁以下婴幼儿健康养育照护指南(试行)》(国卫办妇幼函〔2022〕409号)、《托育从业人员职业行为准则(试行)》(国卫办人口函〔2022〕414号)等政策要求,全面落实立德树人根本任务,通过教材建设,满足专业人才培养需求。本套教材拟从以下三方面回应当前托育发展的现状。一是破解托育服务行业快速发展与专业人才供给不足的矛盾,为婴幼儿教育提供可持续、专业化的服务和指导。二是弥补高校早期教育、托育服务专业教材系列化的缺失,助推人才培养,建立与托育服务产业链相配套的人才链,为各院校提供前沿教材参考,从人才培养的源头保障托育服务专业化水平的提升。三是助力解决公办托育一体化服务、社区配套托育服务中科学养育方案和教材内容欠缺等难题,助推"托幼一体化"模式和多形式普惠托育服务模式形成,促进托育机构多样化健康发展。

本丛书依照中华人民共和国国家标准《0～3岁婴幼儿居家照护服务规范》《家政服务 母婴护理服务质量规范》,对照教育部《早期教育专业教学标准》《婴幼儿托育服务与管理专业教学标准》,融合思政教育,对接工作岗位,以任务驱动、问题导向的岗课赛证贯通的体系编排内容,呈现"项目导读、学习目标、知识导图、案例导入、内容阐释、育儿宝典、任务思考、实训实践、赛证链接"的编写体例,突出职业性、科学性与实用性三大特色。此外,教材还内置二维码链接视听资源、课程资源与典型案例,形成数字化教材体系,支持线上线下混合式教学。实现纸质教材 + 数字资源的结合,体现"互联网 +"新形态一体化教材的编写理念。

本丛书组建专业编写团队,汇聚学前教育、早期教育和婴幼儿托育服务与管理专业的专家学者,联合高校、幼儿园、早教和托育机构等相关教师参与编写,共同打造涵盖0～3岁婴幼儿"卫生保健、心理发展、早期教育、环境创设、营养喂养、动作发展、言语发展、游戏指导、艺术启蒙、情感与社会性发展、观察评价、亲子活动、家庭教养"等内容的14本系列教材,体现专业性、系列化和全视域特点。

本丛书中的8本教材——《婴幼儿卫生与保健》《婴幼儿心理发展》《早期教育概论》《婴幼儿亲子活动设计与指导》《婴幼儿游戏指导》《婴幼儿活动设计与指导(动作发展)》《婴幼儿活动设计与指导(言语发展)》《婴幼儿活动设计与指导(艺术启蒙)》,历经十余年教学实践检验后,结合当代托育服务新理念进行全新修订;另 6 本教材——《婴幼儿科学营养与喂养》《婴幼儿活动设计与指导(社会性发展)》《婴幼儿活动设计与指导(综合版)》《婴幼儿行为观察与发展评价》《婴幼儿教养环境创设与利用》《婴幼儿家庭教养指导与咨询》则是最新编写,能够较好地融合校企合作、双元育人的有效做法,体现理论与实践密切结合的特点。

本丛书由陈雅芳、颜晓燕担任总主编,许琼华、洪培琼担任副总主编,统筹全书策划与审校工作。各教材分别由专人主编:洪培琼、许环环主编《婴幼儿卫生与保健》,孙蓓主编《婴幼儿心理发展》,刘丽云主编《早期教育概论》,林娜主编《婴幼儿科学营养与喂养》,陈春梅主编《婴幼儿活动设计与指导(动作发展)》,颜晓燕主编《婴幼儿活动设计与指导(言语发展)》,公燕萍主编《婴幼儿活动设计与指导(艺术启蒙)》,许琼华主编《婴幼儿活动设计与指导(社会性发展)》,邓诚恩主编《婴幼儿活动设计与指导(综合版)》,曹桂莲主编《婴幼儿亲子活动设计与指导》,孙巧锋主编《婴幼儿游戏指导》,许颖主编《婴幼儿行为观察与发展评价》,林竞主编《婴幼儿教养环境创设与利用》,郭俊格主编《婴幼儿家庭教养指导与咨询》。

本丛书符合职前早期教育、托育服务与管理等专业课程的开设需求,符合职后相关教育工作者职业能力的发展需求,同时也为家长提供科学育儿参考,适宜高校教师和学生,早教和托育机构的教育工作者、研究者以及广大家长使用。

打造高品质的专业教材是编写组的初衷,助力广大学生、教师和家长共同守护婴幼儿的健康发展是编写组不变的初心!由于编者水平有限,书中存在不妥之处,恳请读者批评指正!

"婴幼儿教养系列教材"编写组

前 言

2019年，是我国新时代婴幼儿照护服务的元年。国务院办公厅发布《关于促进3岁以下婴幼儿照护服务发展的指导意见》。2019年政府工作报告中提出"加快发展多种形式的婴幼儿照护服务、支持社会力量兴办托育服务机构"的方向性要求。2021年的第十四个五年规划以及2035年远景目标纲要中，也提及健全婴幼儿发展政策,鼓励幼儿园发展托幼一体化服务,推进婴幼儿照护专业化、规范化发展。2025年1月发布的《教育强国建设规划纲要(2024－2035年)》提出"支持有条件的幼儿园招收2至3岁幼儿"。国家政策文件高度重视,婴幼儿照护行业面临各种发展需求,最核心的因素就是师资队伍。0至3岁是个体生命历程中最为稚嫩和脆弱的阶段,这对院校早期教育相关专业人才职前培养提出了更高要求。社会需求层面,现阶段,存在家庭需求旺盛、优质人才紧缺、机构亟须规范的现状。对3岁以下婴幼儿照护的需求已经从前期的"有没有"升级为"好不好"。基于此,泉州幼儿师范高等专科学校与复旦大学出版社合作,集合学校众多专家,邀请福建省托育机构与幼儿园的园长和教师参与,经多次研讨和反复修订,编写成《早期教育概论》教材。

一、教材编写内容

《早期教育概论》教材编写旨在助力学生形成科学儿童观、保教观、教师观,增强呵护婴幼儿健康成长的责任意识,掌握科学保教方法,具备回应性照料核心技能,同时具备指导家长科学育儿的能力。教材内容将国家婴幼儿照护服务发展的最新政策融入编写过程,及时呼应婴幼儿照护的新理念、新规范、新要求。编写团队将"幼有所育、幼有善育、幼有优育"理念融入编写过程,遵循"岗课赛证融合"的人才培养模式,有机融入思政理念。

教材内容以"有情怀、懂儿童、会保教、能指导"为引领,精选岗位典型保育任务,精选8个项目、22个典型工作任务。本教材充分采纳近几年婴幼儿照护比赛相关真题,开展"岗课赛证"四位一体内容设计,提供丰富的赛题、案例、活动设计,帮助学生更好地掌握0～3岁婴幼儿发展特点和规律,提高婴幼儿照护岗位实践的应用能力和解决问题的能力。

二、教材特色和创新

本教材在编写过程中,力图体现以下特色和创新。

(一) 养教医融合,思政引领,构建婴幼儿照护人才培养新范式

本教材立足婴幼儿养教医照护领域的专业知识体系,深度挖掘国家"慈幼爱婴"百年托育服务发展历程中蕴含的思想教育资源,有机融入婴幼儿照护人才的职业素养培育要求、中国特色社会主义"幼有所育"伟大实践的时代内涵以及师范教育的榜样示范力量,系统设计教学内容。教材紧扣岗位典型工作任务,注重职业情怀的内化养成,以"生活照料、健康照护、早期发展"三大领域保教能力为核心支撑,以"塑三观、育三心、强三能"为主线贯穿思政教育,着力培养"以婴幼儿发展为本"的职业情感,切实强化尊重、相信、支持婴幼儿的专业理念。

(二) 产教融合,提炼项目式、任务式的典型任务

组建一支由职业院校教师、托育机构管理者、一线婴幼儿照护者共同参与的编写团队,紧密对接幼

儿园托班、不同类型托育机构、早托中心等婴幼儿照护岗位的实际能力需求,缩短教材内容与岗位需求之间的差距,提高实用度,充分体现教材模块化、项目化、任务清单式的实用化设计,为教材使用者提供可操作化的保教要领。

(三) 线上线下双时空协同、校内校外多课堂联动,优化课程实施路径

课程以"师范·高职·专科"三位一体课程理念为指引,以国家对 0～3 岁婴幼儿照护人员专业要求的相关文件为依据,助力学生完成婴幼儿托育机构活动的组织与实施,培养遵守法规、规范从教的守法信念和行为示范,树立指导家长、回馈社会的服务意识。课程实施与学生见习、实习相结合,通过经验丰富的教师示范教育、自身实践的亲身体验、与婴幼儿和家长的亲密接触与沟通,知行统一,学思结合,增强善于解决问题的实践能力。同时,教材内容依托精品课程资源和成果,线上线下同步推广应用,服务一线教师和婴幼儿家长。

三、教材编写分工

本教材是集体智慧的结晶,共八个项目,由泉州幼儿师范高等专科学校刘丽云担任主编并负责统稿,由林晓婷和郑丽彬担任副主编,丛书编写组负责审稿和定稿。具体编写分工如下:刘丽云编写项目一、项目六和项目八;林晓婷编写项目二;林晓婷、刘丽云编写项目七;郑丽彬、刘丽云编写项目三和项目四;夏佳编写项目五。此外,泉州市博博宝贝林文勤园长、漳州市悦芽托育简敏玲园长、成都市高新区森林里宝宝托育黄静园长也在本教材写作过程中提供了资源活动案例,并提供了宝贵的意见。

本教材在写作过程中参阅了大量国内外文献,虽努力注明出处,但因资料零散庞杂,难免有所遗漏,未能全部注明来源,在此向所有被参阅文献的作者致以真挚的感谢。同时,感谢总编写组和学校系部对本教材编著提供人力物力支持,感谢复旦大学出版社对早期教养领域研究给予的大力支持。

目录

项目 八　熟悉婴幼儿照护服务机构　　143

项目一 认识婴幼儿保教

项目导读

　　从事婴幼儿保教工作仅凭爱和常识远远不够，须知"婴幼儿保教是一门科学，不能仅凭经验"。"认识婴幼儿保教"项目内容主要围绕三个方面展开，分别是婴幼儿保教的内涵、特点、任务，婴幼儿保教科学理论基础，婴幼儿保教科学三观。通过学习，学习者可掌握 0～3 岁婴幼儿保教的内涵要点，能够运用科学的儿童观、保教观、教师观辨析常见育儿误区，体悟"幼有所育、幼有善育""科学保教、规范从教"的重要意义，塑造科学的保教三观，即关怀婴幼儿的"儿童观"、科学保教的"保教观"以及规范从教的"教师观"。强化安全保教、规范保教意识，掌握婴幼儿早期发展与回应性照护的知识与策略，提升保教能力。

学习目标

1. 掌握婴幼儿保教内涵、特点、任务、理论基础的要点。
2. 初步运用科学儿童观、保教观、教师观辨析常见保教问题。
3. 体验领悟国家"幼有所育"政策，感知科学保教、规范从教的重要意义。

知识导图

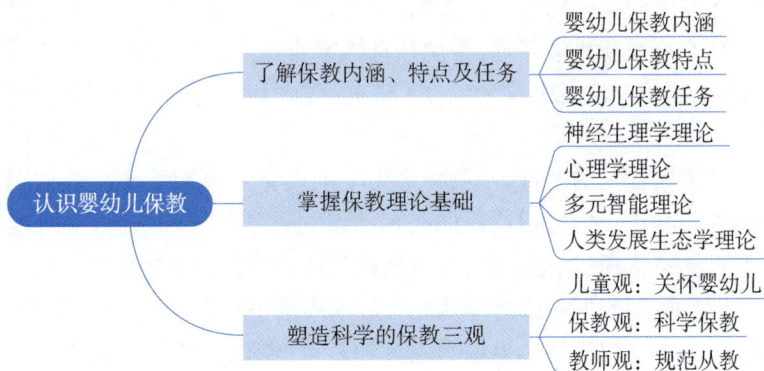

任务一 了解保教内涵、特点及任务

案例导入

　　1岁的豆豆活泼好动,最近,妈妈和奶奶在如何照顾豆豆的问题上产生了分歧。奶奶认为:"豆豆才1岁半,每天只要吃饱穿暖、不生病就行了,教育是上托育园以后的事。"因此,奶奶更关注豆豆的饮食起居,比如按时喂饭、及时换尿布、穿够衣服别着凉。而妈妈则坚持:"照顾豆豆时也要有教育意识,比如喂饭时可以教他认识餐具,换尿布时可以和他说话互动。"一天,妈妈看到奶奶给豆豆换尿布时动作麻利但全程沉默,便建议:"妈,您可以一边换尿布一边和豆豆说说话,比如'我们要换干净的尿布啦',这样能促进豆豆的语言发展。"奶奶却不以为然:"这么小的孩子懂什么? 换尿布就是换尿布,搞那么多花样干嘛?"

　　❓ 请分析案例中奶奶和妈妈的观点分别代表怎样的保教理念? 思考如何在日常照护婴幼儿过程中实现"保育为主、保教融合"?

　　正如案例所述,婴儿出生后,诸如此类的保教问题接踵而至。的确,了解婴幼儿的世界仅凭经验行不通,仅凭爱也是不够的。必须掌握科学育儿理念,采取适宜保教对策,才能为其健康快乐成长保驾护航。关注生命早期1000天健康保障,加强婴幼儿早期发展服务。"人生百年,立于幼学"。脑科学、儿科学、发展心理学和教育学等多学科研究成果以及国际社会的诸多实践均表明,从出生至1000天是个体身心发展的关键时期,科学优质的照护服务不仅有助于促进婴幼儿健康成长、家庭和谐,也有助于提高生育率与女性就业率,促进经济社会持续健康发展[①]。

一、婴幼儿保教内涵

　　意大利幼儿教育家蒙台梭利曾经说过:"人生的头三年胜过以后发展的各个阶段。"家庭、机构和社会在婴幼儿出生后就要肩负起科学保育与教育的责任。那么,科学的保教内涵是什么呢?

　　第一个层面是0～3岁婴幼儿的保育。是指照护者为0～3岁婴幼儿的生存、发展创设有利环境,提供相应物质条件,给予精心照顾和科学养育,帮助其身体素质获得良好发展,同时促进其身心健康发展。具体包括生活照料和健康照护。生活照料又包含了喂养、睡眠和卫生照护;而健康照护则包含常见疾病护理和伤害防护。

　　第二个层面是0～3岁婴幼儿的教育,一般称之为早期教育或早期发展。是指在0～3岁婴幼儿时期,根据其生理和心理发展特点,对其进行有目的、有计划的科学引导和培养,促进婴幼儿身心和谐、全面发展。包括动作促进、语言沟通、认知探索、情绪情感与社会交往四大领域。

　　结合以上两个层面的阐述,我们可以对婴幼儿保教的内涵进行界定:婴幼儿保教是指由婴幼儿家庭和婴幼儿照护服务机构对0～3岁婴幼儿提供的保育和教育的服务,即为婴幼儿提供生活照料、健康照护,以及动作促进、认知引导、语言培养、情感与社会性发展等方面的服务。

二、婴幼儿保教特点

　　相关脑科学研究成果表明,婴儿出生不久便具备学习能力,这个研究成果为早期教养提供了科学依据,"只养不教"的传统育儿方式受到质疑。但也有不少有识之士担忧教育向三岁前延伸是否会对其发展造成负面影响。这种担忧不无道理。现实中确实存在对婴幼儿教育内涵理解的错位,从而导致了实

---

① 洪秀敏等. 婴幼儿托育机构设置标准的国际经验与启示[M]. 北京:北京师范大学出版社,2020:1.

践中"教"的误区。婴幼儿年龄越小,发展越快,相同月龄个体之间的差异也越大,这就给教育阶段目标的确立、内容安排以及教学方式带来很大的挑战,处理不当就会适得其反。

(一)"保"与"教"的内涵辨析

0～3 岁婴幼儿的"保"与"教"是相互依存、辩证统一的两个方面。"保"主要指满足婴幼儿生理需求的基础照护,包括饮食、睡眠、卫生、安全等生命支持系统,其核心目标是保障身体健康与生存发展;"教"则强调在保育过程中通过互动与环境刺激促进动作、认知、语言、情绪情感与社会交往的全面发展。二者并非割裂的两种活动,而是同一过程的不同维度。

基于皮亚杰的认知发展理论,0～3 岁婴幼儿处于感知运动阶段,其学习方式以直接经验为主,因此日常保育活动本身就是最重要的教育载体。维果茨基的"最近发展区"理论进一步指出,照护者的适时引导能帮助婴幼儿在生活经验中实现能力提升。同时,鲍尔比的依恋理论强调,照护者的回应性照护直接影响婴幼儿的安全感与社会性发展。神经科学研究也表明,早期丰富的环境刺激能促进大脑突触修剪与神经可塑性发展,这凸显了保有教、教融于保的必然性。

(二)保教融合实施途径

0～3 岁婴幼儿保教融合的实施需要遵循"发展性保育"理念,将保育活动转化为发展契机。具体而言,可参考回应性照护三原则:同步化原则要求匹配婴幼儿的生理与行为节奏;标记化原则强调在照护过程中伴随语言输入;支架化原则则主张根据婴幼儿能力发展逐步减少辅助。这些原则的实施需要照护者具备专业的观察能力和互动技巧。

在实践层面,保教融合体现在日常生活的各个环节。例如,在换尿布时加入语言互动,既能满足生理需求,又能促进感知觉和语言发展;在喂养过程中鼓励自主进食,培养独立性和精细动作能力。0～3 岁婴幼儿的教育并非独立于保育之外的特殊活动,而是渗透在日常照护中的发展支持活动。因此,保教工作的核心在于"在养护中引导,在游戏中发展",通过科学的方法将无意识的照护转化为有意识的发展促进。

综上所述,0～3 岁婴幼儿保育与教育的特点应包括三个方面。

第一,教育对象为 0～3 岁婴幼儿及其照护者。照护者则包括家长、看护人、抚养人和婴幼儿照护服务机构教师。照护者是 0～3 岁婴幼儿生活的照护者,情感的交流者,智力的开发者,行为的引导者和活动的指导者,照护者的教养素质直接影响着婴幼儿的发展。

第二,教育内容为"保育为主、保教融合"。0～3 岁婴幼儿阶段的保教工作内容具有独特性,遵循"生活护理是前提,科学保教是关键""以保为主、保教融合"的理念。

第三,教育方法具有独特性。表现为教育方法更注重个体差异,以个性化教育为主。

三、婴幼儿保教任务

婴幼儿生命之初 1 000 天的生存与发展依赖照护者的照护,0～3 岁婴幼儿保教任务是什么呢?2021 年 1 月,国家卫生健康委印发《托育机构保育指导大纲(试行)》。文件指出,婴幼儿保教重点应该包括营养与喂养、睡眠、生活与卫生习惯、动作、语言、认知、情感与社会性等。具体婴幼儿保教意义包括三个方面。

(一)为婴幼儿发展奠定坚实基础

婴幼儿早期发展研究证实,0～3 岁是人生发展的关键窗口期,这一阶段的科学保教对大脑神经网络的构建、潜能开发及人格奠基具有决定性作用。神经科学研究表明,婴幼儿大脑具有惊人的可塑性,但这种发展机遇遵循递减法则。苏联教育学家马卡连柯认为:"教育基础主要是五岁以前奠定的,占整个过程的 90%。"与中国"三岁看大,七岁看老"的古老智慧不谋而合,共同揭示了早期经验对终身发展的深远影响。

高质量的早期教养绝非简单的知识灌输或技能训练,而是着眼于培养终身受益的发展品质。这要求照护者具备发展敏感度,能够识别婴幼儿关键能力在早期的表现特征,并通过自然、适恰的方式进行引导。以感官发展为例，理想的教养环境应当追求刺激的多样性与平衡性。不论是听觉、视觉还是其他感官发展，都需要在人工环境与自然环境之间取得平衡——既要接触经过筛选的文化产物（如古典音乐），又要充分体验大自然的原始刺激（如风雨声、鸟鸣声）。这种多元感官体验的融合，才能最有效地促进神经通路的丰富连接，为婴幼儿构建全面、立体的认知图式奠定基础。

（二）提升照护者的早期保教能力

1. 捕捉发展敏感期

发展敏感期指婴幼儿特定能力和行为发展的最佳时期。在敏感期内，婴幼儿心理发展较为迅速，此时进行的教育和干预能达到理想效果。婴幼儿的语言、动作、思维、想象等心理活动都有敏感期，如果照护者能够抓住各个心理活动的敏感期，则能够促进婴幼儿的心理发展；如果照护者长期忽视婴幼儿心理发展的敏感期，则容易导致婴幼儿心理发展的相对迟缓。0～6岁是语言发展敏感期，0～2岁是感官发展敏感期，2～4岁是秩序感形成关键期，1.5～4岁是细小事物敏感期。照护者需了解敏感期的特点，在适当的时机提供相应的环境和刺激，利用敏感期帮助其成长，才能最大限度促进婴幼儿的心理发展。

2. 把握发展可塑性

发展可塑性表现为此时婴幼儿的行为容易被建立，并很快掌握新的行为。0～3岁婴幼儿大脑发育处于快速成熟过程中，具有很强的可塑性。因此，应提供或创造一种丰富适宜的环境，关注和重视婴幼儿多领域心理能力的发展，并积极与婴幼儿进行互动，刺激婴幼儿大脑全面发展。尽早发现婴幼儿的天赋和各种潜能，做到教育与保育相结合，促进婴幼儿早期发展，为以后成长打下良好的基础。

（三）建立牢固的亲子情感纽带

在婴幼儿早期，亲子关系的质量直接塑造着0～3岁婴幼儿发展的重要维度，分别为婴幼儿社会性发展、情感发展、认知发展。

1. 社会性发展

父母是婴幼儿的第一任教师，所以父母对婴幼儿的影响较为重要。父母与婴幼儿的互动模式会为婴幼儿与其他人的互动模式提供示范。如果父母经常关心婴幼儿，并且经常表现出对婴幼儿的爱，婴幼儿在活动中会自然得到体会，并且收获到这份爱，在以后的活动中，婴幼儿也会把这份爱传递给其他小朋友；如果家长表现出对婴幼儿的认可，婴幼儿也会在活动中表现出积极的探索能力和独立能力；如果家长表现出了对婴幼儿的信任，婴幼儿在活动中会经常表现出自信、积极、主动的个性品质。总体而言，家长与婴幼儿之间的情感纽带，会影响到婴幼儿的社会性发展。

2. 情感发展

从发展心理学视角来看，婴幼儿期与家长或其他主要照护者安全型依恋关系的建立是个体终身发展的关键基石。依恋理论创始人鲍尔比指出，生命早期形成的依恋模式不仅影响着婴幼儿当下的情绪调节能力，更会内化为内部工作模型，持续作用于个体的人际关系、压力应对和心理适应。神经科学研究显示，与主要照护者建立的稳定情感联结能促进婴幼儿大脑边缘系统的健康发展，特别是杏仁核与前额叶皮质的神经连接，这为其情绪管理和社会认知能力奠定生物基础。安全依恋的婴幼儿表现出更强的探索欲望和问题解决能力，这种安全基地效应印证了埃里克森关于"基本信任感"是人生首个心理社会发展任务的论断。因此，家长或其他照护者需要通过敏感性回应、情感调适和共同注意等互动方式，与婴幼儿建立同步化的情感对话，这种双向的情感交流过程正是健康人格建构的最初模板。

3. 认知发展

在认知领域，神经科学证实安全依恋能优化婴幼儿的压力调节系统，使其在挑战性情境中保持探索热情，这种心理安全基地效应显著提升了问题解决的坚持性和创造性，从而提高婴幼儿的认知能力。

育儿宝典

为什么婴儿总爱把东西往嘴里放，总爱到处摸?

婴儿到了七八个月，最爱做的事情就是不管抓到什么东西，都往嘴里放，还经常吃得津津有味。双手也总是不闲着,这儿摸摸那儿抓抓,不管安不安全、脏不脏。照护者面对这种情况应该怎么做?

婴儿总把东西往嘴里放,总爱到处摸,是处于触觉敏感期的表现,也是一种探索活动。首先,这体现了口腔触觉的发展。婴儿口腔的重要功能就是用它来认识身体的其他部分。婴儿把自己的小手、小脚丫放进嘴里,体验着手、脚的软硬程度及咬自己的身体的感觉等。在多样的触觉体验中,婴儿构建对外界事物和自我的认识。其次,这也体现了婴幼儿手的触觉的发展。婴儿通过触摸、捏握、搓动等操作,感知物体的温度、形状、质地等属性。在这个过程中,婴儿手部的活动是一种认知活动,婴儿凭借手的触觉加深了自己对世界的认识。口和手是婴儿早期探索世界的有效工具,有助于婴儿认识自我,认识世界。以下几点建议供照护者参考。

首先,应理解婴儿的口尝行为和手重复摸摸的探索行为。当婴儿把东西往嘴里放,到处抓、摸时,如果无安全风险,就不要任意喝止或惩罚。

其次,应创设安全、卫生的环境。关注婴儿口腔触觉敏感期,经常给婴儿洗手,允许和支持婴儿释放天性、自然探索,可为婴儿提供不同形状、质地的游戏材料。

最后,应关注并支持婴儿的游戏。当照护者观察到婴儿小手拿到沙球后,可以将婴儿的游戏行为描述出来,比如,"宝宝咬的这个是沙球,硬硬的,晃一晃,沙沙响。"还可多带婴儿去户外,让婴儿用双手探索大自然。

任务思考

1. 0～3岁婴幼儿保教特点有哪些?
2. 0～3岁婴幼儿保教任务有哪些?
3. 主题讨论:为什么"生活即教育"?

任务二　掌握保教理论基础

案例导入

天天比预产期提前35天出生,属于早产儿。在1岁前,他的身体抵抗力较弱,经常生病,动作发展也比同龄婴幼儿迟缓。更让父母担忧的是,天天迟迟不开口说话,只会发出简单的"咿咿呀呀"声。尽管听力检查显示没有问题,但直到2岁,他仍无法用语言表达自己的需求。然而,在2岁半进入托育园后,天天接触了更多同龄伙伴,经过一段时间的集体生活,他的语言能力显著提升,逐渐能够清晰地叫出"妈妈""爸爸""爷爷""奶奶"等称呼。

❓ 请结合敏感期理论和人类发展生态学理论等保教理论,分析案例中天天语言发展变化的原因,并思考其对婴幼儿保教工作有哪些启示。

视频

婴幼儿保教基础

在生命最初的1000天里,婴幼儿的大脑以惊人的速度发育,为未来的认知、情感和社会能力奠定基础。脑科学研究和心理研究逐步揭示:婴幼儿的成长并非单一维度的发展,而是生理成熟、心理建构与环境支持共同作用的结果。理解这些理论的整合性,才能在实践中抓住敏感期、平衡学习与成熟的关系,为每个婴幼儿构建最优的成长支持环境。

一、神经生理学理论

（一）脑科学

1. 神经发育关键期

从脑科学的发展来看，0～3岁婴幼儿期大脑重量的惊人变化直观印证了这一时期神经发育的关键性。新生儿大脑重量为350～400克，仅为成人的25%，但在生命最初的12个月内即增长至1000克，达到成人脑重的70%；到3岁时，大脑重量已接近成人的90%。这一快速增长过程背后是突触形成的爆发期——新生儿在出生后的头两年，每秒可形成多达100万个新的神经连接。哈佛大学儿童发展中心的研究显示，这种突触密度的峰值出现在2～3岁，约为成人水平的2倍，随后通过经验依赖的突触修剪过程逐步优化。婴幼儿的大脑具有极强的神经可塑性，即大脑能够根据环境刺激不断调整和优化神经连接。

2. 大脑皮质的发育

0～3岁婴幼儿大脑各区域的发育顺序与皮亚杰感知运动发展阶段高度吻合：负责基础生存功能的脑干和小脑在出生时已相对成熟；控制感觉运动功能的顶叶和枕叶在6～12个月快速发育；而掌管高级认知功能的前额叶皮质则持续发展到3岁以后。值得注意的是，大脑重量的增长不仅取决于神经元数量的增加，更源于突触髓鞘化的过程——这一过程使神经信号传导速度提升100倍，为复杂认知能力奠定基础。这些神经发育特征解释了为何早期保教对大脑架构具有塑造性影响。

0～3岁是大脑发育的关键期，婴幼儿脑重快速增长，突触连接高度活跃。这一阶段的早期教养应注重提供丰富的感官刺激、语言浸润和运动探索机会，以优化神经发育。同时要抓住敏感期培养语言、秩序感和动作能力，建立安全依恋，鼓励自主性。教养方式需尊重个体差异，避免超前训练，强调家园协同。科学的早期教养不是超前教育，而是通过适宜的环境刺激和温暖的互动，为婴幼儿未来发展奠定坚实基础。

（二）敏感期理论

"敏感期"是指特定能力和行为发展的最佳时期，在这一时期，个体对形成这些能力和行为的环境影响特别敏感。蒙台梭利指出，幼儿在成长过程中，会对环境中的某一特定事物产生特别的兴趣和主动探索的狂热，直到内在需求被满足才会消失。当敏感期产生时，婴幼儿内心会有一股无法遏制的动力，驱使他们对感兴趣的特定事物，产生尝试或学习热情，并不厌其烦地重复，直到另一个"敏感期"到来。

蒙台梭利通过长期的研究实践，提出了婴幼儿心理发展的多个敏感期，诸如语言敏感期（6岁以前）、秩序敏感期（2～4岁）、感官敏感期（6岁以前）、细节"敏感期"（1.5～4岁）、动作敏感期（6岁以前）等。她提到："就发展而言，在人的一生中，幼儿期的智能发展最快。"这一时期也被称作智力发展的敏感期。敏感期内，在适宜的环境影响下，行为习得将特别容易，能力发展特别迅速。但这时如缺乏适宜的环境影响，也可引起病态反应，甚至阻碍日后的正常发展。因为在敏感期内，机体对环境影响极为敏感，对细微刺激即能发生反应。

研究者还发现，对婴幼儿心理发展的某一方面来说，在敏感期内，同种同量的刺激在非敏感期内不能产生同等的效果，因此，敏感期一定程度上又是婴幼儿教育的最佳时期。但是，父母和教师一定要记住，敏感期所产生的效果并不是绝对不可逆的。在非敏感期中的补救性教育措施在一定程度上仍然有效，只是很难达到潜力赋予的最大程度。照护者面对处于敏感期阶段的婴幼儿时，首先，理解婴幼儿这种追求完美秩序的行为；其次，注意创设一种具有良好秩序感的环境，如物品摆放整齐有序；最后，面对婴幼儿这种近乎执拗的"执着"一定不要粗暴训斥，须掌握一些变通的方式方法。在保证安全的前提下，尽量满足婴幼儿内心对秩序感的强烈需求。

二、心理学理论

（一）成熟优势理论

美国心理学家格赛尔，曾做过著名的双生子爬楼梯实验：让一对同卵双胞胎练习爬楼梯。在双生子出生46周时,T进行爬楼梯训练,每天练习10分钟,而C则不训练。经过训练的T在52周时能熟练爬梯,而C未经训练仍不会爬梯。双生子C在53周开始接受同样的训练,仅需2周就达到T经过6周训练的水平。因此,格赛尔断定,婴幼儿的学习与发展取决于生理的成熟。生理成熟之前的早期训练对最终的结果并没有显著作用。(表1-2-1)

表1-2-1 格赛尔双生子爬梯实验

	双生子T	双生子C
开始训练月龄	第46周	第53周(比T晚7周开始)
训练持续时间	6周(46～52周)	2周(53～55周)
累计练习时长	420分钟(10分钟/天×6周)	140分钟(10分钟/天×2周)

格赛尔双生子爬楼梯实验带来两个保教启示:一是成熟优势,尽管T练习时间更长(6周),但两人在55周时爬楼梯能力无差异,表明生理成熟度比单纯训练更重要;二是学习窗口期,在婴幼儿未达到关键成熟阶段(如53周前)时,过早训练效率极低。

此对比图突出了格赛尔的核心观点:个体生理和心理的发展取决于个体成熟程度,婴幼儿发展受内在成熟机制主导,外部训练需以生理成熟为基础。成熟是推动婴幼儿发展的主要动力。没有足够的成熟,就没有真正的发展与变化。脱离了成熟的条件,训练本身并不能推动发展。

(二)认知发展理论

瑞士心理学家皮亚杰的认知发展理论是当今"认知革命"的先驱。认知发展理论被公认为20世纪发展心理学上最权威的理论。皮亚杰认为,发展是婴幼儿努力理解和适应世界的产物,认知发展始于与生俱来的适应环境的能力。

皮亚杰把认知发展分为四个固定顺序的阶段,即感知运动阶段、前运算阶段、具体运算阶段和形式运算阶段。第一阶段为感知运动阶段,出生到2岁婴幼儿处于感知运动阶段。第二阶段为前运算阶段,2～7岁幼儿在第一阶段获得的感知运动图式在这一阶段开始内化为表象或形象图式。语言的发展使得幼儿的表现逐渐丰富,认知活动不再局限于感知活动,但这个阶段的思维仍然受到具体直觉形象的束缚,还不能从感知觉中解放出来。这个阶段婴幼儿的思维具有不可逆性、相对具体性和自我中心性。

认知发展理论的保教启示:婴幼儿的大脑并非成人大脑的简单缩影。深入了解婴幼儿的思考方式,有助于照护者更好地理解和指导他们。例如,在感知运动阶段,婴幼儿的感知觉和大小肌肉的发展尤为关键。因此,婴幼儿照护服务机构和家庭在环境创设中应增加相应的玩具,可设计更多感官练习和动作训练的游戏活动,如提供触觉箱、嗅觉瓶等感官练习材料,也可以设计隧道爬行、投掷玩具等动作训练游戏。再如,进入前运算阶段后,婴幼儿从2岁开始显现出自我中心性的特点。在日常照护中,照护者可以通过增加培养婴幼儿共情和换位思考能力的活动来引导他们,如展示画有笑脸、哭脸等表情的卡片,提问:"这个小朋友摔倒了,他感觉怎样?我们可以怎么做?"当婴幼儿表现出以自我为中心的言语和行为时,照护者应耐心引导,避免粗暴责骂。

(三)社会心理发展理论

埃里克森是美国著名精神科医师,作为新弗洛伊德学派的代表人物,埃里克森在经典精神分析的基础上,融入社会文化因素,提出了社会心理发展理论,将人自我意识的形成与发展划分为八个阶段(表1-2-2),每个阶段的发展顺序由遗传决定,但每一个阶段能否顺利度过却是由后天环境决定的,每一个阶段都不可忽视、同等重要。

表1-2-2　埃里克森提出的社会心理发展阶段

阶段	年龄范围	心理冲突	发展任务
婴儿期	0～1岁	基本信任对不信任	建立对世界的安全感
幼儿期	1～3岁	自主对羞怯、怀疑	发展独立性和控制感
学前期	3～6岁	主动对内疚	探索目标并承担责任
学龄期	6～12岁	勤奋对自卑	掌握技能并获得认可
青春期	12～18岁	同一性对角色混乱	形成稳定的自我认同
成年早期	18～25岁	亲密对孤独	建立深层关系和承诺
成年中期	25～65岁	繁殖对停滞	关怀他人和创造价值
老年期	65岁以上	自我完善对绝望	回顾一生并接纳结局

埃里克森认为，出生至1岁半的婴幼儿，其发展主要任务是形成良好的信任感，即建立对周围世界的"安全依恋"。母亲或主要照护者与婴幼儿形成的"安全依恋"是信任感建立的重要因素。良好的依恋关系会使婴幼儿对周围世界产生信任感。1岁半至3岁的幼儿开始表现出自我控制的需要与倾向，渴望自己做主并试图自己做一些能力所及的事情，这一阶段婴幼儿需要建立良好自主性，并在照护者和教师引导、鼓励和帮助下做好入托适应和托幼衔接。

照护者应注重培养婴幼儿的自主性，可以把家里变成适合婴幼儿探索的安全城堡。婴幼儿只有带着鼓励的声音探索，才会主动积极关注周围环境。与此同时，照护者还可以帮助婴幼儿建立行为边界，也就是建立"规则"，让其在边界要求中自主活动。除了规则行为之外，照护者尽量不要对婴幼儿说"不可以"，经常被"不可以"捆绑的婴幼儿，会更多地说"我不会"，在陌生环境中更加退缩与被动。照护者应允许婴幼儿自由探索，并适时给予适当的关怀和保护，帮助婴幼儿建立自信心，最终培养信任感与自主性。

三、多元智能理论

20世纪80年代，美国著名发展心理学家、哈佛大学教授霍华德·加德纳博士提出多元智能理论。该理论指出，人类的智能并非单一，而是由语言智能、数学逻辑智能、空间智能、身体运动智能、音乐智能、人际关系智能、自我认知智能和自然认知智能八种相对独立的能力组成。每个婴幼儿都拥有独特的智能组合，而非传统智力理论所认为的"一元化、可量化"的单一智能。这一理论在过去的四十多年里，深刻影响了欧美及亚洲许多国家的早期教育实践，促使人们重新审视智力的本质。

多元智能概念的提出，使家长和教育者从过去偏重语言和数学逻辑的"二元智能"观念中跳脱出来，开始重视婴幼儿多方面智能的开发。同时，该理论也带来重要警示：多元智能并非要求平均发展八大智能，而是关注婴幼儿的个体差异。教育者应在全面发展的基础上，识别并培养每个婴幼儿的优势智能领域，实施个性化教育，而非机械追求所有智能的均衡发展。这一理念为早期教育提供了更个性、更多元的指导方向。

四、人类发展生态学理论

美国心理学家布朗芬·布伦纳提出的人类发展生态学理论，将婴幼儿成长的环境划分为四个相互关联的系统：微观系统、中观系统、外观系统和宏观系统（表1-2-3）。这四个系统如同嵌套的同心圆，层层包裹着发展中的婴幼儿，共同影响其成长。

表1-2-3　四大系统详解

系统层级	定义	典型案例	对儿童发展的影响机制
微观系统	个体直接接触的环境	家庭、新生儿照护与服务机构、同伴	通过面对面的持续互动塑造认知和情绪发展（如师幼互动质量影响语言能力）

系统层级	定义	典型案例	对儿童发展的影响机制
中观系统	微观系统间的联系	家园(托)合作、社区与家庭互动	系统间的一致性决定发展支持力度(如家长参与学校活动提升婴幼儿在园表现)
外观系统	间接影响的社会结构	父母工作环境、媒体、社会福利政策	通过影响直接环境产生作用(如父母工作压力影响亲子互动质量)
宏观系统	文化价值观与制度	教育理念、法律体系、宗教信仰	提供发展的意识形态框架(如"双减"政策改变全社会教育期待)

对婴幼儿发展产生直接影响的系统叫微观系统。在这个系统中,对婴幼儿产生影响的主要是家庭和婴幼儿照护服务机构,家庭教养质量和照护服务机构水平直接决定婴幼儿的发展,是十分重要的微观系统,对婴幼儿产生直接影响。家庭和托育机构不是可以相互替代的地位,家庭在婴幼儿发展过程中的作用是长期和不可或缺的。微观环境里面最重要的事情还取决于婴幼儿在家里是什么角色。有些婴幼儿很小就知道,家里面他最大他说了算、他能影响很多人。有的家庭相反,婴幼儿知道这件事情要跟爸爸妈妈讨论,提出的要求最后还是要看爸爸妈妈的态度。家庭角色不同,跟父母之间的关系就不同,产生的互动就不一样。

第二个系统是中观系统,也是多个微观系统之间的关系系统。家庭和婴幼儿照护机构之间的关系很重要。中观系统的核心是家庭和婴幼儿照护机构要保持一致沟通,建立良好的家园关系。外观系统虽然和婴幼儿没有直接关系,但是同样会产生影响。例如,一位婴幼儿的母亲,工作单位就在离家步行5分钟的地方;另外一位婴幼儿的母亲上班要坐一个半小时公交,而且正值裁员,面临下岗的风险。试想下,当这两个母亲回到家里以后谁会对婴幼儿更有耐心?所以,虽然母亲的单位跟婴幼儿没有直接关系,但是最终还是会影响到婴幼儿,这就是外观系统。宏观系统理解为所在城市或国家的社会氛围、教育理念和人文环境等宏观层面上的影响因素,这些方面同样会对婴幼儿产生教育影响。

人类发展生态学理论带来的保教启示是婴幼儿教育需依托生态化环境,通过协调家庭、婴幼儿照护服务机构和社会的关系,构建同质化、科学化的保教支持体系。婴幼儿成长是家庭、婴幼儿照护机构和社会共同的责任,需通过环境创设来创造最适合婴幼儿成长的教育环境,强调婴幼儿在与环境的互动中成长和发展,努力协调家庭、婴幼儿照护服务机构和社会的关系,形成系统、完善的高质量托育服务生态系统。只有整合各系统的力量,才能为婴幼儿创设最优的成长生态,促进其在与环境的积极互动中全面发展。

育儿宝典

轩轩的"执着"

3岁的轩轩和2岁的妹妹童童一起开心地玩雪花片。在妈妈的帮助下,两人手里各自拿着一朵漂亮的小花,胖嘟嘟的小手摆弄着雪花片,甚是可爱。玩了一会儿,到了吃午饭时间,轩轩自觉地将小花一片片拆掉,放到盒子里。拆完后,又非常"热情"地去夺童童手里的小花,要帮忙拆掉。可是,妹妹童童正玩得开心,不想将这朵完整的小花拆开。抢夺过程中,妹妹童童哇哇大哭起来,妈妈劝说轩轩:"妹妹不想将花拆掉,你拆完自己的归位就可以了。"但轩轩不依不饶,执着地要去拆童童的花片。轩轩趁大家不备,一把夺过妹妹的小花,迅速拆掉,放入盒中,然后满意地点点头,只留下童童在一旁伤心地大哭。妈妈也难以理解轩轩最近这种"执着"的行为了。

如案例所示,3岁的轩轩正处于"秩序敏感期",对物品的摆放、动作的顺序等有着强烈的执念。照护者可以蹲下来对轩轩说:"轩轩觉得花片应该拆开放回盒子里,对吗?但童童的小花还没有玩完,我们可以等她玩好再帮忙拆掉。"这种处理方式既认可了轩轩的秩序感,同时引导他理解别人的想法和需求。避免使用指责性的语言,如"你怎么这么霸道",而是强调行为带来的影响,比如"童童伤心地哭了"。如果轩轩坚持要拆妹妹的小花,可以拉住他的手说:"我们先数到 10,你再问问童童愿不愿意给你。"这样可以通过拖延时间来平复轩轩的情绪。此外,照护者还可以转移轩轩的注意力,拿出他最喜欢的小车玩具,说:"你的小花收得好整齐! 现在小车需要你帮忙停车哦。"

任务思考

1. 结合双生子爬梯实验,谈谈该实验给婴幼儿保教工作带来哪些启示。

2. 结合婴幼儿的语言、动作、秩序等敏感期发展特点,小组讨论如何助力照护者科学观察、支持和引导婴幼儿的发展。

3. 结合埃里克森社会心理发展理论,小组讨论如何在不同年龄阶段为婴幼儿提供适宜的心理支持和发展引导。

任务三　塑造科学的保教三观

视频

婴幼儿保教理念

案例导入

小林作为托育机构新教师,入职初期面对婴幼儿哭闹、拒食等问题手足无措。一次,园里 1 岁半的朵朵在午餐时反复把食物扔到地上,小林下意识地板起脸说"不可以"。经验丰富的李老师却蹲下来,握住朵朵的小手轻声说:"朵朵,食物是放在碗里的哦,我们来试试用勺子舀。"并示范了舀食物的动作。在观察到李老师通过长时间、多次的示范,最终成功引导 1 岁半朵朵正确用餐后,小林领悟到"生活即教育"的真谛。此后,小林在照料中融入教育:换尿布时增加语言互动,进餐时培养自理能力。三个月后,她不仅能专业处理分离焦虑,还会设计适龄游戏,家长也反馈幼儿行为习惯明显改善。

❓ 请分析小林在专业成长中体现了哪些质的飞跃。思考新时代婴幼儿照护教师应具备哪些核心观念。

一、儿童观:关怀婴幼儿

中国现代幼儿教育奠基人、中国幼教之父陈鹤琴先生的教育思想从婴幼儿心理出发,引领了"儿童本位",他指出:"儿童不是成人的缩影,而是有他独特的生理、心理特点的。""生活""兴趣""经验""需要"分别为陈鹤琴儿童本位取向的价值依归、价值线索、价值遵循和价值源泉,其背后是对婴幼儿存在之主体性的价值关照,与传统"成人本位"相对立,旨在发现儿童,并以儿童的价值需求为核心重构教育图景[1]。《托育机构保育指导大纲(试行)》指出,托育机构保育应遵循"尊重儿童、安全健康、积极回应、科学规范"的基本原则。其中,"尊重儿童"原则明确:"坚持儿童优先,保障儿童权利。尊重婴幼儿成长特点和规律,关注个体差异,促进每个婴幼儿全面发展。"[2]

为践行"儿童本位",作为婴幼儿的主要照护者,应做到以下几点。

(1) 儿童优先,安全至上

将婴幼儿的发展需求作为一切行动的基石,关注其兴趣、能力和个体差异;同时,确保婴幼儿的身心

---

① 尤敏.“活教育的中心是儿童”——陈鹤琴儿童本位价值取向探析[J].早期教育,2024,(12):5—10.
② 国家卫生健康委.托育机构保育指导大纲(试行)[Z].2021-1-12.

安全,这是照护工作的底线。在环境创设和活动设计中,优先考虑婴幼儿的年龄特点和发展规律(如秩序敏感期、动作敏感期),并根据其反应灵活调整教育方式(如通过观察游戏偏好提供个性化支持),避免以成人视角为主导的决策。例如,强制分享或打断专注活动。保障物理环境安全,如玩具无锐角、插座有保护、活动区域防滑等,同时避免语言暴力(如"你再不听话就不要你了"),及时回应婴幼儿的情绪需求。

(2)呵护生命,尊重儿童

尊重婴幼儿作为独立生命体的成长节奏和内在潜能,视其为有尊严、有意愿的个体。满足其基本生理需求(如按需喂养、规律睡眠),支持自然探索(如允许玩水、玩沙等感官体验),避免过度干预(如代替婴幼儿完成其力所能及的任务)。在尊重自主性方面,可通过提供有限选择(如"你想先洗手还是先换鞋?")、认真对待婴幼儿的非语言信号(如手指、表情)和简单语言,避免使用命令式语言(用"我们一起来试试"替代"你必须做")。

(3)赏识儿童,激发兴趣

赏识就是婴幼儿照护者要发现婴幼儿的优点和长处,相信每一个婴幼儿都有自己的优点,能够做好每一件事情,切忌急躁,学会适应婴幼儿独特特点,及时发现好的行为,加以适当激励。当在教育活动中出现错误时,照护者在态度上要宽容,允许婴幼儿犯错误,允许学习过程缓慢而效果不明显。对婴幼儿表现出来的任何一点进步,适用积极的强化对策,给予恰当的鼓励与表扬。

(4)尊重天性,发展个性

教育应尊重并适应婴幼儿的自然特点,婴幼儿照护者不能把所有的想法和期望都加在婴幼儿身上,而忽视婴幼儿自身的客观条件。在保教实践中,要了解婴幼儿生长发育的客观规律,了解婴幼儿身体发育和心理发育的特点;要尊重不同婴幼儿的个性特点,有针对性地进行教育;教育内容的选择必须是婴幼儿稍作努力就能够达到的。

二、保教观:科学保教

1. 教养融合

开展0～3岁婴幼儿科学保教的最好方法就是将保教与学习融合在一起,日常生活和养育过程中处处都是学习的机会。婴幼儿通过观察、模仿、直接体验、交流分享、实际操作等方式,学习他们所需的知识和技能。[①] 0～3岁婴幼儿的保教应以身体发育为基础,将教育自然融入日常生活,实现"养中有教、教中有养"的理念,强调保教与学习的密切结合。婴幼儿通过观察、模仿、操作等直接体验的方式进行学习,保教应贯穿于喂养、游戏、睡眠等日常环节之中(如换尿布时的语言互动、进餐时的抓握练习)。

2. 教养医结合

教养医结合旨在整合教育、养育与医学支持,构建全方位健康发展的照护体系。2019年,《上海市托育服务三年行动计划(2020—2022年)》首次提出"教养医结合"育儿指导模式。其中,"教"指依据婴幼儿的身心发展特点和规律进行教育,"养"指负责婴幼儿一日生活中衣食住行等基本需求的照料,"医"则涵盖婴幼儿的生理健康医学知识。上海市的"教养医结合"模式明确三大支柱:"教"(发展规律)、"养"(生活照料)、"医"(健康监测)。该模式提供医学支持,定期针对婴幼儿进行生长发育评估,预防因营养不良或药物滥用导致的发育障碍。同时,保障婴幼儿的心理安全,避免家庭冲突或照护者冷漠引发的心理创伤,确保情感环境的稳定。

3. 回应性照护理念

照护者需通过敏锐观察和及时回应,建立安全依恋,促进婴幼儿全面发展。"回应性照护"是指照护者密切观察婴幼儿的动作、声音和手势等线索,并通过肌肤接触、眼神交流、微笑、言语等方式对婴幼儿的需求做出及时且恰当的回应。2018年,第71届世界卫生大会发布了促进儿童早期发展的养育照护框架,该框架涵盖"良好的健康、充足的营养、回应性照护、安全和保障、早期学习机会"五大核心内容。

---

① 朱宗涵、李晓南.0—6岁自然养育百科[M].北京:中国人口出版社,2022:393.

2022年11月,国家卫生健康委办公厅颁布的《托育从业人员职业行为准则(试行)》中的第四条准则是"注重情感呵护",第五条准则是"提供科学照护"。[①] 准则明确要求托育机构的照护者将回应性照护视为保育工作的核心内容。婴幼儿的回应性照护涵盖四大要素:稳固的依恋关系、敏锐的观察力、精准的行为解读以及促进婴幼儿全面发展的措施。这四大要素彼此关联,相辅相成。

三、教师观:规范从教

1. 专业理念:确立科学的婴幼儿保教观

教师应基于婴幼儿发展规律,建立专业权威,树立"发展适宜性"的教育理念。新时代的婴幼儿照护教师在职前应树立"学为人师、行为世范"的职业理想,涵养甘于为我国婴幼儿照护事业无私奉献的教育情怀。教师需学会尊重、理解并促进婴幼儿的发展,以此涵养师德师风,更好地履行教师行为准则,实现专业知识教育与价值观教育的同向同行。严守职业准则,努力成为"有理想信念、有道德情操、有扎实学识、有仁爱之心"的"四有"好老师,提升合作与创新的意识和能力。

2. 专业知识:构建系统的早期发展知识体系

教师需掌握婴幼儿发展的专业理论知识,熟悉0～3岁各领域的发展里程碑和敏感期。同时,教师应具备翔实的教养知识,掌握自主进食、如厕训练等生活技能的发展规律,并了解常见养育误区及其影响。此外,教师还须具备基础医学和营养学知识,能够识别婴幼儿发展迟缓等异常情况,满足婴幼儿的营养需求。

3. 专业能力:将专业知识有效转化为保教实践能力

专业能力具体涵盖活动设计能力、观察评估能力、家园沟通能力及应变处理能力。在活动设计能力方面,依据婴幼儿年龄特点精心设计适宜的游戏和学习活动,灵活调整活动形式以充分满足个体需求。在观察评估能力方面,通过系统化观察深入掌握婴幼儿发展水平,精准解读婴幼儿行为背后的真实需求。在家园沟通能力方面,采用"描述—解释—建议"的沟通模式与家长进行有效交流,善于运用实证研究和专业权威来赢得家长的理解和支持。在应变处理能力方面,妥善应对突发情况和行为问题,在尊重家长意见的同时坚定维护专业立场。

从呱呱坠地到牙牙学语,0～3岁婴幼儿处于人类的最初阶段,这个阶段的婴幼儿最无能、最弱小、最需要保护的,同时又孕育着最巨大的发展潜力。在人生的起步阶段,需要具有专业素质和经验的教师引导,以提高婴幼儿教养的质量。目前从事0～3岁婴幼儿照护的优秀教师十分缺乏,从业人员素质和职业水准良莠不齐。因此,提升早期教养人员的整体素质,树立基于婴幼儿身心发展规律、注重环境渗透、规范从教的教师观,显得格外重要。教师要坚持与时俱进,争做"有理想信念、有道德情操、有扎实学识、有仁爱之心"的"四有"好老师,提升合作与创新的意识和能力。教师要学会尊重婴幼儿、理解婴幼儿、发展婴幼儿,进而涵养师德师风,更好地履行教师行为准则,实现专业教育与价值观教育同向同行。

育儿宝典

父亲,无可替代的育儿角色

科学研究表明,父亲在儿童成长过程中扮演着无可替代的独特角色。多项实证研究证实,父亲的参与对婴幼儿的全面发展具有多方面的积极影响。美国哈佛大学的研究发现,父亲积极参与养育的儿童在数理逻辑能力测试中表现更为出色。英国剑桥大学的追踪研究也显示,与父亲互动频繁的儿童在空间认知能力上有显著提升。

实际上,父亲的爱对婴幼儿的影响远不止于智力层面,还广泛涉及身体发育、情感状态、性格形成等多个维度。美国心理学会(APA)的研究指出,每日与父亲互动超过2小时的儿童展现出更强的社交能力和情绪调节能力。父亲对婴幼儿的关爱、照料、情绪传递以及日常行为举

---

① 国家卫生健康委办公厅.托育从业人员职业行为准则(试行)[Z].2022-11-23.

止,都在潜移默化中对婴幼儿产生深远影响,对他们的成长发挥着无可替代的作用。众多研究文献表明,那些与父亲互动较少的婴幼儿,在体重、身高、运动技能等生理发展方面往往表现出一定程度的滞后,并且在情绪上更易出现焦虑、多动、依赖性等特征,这种现象被专业人士称为"父爱缺失综合征"。

因此,即便工作再繁忙,父亲也应确保每日有高质量的亲子互动时间,通过游戏、阅读等多种方式积极参与养育。父亲应充分认识到自身在儿童早期发展中的独特价值,通过科学、持续的参与,为婴幼儿的全面发展创造有利条件。建议父亲从新生儿期就开始建立积极的亲子互动模式,与母亲形成教养互补,这对儿童的终身发展具有深远影响。

任务思考

1. 结合实例,谈谈如何为婴幼儿营造安全、健康、丰富的成长环境。
2. 联系托育园所见实习经历,分小组讨论如何培养"规范从教"的教师观。
3. 结合实践经验,深入思考如何培养科学的保教观念。

实训实践

一、以表格形式归纳婴幼儿保教理论基础的具体内容及保教启示

任务具体要求:请围绕脑科学理论、敏感期理论、成熟优势理论、认知发展理论、社会心理发展理论、多元智能理论、人类发展生态学理论等保教理论基础,详细梳理其具体内容及对保教实践的启示,并以表格形式进行系统归纳。在梳理过程中,可参考相关理论的典型案例,以补充说明并增强归纳的完整性和实用性。

二、案例分析

阳阳(2岁2个月),妈妈想让他能够更好地适应幼儿园生活,决定先把他送到托育机构提前适应。刚入托两天,阳阳一去托育机构就哭闹不止,教师安抚好久才肯留下。但接下来的一整天,阳阳都无精打采,拒绝跟其他幼儿玩耍,不参与活动,不愿意说话,也不愿意吃饭。

(1) 请分析阳阳的种种表现属于什么行为,产生这一行为的原因是什么。

(2) 作为一名专业的照护者,该如何与家长一起有效缓解这一行为?

项目二 了解婴幼儿保教基础知识

项目导读

本项目旨在帮助学习者全面了解婴幼儿生理发展和健康情况,剖析身长(高)、体重、头围、胸围等体格发育指标的变化规律,并学会通过这些指标判断婴幼儿发育是否正常。同时,本项目详细介绍了婴幼儿在动作、认知、语言、情感与社会性等方面的发展特点,帮助学习者了解婴幼儿的心理发展规律,并提出对应的教育支持。通过本项目的学习,无论是婴幼儿照护者,还是对婴幼儿成长感兴趣的人群,都能掌握专业知识,为婴幼儿营造健康、科学的成长环境,助力他们迈出人生坚实的第一步。

学习目标

1. 了解婴幼儿生理发展情况和心理发展的基本特点。
2. 掌握婴幼儿生理发展基本指标的测量方法,包括体重、身长(高)、头围等。
3. 正确认识婴幼儿生理和心理发展特点,树立并践行因材施教的教育观念。

知识导图

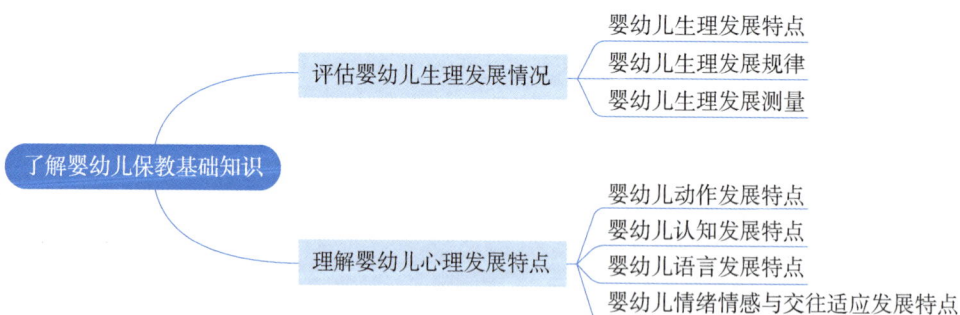

任务一　评估婴幼儿生理发展情况

案例导入

童童的诞生让全家洋溢着无尽的喜悦。凝视着这个新生命安详的睡颜,童童的爸爸妈妈在欢欣鼓舞的同时,不禁担心:这个小小的宝贝,不会说话,怎样才能确定他是在健康长大呢?

❓ 请思考,如何评估新生儿的生理发展情况。

一、婴幼儿生理发展特点

婴幼儿是指年龄在 0 到 3 岁之间的宝宝,这个阶段是宝宝生长发育最迅速的时期,以下内容将从新生儿期、0～1 岁、1～2 岁和 2～3 岁四个年龄阶段探讨婴幼儿生理发展的特点。

（视频 婴幼儿生理发展知识）

（一）新生儿期

新生儿期是人生重要起点,宝宝身体在此阶段变化巨大。身长(高)、体重、头围、胸围是衡量其健康成长的核心指标。关注这些指标,有助于及时把握发育动态,为宝宝一生健康奠基。

1. 身长

根据国家卫生健康委员会发布的《7 岁以下儿童生长标准》,"身长"指的是平卧位头顶到足跟的长度。3 岁以上的幼儿可用身高来指代,其中,"身高"指的是站立位头顶到足底的垂直高度。

表 2-1-1 显示的中位数代表同龄新生儿身长和体重的中间数值,从−2 标准差(下限)到＋2 标准差(上限)的数值都属于新生儿正常的身长,这个范围覆盖了约 95％ 的健康新生儿。标准差(SD)是衡量个体差异的重要指标,新生儿的身长和体重若超出±2SD 范围,可能需要警惕潜在的发育异常。

表 2-1-1　新生儿年龄别身长的标准差数值　　　　单位:cm

性别	年龄（月）	−3SD	−2SD	−1SD	中位数	＋1SD	＋2SD	＋3SD
男	0	45.4	47.3	49.2	51.2	53.1	55.0	56.9
	1	49.1	51.1	53.1	55.1	57.2	59.2	61.2
女	0	44.7	46.6	48.4	50.3	52.2	54.1	55.9
	1	48.2	50.1	52.1	54.1	56.1	58.1	60.0

① 初始身长差异。根据统计数据,新生儿出生时,足月男婴的身长中位数约为 51.2 cm,足月女婴约为 50.3 cm,男婴通常比女婴略高 0.5 至 1.0 cm。

② 身长增长较快。根据婴儿满月身长、体重标准,新生儿在满月时的身长增长较快。男婴的中位数身长增长至 55.1 cm,而女婴则增长至 54.1 cm。

③ 生长节奏非匀速。新生儿在出生后的头两周,由于生理性体重下降,身长增长相对缓慢,大约在 1 至 2 cm 之间。但随后两周,随着营养摄入的稳定,骨骼发育加速,每周平均增长可达 1 至 1.5 cm。

④ 身长异常预警。结合新生儿身长发育标准值,能帮助照护者判断新生儿身长是否正常,若新生儿身长超出＋2SD 或低于−2SD 范围,需引起重视。例如,男婴满月身长低于 51.1 cm 或高于 59.2 cm,女婴低于 50.1 cm 或高于 58.1 cm,遇以上情况,建议及时咨询医生,排查营养、疾病等潜在影响因素。

2. 体重

依据《7 岁以下儿童生长标准》,"体重"指人体的总重量。新生儿体重标准见表 2-1-2。

表 2-1-2　新生儿年龄别体重的标准差数值

单位:kg

性别	年龄(月)	−3SD	−2SD	−1SD	中位数	+1SD	+2SD	+3SD
男	0	2.4	2.7	3.1	3.5	3.9	4.3	4.7
	1	3.2	3.6	4.1	4.6	5.1	5.6	6.2
女	0	2.3	2.6	3.0	3.3	3.7	4.1	4.6
	1	3.0	3.4	3.8	4.3	4.8	5.3	5.9

① 出生体重差异。足月男婴平均体重为 3.5 kg,女婴略轻,平均为 3.3 kg,男婴普遍比女婴重 0.1～0.3 kg。

② 生理性体重下降。出生后 3～4 天内,因胎便排出、体液流失及初期摄入不足,新生儿体重会出现 5%～10%的生理性下降(约 150～300 g),通常于 7～10 天恢复至出生体重。

③ 快速恢复与增长。7～10 天后,新生儿进入快速生长期,至满月时,男婴平均增重 1～1.5 kg,女婴平均增重 0.9～1.4 kg。

一般新生儿到 1 月时体重增加 0.8～1 kg[①]。尽管男婴在身长和体重的增长数值上略高于女婴,但个体间存在较大的差异。每个新生儿的生长发育速度均受到遗传、营养状况、环境等多种因素的共同影响。只要新生儿的生长在标准范围内(±2SD 内),且精神状态良好、饮食正常,照护者就不必过于担心。

3. 头围

“头围”指右侧齐眉弓上缘经过枕骨粗隆最高点的头部周长。新生儿从出生至满月期间,头围变化见表 2-1-3。

表 2-1-3　新生儿年龄别头围发育标准差数值

单位:cm

性别	年龄(月)	−3SD	−2SD	−1SD	中位数	+1SD	+2SD	+3SD
男	0	30.4	31.7	33.0	34.3	35.6	36.9	38.3
	1	33.4	34.6	35.8	37.0	38.2	39.4	40.6
女	0	30.1	31.4	32.7	33.9	35.2	36.5	37.7
	1	32.9	34.0	35.2	36.3	37.5	38.6	39.8

① 足月男婴出生时头围平均为 34.3 cm,女婴平均为 33.9 cm。

② 至满月时,正常范围内,男婴头围增长至 34.6～39.4 cm(中位数 37 cm)、女婴平均增长至 34～38.6 cm(中位数 36.3 cm)。

③ 头围增长主要集中于出生后三周,前一周可能因头部水肿消退而波动。

4. 胸围

《7 岁以下儿童生长标准》中,胸围数据较少,临床更多关注头围、体重及身长,但胸围可辅助判断营养状况与骨骼健康。其中,“胸围”指两乳头连线水平绕胸部一周的最大周长。结合权威机构的临床数据,梳理新生儿至满月时胸围发育的特点如下。

① 足月儿胸围平均为 32～34 cm,男婴略大于女婴[②]。

② 新生儿胸围通常略小于头围(约小 1～2 cm)。

③ 根据研究,满月时,正常足月儿的胸围通常增长至 36.9～37.6 cm,月均增长约 1～3 cm。男婴的胸围增速略快于女婴,但需要注意的是,新生儿之间的个体差异显著。

④ 头围与胸围的差值逐渐缩小。

5. 其他(皮肤、呼吸系统、消化系统、神经系统)

① 皮肤柔嫩,局部防御功能差。新生儿皮肤柔嫩,局部防御功能差,易因皮肤轻微损伤而造成细菌

① 上海市教育委员会. 上海市 0—3 岁婴幼儿教养方案[Z]. 2008-05-08. 沪教委基〔2008〕33 号.
② 中华医学会儿科学分会新生儿学组. 新生儿胸围测量标准[J]. 中华儿科杂志,2018,56(增刊 1):12—15.

感染,甚至发生危及生命的败血症,所以保护好皮肤非常重要。新生儿初生时皮肤为浅紫色,手足掌面呈青紫,等到血液含氧浓度增加后青紫消退,逐渐转为玫瑰色。出生时全身皮肤覆盖着一层灰色胎脂,它有保护皮肤不受细菌侵害的作用。骶尾部和臀部常有青色色素斑,指压不褪色,这是由于皮肤深层堆积色素细胞形成的,一般5~6岁后可自行消失。

② 体温波动较大,调节功能差。新生儿出生后,一般室内温度低于子宫内温度,加之其体温调节中枢发育不够完善,调节功能差,体表面积相对大,皮下脂肪薄,易散热,因此体温波动较大。刚出生时体温37~38℃,然后下降1~2℃,8小时后保持在36.8~37.2℃,不发生大变化。由于汗腺发育不全,排汗、散热机能差,新生儿出生后即使热也不出汗,因此,要注意保持周围温度,以维持新生儿体温正常稳定。

③ 腹式呼吸为主,循环部位不均匀。新生儿由于肋间肌较弱,呼吸运动主要依靠膈肌的升降,呈现腹式呼吸。新生儿初生时,呼吸较弱且浅,常伴有节律不齐,因此呼吸效能较低。但新生儿能以较快的呼吸频率进行补偿,安静状态下,每分钟呼吸次数可达40~60次。2周后呼吸频率逐渐稳定,维持在每分钟40次左右。鉴于新生儿主要依赖腹式呼吸,照护者在照顾时应避免将新生儿腹部束缚得过紧,以免影响其正常呼吸。

④ 胃容量小,母乳消化吸收率高。新生儿刚出生时,胃容量仅5~7 mL,相当于一颗樱桃;2周时增至鸡蛋大小;满月时则如桃子般大,具体数据参见表2-1-4。因此,新生儿喂奶过程容易引起溢乳或呕吐也是比较正常的。

表2-1-4　新生儿胃部发育情况

时间段	出生当天	第3天	第1周	第2周	第4周(满月)
胃容量范围	5~7 mL	22~27 mL	45~60 mL	60~80 mL	80~150 mL
大小	樱桃大小	核桃大小	杏子大小	鸡蛋大小	桃子大小

新生儿的肠道长度是其身长的七八倍,其吸收面积相对较大,肠壁通透性也较高,有利于吸收母乳。胃呈水平位,贲门括约肌发育尚不完善,这使得他们极易出现生理性溢奶,轻微的晃动或喂养姿势不当,都可能让奶液顺着嘴角流出(图2-1-1)。新生儿消化酶分泌量少且活性不足,对淀粉类食物消化能力尤弱,故母乳或配方奶成为其最适宜的食物选择。新生儿肠道内正常菌群尚未完全建立,屏障功能也不成熟,稍有不慎,外界病菌就可能乘虚而入,引发腹泻、胀气等不适。

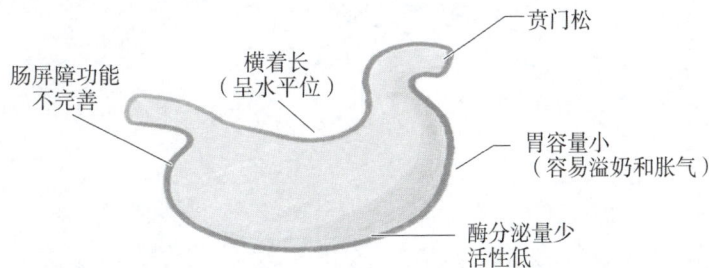

图2-1-1　新生儿的肠胃特点

⑤ 循序渐进,排泄次数逐渐增加。新生儿出生后10小时左右开始排泄胎便,胎便呈黏稠棕褐色或绿色,出生后第一天排出的完全是胎便,第2~3天排过渡便,以后逐渐排出黄色粪便。新生儿出生时膀胱内即有少量尿液,通常在24小时内排尿,少数可能在24小时后。初期因摄入液体不足,每日排尿4~5次,一周后增至10余次。

⑥ 神经活动过程较弱,易疲劳。新生儿头部相对较大,脑重量占体重约1/10(成人为1/50)。由于脑沟和脑回尚未完全形成,而脑干及脊髓发育较完善,因此,新生儿常表现出不自主、不协调的动作。大

脑皮质兴奋性较低,容易疲劳,每日睡眠时间长达 18～20 小时,主要在吃奶和排便时短暂醒来,通常连续睡眠 2～4 小时后因饥饿而觉醒。随着月龄增长,活动时间逐渐增加,睡眠时间相对减少。

(二) 0～1 岁婴儿

1. 身长

参考《7 岁以下儿童生长标准》,0～1 岁婴儿身长发展趋势见图 2-1-2。

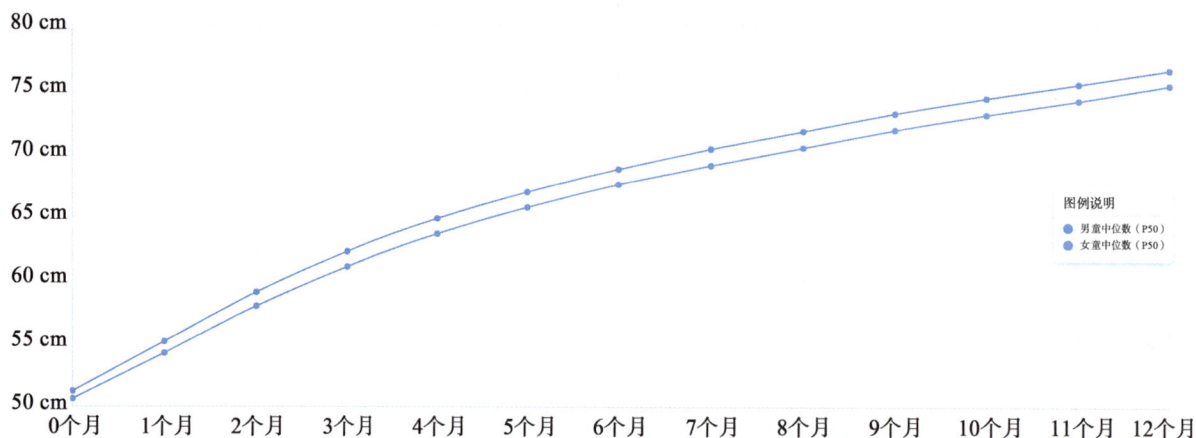

图 2-1-2 0～1 岁婴儿身长发展趋势图

(1) 整体生长趋势呈快速线性增长   1～12 月龄是婴儿身长增速最快的阶段,呈线性增长模式。此期间,男婴身长总增长量约 21.7 cm,女婴身长总增长量约 21.1 cm。

(2) 生长速度先快后慢   婴儿前 6 个月增速略快于后 6 个月。1～6 月龄:男婴身长月均增长约 2.5 cm,女婴身长月均增长约 2.3 cm;7～12 月龄:男婴身长月均增长约 2.0 cm,女婴身长月均增长约 1.8 cm。

2. 体重

参考《7 岁以下儿童生长标准》,0～1 岁婴儿体重发展趋势见图 2-1-3。

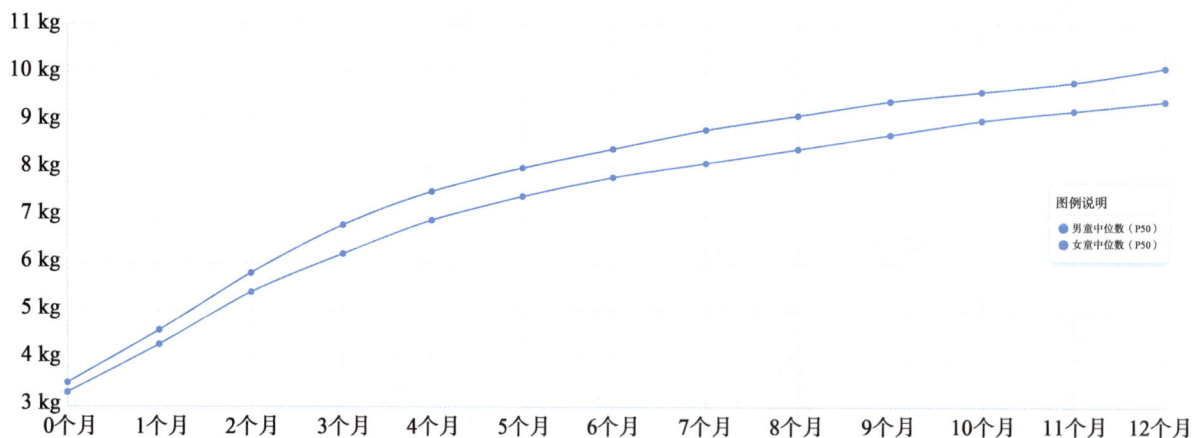

图 2-1-3 0～1 岁婴儿体重发展趋势图

① 发展趋势呈先快后慢的"抛物线"模式。1～12 个月是婴儿体重增长的第一个高峰期,呈现"前 3 个月猛涨,中期趋缓,后期稳定"的特点。0～3 月龄,婴儿体重增长最快,约为出生时的 2 倍(如出生 3.5 kg,3 月龄约 7.0 kg)。4～6 月龄,体重增速放缓,约为出生时的 2.5 倍(如 6 月龄约 8.5～9.0 kg)。7～12 月龄,体重进入稳步增长期,全年总增长量的约 30% 发生在此时段。

② 体重的性别差异相较于身长而言较小。体重的个体差异主要受喂养方式的影响更为显著,例如,配方奶喂养的婴儿在早期体重增长可能会更快。

③ 性别差异。1 月龄时男婴体重中位数通常高于女婴,这与胎儿期男性体成分(肌肉比例略高)有

关。根据权威机构发布的儿童生长曲线,12月龄时,男婴体重差异与女婴保持平稳,这可能与激素水平(如睾酮促进肌肉生长)和活动量(男婴通常更活跃但消耗与摄入平衡)相关。

3. 头围

参考《7岁以下儿童生长标准》,0～1岁婴儿头围发展趋势见图2-1-4。

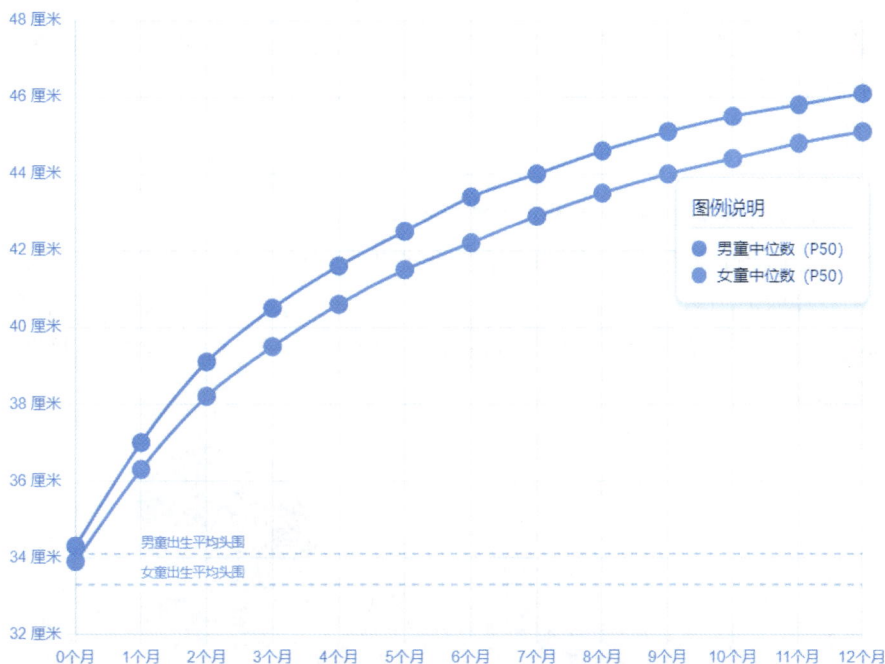

图2-1-4　0～1岁婴儿头围发展趋势图

① 前期头围快速增长(0～6个月)。此阶段,婴儿脑容积快速增加,头围增长占全年增长量的70%以上。尤其是出生后前3个月头围增长最快,男婴头围从34.3 cm增至40.5 cm,女婴头围从33.9 cm增至39.5 cm,头围月均增长1.8～2.1 cm。

② 后期头围发展进入稳定期(7～12个月)。随着颅骨骨化逐渐完成,脑发育速度放缓,月均增长0.3～0.5 cm。

1～12个月婴儿头围生长是脑发育的"外在窗口",整体呈现出"早期迅猛,后期趋缓"的特点。照护者应定期测量婴儿头围并关注生长曲线,以便及时发现发育异常迹象,切勿因追求头型美观而忽视可能存在的健康问题。

4. 胸围

参考《上海市0—3岁婴幼儿教养方案》,按照0～1个月、2～3个月、4～6个月、7～9个月、10～12个月进行统计,0～1岁婴儿胸围发展趋势见表2-1-5。

表2-1-5　0～1岁婴儿胸围数值　　　　　　　　　　　　　　　　　单位:cm

性别	0～1个月	1～3个月	4～6个月	7～9个月	10～12个月
男	胸围比头围小1～2 cm	41.21	44.32	45.52	46.65
女		40.35	43.12	44.56	45.85

① 0～6个月。婴儿胸围快速增长,平均每月增长约2.5 cm,至6个月时,胸围通常可达到44 cm左右。

② 7～12个月。婴儿胸围增速逐渐放缓,至12个月时,胸围与头围大致相等,均约为46 cm。部分营养状况较好的婴儿可能在未满1岁时即实现胸围与头围相等。

5．其他(牙齿、脊柱、心跳与呼吸、睡眠)

(1) 牙齿

婴儿一般在6到10个月左右开始长出乳牙,到1岁时通常会有6到8颗乳牙萌出。乳牙的萌出时间和顺序存在个体差异,有的婴儿可能在4个月左右就开始出牙,而有的可能晚至10个月。出牙的顺序通常是下颌先于上颌,自前向后。婴儿出牙的时间受多种因素影响,包括遗传、营养和食物性状等。只要出牙的时间和顺序在正常范围内,即使早于或晚于平均时间,也属于正常现象。出牙顺序见图2-1-5:下中切牙(约6～10个月)→上中切牙(约8～12个月)→上下侧切牙(约9～12个月)→第一乳磨牙(约12个月)。

(2) 脊柱

1岁以前,是婴儿脊柱发展最迅速的时期。新生儿的脊柱非常柔软,呈轻微后凸的自然弯曲状态,呈自然"C"形弯曲,无生理性弯曲,因此平躺时背与后脑勺处于同一平面,无需使用枕头。出生后3个月能抬头,颈部的脊柱向前凸出,形成第一个弯曲。6个月时婴儿会坐起,胸部脊柱向后凸出,形成第二个弯曲。到1岁左右,婴儿开始学习站立和行走,腰椎前凸形成第三个生理弯曲,至此脊柱的三个生理弯曲初步形成,见图2-1-6。

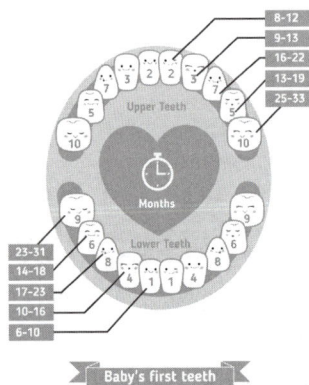

图2-1-5　宝宝出牙图　　　图2-1-6　婴幼儿脊柱发展

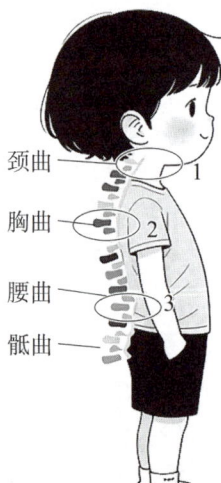

(3) 心跳与呼吸

根据相关研究,新生儿的心率通常较快,安静状态下为120～140次/分,而1岁以内的儿童心率正常值为100～120次/分。呼吸频率方面,新生儿的呼吸频率也较快,安静状态下为40～60次/分,而0～1岁婴儿的呼吸平均次数为30～40次/分钟。需要注意的是,心率和呼吸频率会受到多种因素的影响,如环境温度、哭闹、活动等。

(4) 睡眠

随着月龄增长,到3个月左右,婴儿的睡眠逐渐趋于规律,白天睡眠次数减少,夜间睡眠时间延长,多数婴儿夜间能连续睡眠5～6小时。4～6个月时,婴儿的昼夜节律逐渐形成,夜间连续睡眠可达5～6小时,白天小睡减少至2～3次。6～12个月,婴儿睡眠进一步整合,夜间睡眠时间延长至10小时左右,但可能因大运动发展(如翻身、爬行)或分离焦虑出现短暂睡眠倒退,需通过固定睡前仪式(如洗澡、抚触)帮助建立睡眠规律。

(三) 1～2岁幼儿

进入1岁以后,幼儿的生长与之前相比有些缓慢了,但这一阶段幼儿的骨骼、神经、脑、肌肉、血液以及各个器官也都在迅速发育成长。

1．身长

根据国家卫生健康委员会发布的《7岁以下儿童生长标准》,我们可以清晰地了解到1～2岁幼儿身长发育的特点,见 2 - 1 - 6。

表 2 - 1 - 6　1~2 岁幼儿年龄别身长发育标准值　　　　　　　　　　　　　单位:cm

性别	年龄(月)	-3SD	-2SD	-1SD	中位数	+1SD	+2SD	+3SD
男	12	68.8	71.4	74.1	76.7	79.3	81.9	84.6
	15	71.7	74.5	77.2	80.0	82.7	85.5	88.2
	18	74.5	77.4	80.2	83.1	86.0	88.8	91.7
	21	77.1	80.1	83.1	86.1	89.1	92.0	95.0
	23	78.8	81.9	84.9	88.0	91.0	94.1	97.2
女	12	67.5	70.1	72.6	75.2	77.8	80.4	83.0
	15	70.5	73.2	75.9	78.6	81.4	84.1	86.8
	18	73.3	76.2	79.0	81.9	84.7	87.5	90.4
	21	76.0	79.0	81.9	84.9	87.8	90.8	93.7
	23	77.7	80.7	83.7	86.8	89.8	92.8	95.9

① 增速减缓但持续增长。1~2 岁是幼儿身长增长的过渡期,相较于出生后第一年,幼儿身长年均增长约 25 cm,此阶段年均增速减缓至 10~12 cm。

② 性别差异逐渐显现。男童身长普遍高于女童,且差异随月龄递增。例如,21 月龄时,男童身长平均比女童高约 1.2 cm。

2. 体重

依据《7 岁以下儿童生长标准》,1~2 岁幼儿体重发育情况见表 2 - 1 - 7。

表 2 - 1 - 7　1~2 岁幼儿年龄别体重标准差数值　　　　　　　　　　　　　单位:kg

性别	年龄(月)	-3SD	-2SD	-1SD	中位数	+1SD	+2SD	+3SD
男	12	7.4	8.2	9.1	10.1	11.2	12.4	13.9
	15	7.8	8.7	9.6	10.7	11.8	13.2	14.7
	18	8.3	9.2	10.2	11.3	12.5	14.0	15.6
	21	8.8	9.7	10.8	11.9	13.3	14.8	16.5
	23	9.1	10.1	11.1	12.4	13.7	15.3	17.1
女	12	6.9	7.7	8.5	9.4	10.5	11.8	13.3
	15	7.4	8.2	9.0	10.0	11.2	12.6	14.2
	18	7.9	8.7	9.6	10.7	11.9	13.4	15.2
	21	8.4	9.2	10.2	11.3	12.6	14.2	16.1
	23	8.7	9.5	10.6	11.7	13.1	14.8	16.7

① 增速显著放缓。1~2 岁幼儿体重的增长速度相较于 0 至 1 岁显著放缓,从平均每月增长 500 克至 1 000 克减少到 1 至 2 岁时的平均每月增长约 200 克至 300 克,部分幼儿在活跃期还可能出现体重增长的短暂停滞。

② 个体差异远大于性别差异。性别差异在该阶段持续存在,男童体重通常仍略高于女童,但差值维持在 0.5~1.0 kg,变化幅度相对稳定。同时,个体差异在这一时期更为凸显,受遗传因素、喂养习惯(如辅食的种类和摄入量)、疾病影响(如反复呼吸道感染、肠道问题)等因素的综合作用,不同婴幼儿的体重增长曲线可能出现较大差异。

3. 头围

依据《7岁以下儿童生长标准》,1～2岁幼儿头围发育情况见表2-1-8。

表2-1-8 1～2岁幼儿年龄别头围标准差数值 单位:cm

性别	年龄(月)	-3SD	-2SD	-1SD	中位数	+1SD	+2SD	+3SD
男	12	42.5	43.7	44.9	46.1	47.4	48.7	50.1
	15	43.2	44.4	45.6	46.8	48.1	49.4	50.8
	18	43.8	44.9	46.1	47.4	48.7	50.0	51.4
	21	44.3	45.4	46.6	47.9	49.2	50.5	51.9
	23	44.6	45.7	47.0	48.2	49.5	50.9	52.3
女	12	41.5	42.7	43.9	45.1	46.4	47.6	48.9
	15	42.2	43.4	44.6	45.9	47.1	48.4	49.7
	18	42.7	43.9	45.2	46.4	47.7	49.0	50.3
	21	43.2	44.4	45.6	46.9	48.2	49.5	50.9
	23	43.5	44.7	45.9	47.2	48.5	49.8	51.2

① 相对平稳阶段。幼儿前囟(额骨与顶骨间隙)在12～18个月完全闭合,骨缝逐步固化,颅骨弹性降低,使得头围增长趋缓。头围年增长量约为1.5至2.0 cm。

② 头身比例调整。身体发育重心逐渐转向躯干,头围与身长的比例从1岁时的约0.33下降到2岁时的0.30。

4. 胸围

据《上海市0～3岁婴幼儿教养方案》,13～18个月:平均胸围男童为48.51 cm,女童为47.28 cm;19～24个月:平均胸围男童为50.20 cm,女童为49.02 cm。总体表现如下特点:

① 胸围增速超过头围。出生时胸围略小于头围,但1岁时两者基本相等(约46 cm),此后胸围逐渐超过头围。1～2岁期间,胸围年增长约3 cm,2岁时平均达49 cm左右。

② 胸围与躯干发育同步。1岁后,胸围增速加快,这反映了肺活量、胸廓骨骼以及肌肉的发育情况。2岁时胸围超过头围的幅度约为1～2 cm,且此后差距随年龄逐渐增大。

③ 胸围增长呈阶段性波动。运动能力(如爬行、行走)和营养摄入与胸围增速密切相关,不足可能导致增速减缓。

5. 其他(牙齿、骨骼和肌肉、睡眠)

(1) 牙齿

多数幼儿在1岁时已萌出4～8颗乳牙,主要为门牙和侧切牙,此时他们的咀嚼能力较弱,主要适应糊状或软烂食物。乳牙的萌出顺序通常遵循"左右对称、先下后上"的规律。1岁半左右时,磨牙(乳磨牙)开始陆续萌出,牙齿数量增至8～12颗,咀嚼功能明显提升,可尝试小块软固体食物(如碎菜、软饭),口腔协调能力增强。通常情况下,2岁幼儿的乳牙数量在16到20颗之间。乳牙的完全萌出标志着幼儿具备了咀嚼和磨碎食物的能力,能够适应包括稍硬的蔬果和小块肉类在内的多样化饮食,为自主进食和营养吸收打下了坚实的基础。

(2) 骨骼和肌肉

1～2岁幼儿的骨骼与肌肉发育紧密协同,呈现阶段性突破。1岁时,幼儿骨骼处于快速骨化初期,骨密度低、硬度弱,脊柱生理弯曲初现但稳定性不佳,下肢承重能力差;肌肉纤维细短、力量小,仅能支持扶站、短距移步等动作。1岁半左右,幼儿骨骼发育加速,骨膜增厚、骨质变硬,脊柱与胸廓形态更成熟,下肢承重能力增强。同时,肌肉增粗、力量提升,幼儿开始能独立行走、灵活蹲起等。到了2岁,幼儿的骨骼发育已近乎成熟,骨化中心不断增加,脊柱弯曲也基本定型,这样的结构能有效缓解运动时的冲击。

同时,他们的肌肉量占体重的 20%～25%,收缩力和耐力都有了显著提升,足以支撑跑跳、踢球乃至精准握勺等多样而复杂的动作。骨骼与肌肉之间通过'骨骼为肌肉提供支撑杠杆,肌肉促进骨骼进一步生长'的相互作用,共同推动着幼儿运动能力的飞跃式提升。

(3) 睡眠

1～2 岁幼儿神经系统的结构和机能都在不断发展,脑重量增加,神经细胞增大,神经纤维的生理功能也迅速完善,这时幼儿的神经系统已经基本上适应了外界环境。相较于 1 岁前,这个阶段的幼儿睡眠时间有所减少,他们每天的自主活动时间可达 3 到 5 小时,而每昼夜的睡眠时间则大约为 12.5 小时。值得注意的是,大多数幼儿在这个阶段已经能够连续 3 到 4 个小时不睡觉了。

(四) 2～3 岁幼儿

1. 身长

依据《7 岁以下儿童生长标准》,2～3 岁幼儿身长发展的特点见表 2-1-9。

表 2-1-9　2～3 岁幼儿年龄别身长标准差数值　　　　　单位:cm

性别	年龄(月)	−3SD	−2SD	−1SD	中位数	+1SD	+2SD	+3SD
男	24	78.9	82.0	85.1	88.2	91.3	94.4	97.5
	27	81.2	84.4	87.6	90.8	94.0	97.2	100.4
	30	83.3	86.6	89.9	93.2	96.5	99.8	103.1
	33	85.2	88.6	92.0	95.4	98.8	102.2	105.6
	36	87.0	90.5	94.0	97.5	101.0	104.5	108.0
女	24	77.8	80.8	83.9	87.0	90.1	93.1	96.2
	27	80.0	83.2	86.4	89.5	92.7	95.9	99.1
	30	82.1	85.3	88.6	91.9	95.2	98.5	101.7
	33	84.0	87.3	90.7	94.1	97.5	100.9	104.2
	36	85.8	89.3	92.7	96.2	99.7	103.2	106.6

(1) 增速明显放缓　2～3 岁幼儿身长年增长约 5～10 cm,较 1～2 岁阶段的 8～12 cm 进一步减缓。此阶段身长增长逐渐从幼儿期的高速模式过渡到学龄前期的平稳模式。

(2) 呈现"阶梯式"特点　身长增长可能出现连续数月的平台期,随后短暂加速。这种波动与生长激素分泌周期、营养吸收效率及疾病恢复期相关。同时,该阶段生长速度的规律性较强,季节因素对身长增长的影响凸显,春季(3～5月)因日照增加、维生素 D 合成活跃。

2. 体重

参考《7 岁以下儿童生长标准》,2～3 岁幼儿体重发育情况见表 2-1-10。

表 2-1-10　2～3 岁幼儿年龄别体重标准差数值　　　　　单位:kg

性别	年龄(月)	−3SD	−2SD	−1SD	中位数	+1SD	+2SD	+3SD
男	24	9.3	10.2	11.3	12.6	14.0	15.6	17.4
	27	9.7	10.7	11.8	13.1	14.6	16.3	18.2
	30	10.1	11.1	12.3	13.7	15.2	17.0	19.0
	33	10.4	11.5	12.7	14.2	15.8	17.6	19.8
	36	10.8	11.9	13.2	14.6	16.3	18.3	20.5
女	24	8.8	9.7	10.7	11.9	13.3	15.0	17.0
	27	9.2	10.1	11.2	12.5	14.0	15.8	17.9

续　表

性别	年龄(月)	−3SD	−2SD	−1SD	中位数	+1SD	+2SD	+3SD
	30	9.6	10.6	11.7	13.0	14.6	16.5	18.7
	33	10.0	11.0	12.2	13.6	15.2	17.2	19.6
	36	10.3	11.4	12.6	14.1	15.9	17.9	20.5

(1) 稳中有进,但增速逐渐放缓　例如,结合男童女童体重中位数来看,年均增长量大约在1.6至2.2 kg,这一增长速度相较于1～2岁时的年均2.5 kg,继续放缓。

(2) 体重增长呈现"锯齿状"波动　幼儿体重增长可能与饮食自主性增强(挑食、进食量不稳定)、活动量变化(如学步期到跑跳期过渡)及免疫系统发育(反复感染)相关,单月体重增减0.5 kg均属正常。

3. 头围

依据《7岁以下儿童生长标准》,2～3岁幼儿头围发育情况见表2-1-11。

表2-1-11　2～3岁幼儿年龄别头围标准差数值　　　　　　　　　　　　　　单位:cm

性别	月龄	−3SD	−2SD	−1SD	中位数	+1SD	+2SD	+3SD
男	24	44.7	45.9	47.1	48.3	49.6	51.0	52.4
	27	45.0	46.2	47.4	48.7	50.0	51.3	52.7
	30	45.3	46.4	47.7	48.9	50.3	51.6	53.0
	33	45.5	46.7	4.9	49.2	50.5	51.9	53.3
	36	45.7	46.8	48.1	49.3	50.7	52.1	53.3
女	24	43.6	44.8	46.1	47.3	48.6	50.0	51.3
	27	43.9	45.1	46.4	47.6	49.0	50.3	51.7
	30	44.2	45.4	46.7	47.9	49.3	50.6	52.0
	33	44.4	45.7	46.9	48.2	49.6	50.9	52.3
	36	44.7	45.9	47.2	48.5	49.9	51.2	52.7

(1) 增速持续减缓　在这一阶段,幼儿头围的增长速度明显放缓,一年内仅增长约1 cm,与1岁前头围迅速增长的态势形成了鲜明的对比。

(2) 头部视觉占比接近成人比例　2～3岁时,身体的其他部分,如腿部和躯干,生长速度显著加快,从而使得身体比例变得更加协调,头部在整体身体比例中的突出程度也随之降低。

4. 胸围

据《上海市0～3岁婴幼儿教养方案》中,15～30个月平均胸围:男童为51.21 cm,女童为49.78 cm;31～36个月平均胸围:男童为51.64 cm,女童为50.30 cm。2～3岁幼儿胸围发展总体特点如下。

(1) 增速加快并超过头围　2岁后,胸围增速加快,年增长约1～2 cm,逐渐超过头围,且差距随年龄扩大。

(2) 性别差异逐渐显现　男童胸围普遍略高于女童,2岁时差距约1.2 cm,3岁时差距扩大至约1.34 cm。

5. 其他(大脑、骨骼和肌肉、免疫功能)

(1) 大脑

2～3岁幼儿大脑发育呈现两大核心特点:一是神经结构持续优化,神经元间突触连接爆发式增长(达成年水平约80%),髓鞘化进程加速,使神经信号传导更高效,支撑语言、运动等能力跃升;二是功能分区逐步精细化,前额叶皮层(负责自控与决策)及语言中枢快速发育,推动幼儿从"被动模仿"转向"主动思考",表现为词汇量激增、简单逻辑萌芽及情绪调节能力初步形成,为后续认知与社会性发展奠定基础。

（2）骨骼和肌肉

2～3岁幼儿骨骼和肌肉发育呈现两大特点：骨骼方面，骨化过程持续进行，骨骼硬度增加但仍柔软有弹性，长骨生长迅速（每年约增长10～12厘米），囟门基本闭合，骨骼稳定性增强，但钙质沉积仍在进行，需保证充足钙与维生素D摄入以支持骨骼健康；肌肉方面，大肌肉群发育突出，幼儿能自如跑跳、上下楼梯，平衡与协调能力显著提升，小肌肉群开始发展，可握笔涂鸦、搭积木，手眼协调性增强，此阶段运动能力发展为探索世界和学习技能提供了关键身体基础。

（3）免疫功能

2～3岁幼儿免疫系统处于发育过渡期：一方面，母体传递的抗体逐渐减少，自身免疫系统开始独立应对外界病原体，免疫记忆逐步建立，感染后恢复能力较婴儿期增强；另一方面，免疫功能尚未完全成熟，对常见病毒（如流感、手足口病病原体）易感性仍较高，易出现呼吸道、消化道感染，且症状可能较明显。此阶段需通过均衡饮食（富含蛋白质、维生素C等）、疫苗接种、规律作息及适度接触环境微生物来促进免疫系统成熟，同时避免过度消毒，帮助幼儿在"可控暴露"中逐步建立更强的免疫防御能力，为集体生活做好准备。

二、婴幼儿生理发展规律

（一）生长发育呈现阶段性与程序性

生长发育作为连续动态过程，既包含量的累积性变化，也蕴含质的飞跃性转变，由此形成具有标志性的发展阶段。尽管婴幼儿各阶段间缺乏绝对清晰的界限，但每个阶段均为后续发展奠定必要基础。例如，行走能力的获得需以抬头、转头、翻身、独坐、站立等系列动作为前置条件。前一阶段的发育成果犹如建筑基石，既支撑当前功能实现，更通过积累—转化机制为下一阶段创造条件。若某阶段发展受阻，则可能引发后续发展的连锁性滞后。

从发育规律维度观察，不同系统的发育遵循特定的顺序：胎儿期形态发育与婴儿期动作发展遵循"头尾发展律"（自上而下推进）；上肢动作发育依循"正侧发展律"（由粗大动作向精细动作演进，近端至远端拓展）；幼儿期身体形态发育则呈现"向心律"（四肢领先于躯干，下肢优先于上肢）。典型例证为抓握动作的进阶：婴儿最初运用整掌抓取物品，随神经肌肉协调性提升，逐渐发展为指尖捏取微小物体的精准控制。

（二）发育速率波动性与身体比例不均衡变化

0～3岁婴幼儿的生长轨迹并非匀速推进，而是呈现显著的动态波动特征。出生后首年（尤其前6个月）构成首个生长突增期，此阶段身长体重指标呈指数级增长——平均身长由出生时的50 cm增至1岁时的75 cm，体重由3 kg提升至9～10 kg，此为典型的量变主导期。随后生长速率渐趋平缓，2～3岁期间维持相对稳定的发展态势。

身体比例的重构贯穿整个婴幼儿期：出生时头部占身长1/4（成人为1/8），躯干、上肢、下肢分别实现2倍、3倍、4倍的差异化增长。这种比例演变不仅反映骨骼系统的形态重塑，更标志着从"头大身小"的胎儿特征向成人身体比例的质变转型。动态监测显示，婴幼儿通过头部生长放缓与四肢加速延伸的协同作用，逐步达成身体比例的成人化转变。

（三）系统发育的非均衡性与协同整合

0～3岁婴幼儿各系统的发育速率存在显著差异，具体表现在以下三个方面。

① 神经系统领跑发育进程。脑重量从出生时的350～400 g（成人25%）激增至1岁时的950 g（成人50%），3岁时接近成人80%。此阶段的快速量变伴随神经网络的系统性重塑，为感知觉、认知功能及语言能力的发展提供物质基础。典型表现为：新生儿具备图形/颜色辨识能力，2～3月龄出现声源定位反应，6～9月龄开始理解简单语义。

② 淋巴系统呈现阶段性跃升。2～3岁时发育达峰，免疫防御功能显著增强，体现免疫系统的量质

协同发展。

③ 生殖系统则处于相对静止状态,发育速率明显滞后。

值得注意的是,各系统虽发育节奏迥异,却通过营养代谢、内分泌调节等途径形成动态平衡。例如,优质蛋白与微量元素的双重供给既促进骨骼肌群的物理性增长,又为神经元突触的化学性连接提供必要条件,揭示环境因素对多系统发育的整合作用。

(四) 个体发育差异性与群体规律性

遗传基因与环境因素的交互作用导致同龄婴幼儿呈现显著的发育异质性。这种差异既体现在生长速率的快慢差异,也表现为能力发展的先后顺序。尽管个体轨迹存在波动,但群体数据显示正常发育范围具有相对稳定性——当某项指标持续偏离参照标准 2 个标准差以上时,需考虑发育迟缓的可能性。教育实践需建立动态评估观:既要尊重个体独特的发展时序,又要通过定期监测及时识别潜在发育偏离,为早期干预提供科学依据。

三、婴幼儿生理发展测量

视频
婴幼儿生理
健康评估要点

(一) 身长(高)

身高(长)是指头顶到足底的全身长度。它是反映骨骼发育的重要指标,生长发育最有代表性的一项指标,是评价婴幼儿时期生长发育和健康状况的重要指标之一,也可反映长期的营养状况。[①]

3 岁以下婴幼儿一般需要卧位测量,称为"身长";3 岁以上幼儿能立位测量,称为"身高"。(见图 2-1-7)

图 2-1-7 身长和身高

1. 测量工具:量床

2. 测量方法(图 2-1-8)

① 脱去婴幼儿帽子、鞋袜、厚实外衣裤。

② 轻抱婴幼儿于量床上,确保其仰卧于量床底板中线上。

③ 测量者轻轻扶住婴幼儿头部,使其两耳在一水平线上,颅顶接触头板。

④ 另一测量者位于婴幼儿右侧,双手将婴幼儿两腿内旋、双膝并拢,左手轻压婴幼儿双膝,使下肢伸直并紧贴床板,右手移动足板,使之接触婴幼儿足跟。

⑤ 保持视线与足板刻度在一条直线上进行读数,精确至 0.1 cm。

3. 注意事项

① 脚板一定要压到脚跟处,而不能量到脚尖处。

---

① 王宁. 婴幼儿健康评估与指导[M].北京:中国人民大学出版社,2022:35.

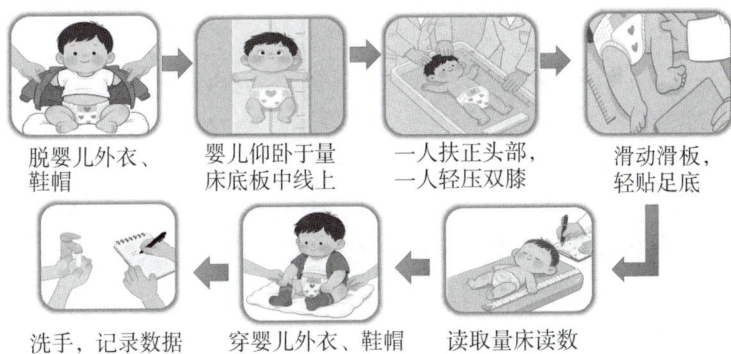

图 2-1-8　婴幼儿身长(高)测量流程图

② 双侧有刻度的测量床应注意两侧读数保持一致。

③ 测量两次,取平均数。如果两次误差超过 0.4 cm,重新测量。

(二) 体重

体重是指人体的总重量,包括器官、系统、体液的综合重量。体重是反映体格生长和营养状况的重要指标,也是临床计算补液量和给药量的重要依据。

1. 测量工具

杠杆秤、电子婴儿体重秤、电子座位体重秤。0~3 岁婴幼儿一般常用电子婴儿体重秤。

2. 测量方法(图 2-1-9)

① 铺毛巾于体重秤上,体重秤调零。

② 脱去婴幼儿衣物、鞋袜至裸体或仅着单衣。

③ 轻抱婴幼儿卧于秤中央。

④ 婴幼儿及照护者不摇晃,身体不接触其他物品。

⑤ 体重秤显示稳定后读数并记录。

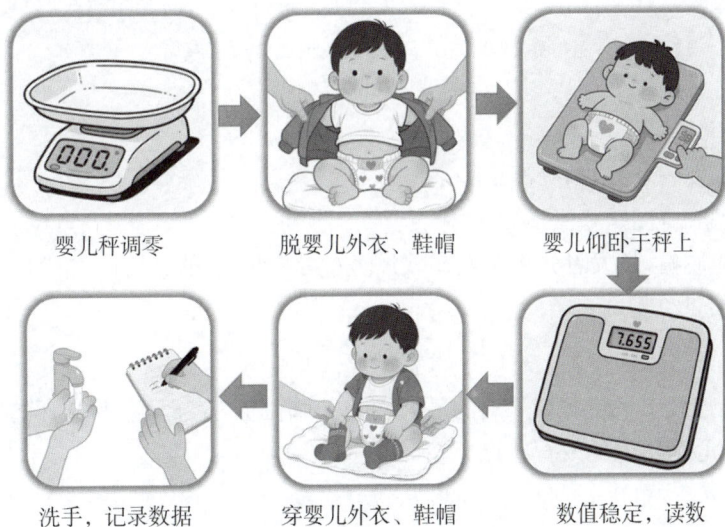

图 2-1-9　婴幼儿体重测量流程图

3. 注意事项

① 测量前,校准体重秤的灵敏度与准确度。

② 测量时,婴幼儿身体不可接触其他物体或摇动,照料者和测量人员也不应扶、摸婴幼儿的身体或体重秤,同时应保护婴幼儿的安全。

③ 冬季体重测量,注意保持室内温度。让婴幼儿仅穿单衣裤。准确称量并除去衣服重量。

④ 每日测量体重,应在同一时间进行,一般均在早晨、空腹、排尿后进行。

(三) 头围

"头围"指右侧齐眉弓上缘经枕骨粗隆最高点的头部周长。头围测量在 2 岁以下最有价值,能反映脑、颅骨的发育。头围过小提示可能脑发育不良;过大提示可能为脑积水。

1. **测量工具:软尺**

2. **测量方法**(图 2-1-10)

① 脱去婴幼儿的帽子,根据婴幼儿头发情况整理头发。

② 婴幼儿取坐位或卧位,无法配合者可由另一照护者抱坐于腿上,同时协助固定头部。

③ 用手指触摸婴幼儿两侧眉弓上缘及枕骨结节,确定测量位置。

④ 站立于婴幼儿侧前方,将软皮尺零点固定于右侧眉弓上缘。

⑤ 另一手将软皮尺紧贴头皮经枕骨结节绕至左侧眉弓上缘回到零点。

⑥ 读与零刻度相重叠的刻度值,精确至 0.1 cm,并记录。建议测量 3 次,取均值。

⑦ 为婴幼儿整理头发,戴好帽子。

⑧ 整理用物,安抚婴幼儿,洗手。

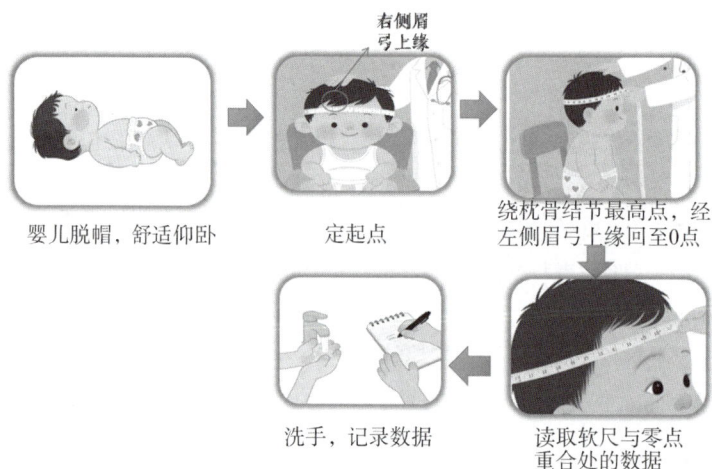

图 2-1-10 婴幼儿头围测量流程图

3. **注意事项**

① 应使用无伸缩性的软尺,精确至 1 mm。

② 测量时,软尺紧贴皮肤,松紧适宜。

③ 被测婴幼儿应脱帽,长发者先将头发在软尺经过处向上下分开。

④ 避免软尺划伤婴幼儿。

(四) 胸围

"胸围"是两乳头连线水平绕胸部一周的最大周长。胸围大小与营养及胸廓的发育密切相关,在一定程度上反映婴幼儿心肺功能的发育状况。

1. **测量工具:软尺**

2. **测量方法**(图 2-1-11)

① 脱去婴幼儿外衣,暴露胸部。

② 婴幼儿坐位或平卧位,双手自然下垂或平放,平静呼吸。

③ 用手指触摸婴幼儿两肩胛骨下缘,确定测量位置。

④ 站立于婴幼儿前方,将软皮尺零点固定于近侧乳头下缘。

⑤ 另一手将软皮尺紧贴皮肤经两肩胛下角绕至对侧乳头下缘回到零点。

⑥ 读取与零刻度相重叠的刻度值,呼气和吸气时各测一次,取平均值,精确至 0.1 cm。

⑦ 为婴幼儿穿好上衣。

⑧ 整理用物,记录数据并洗手。

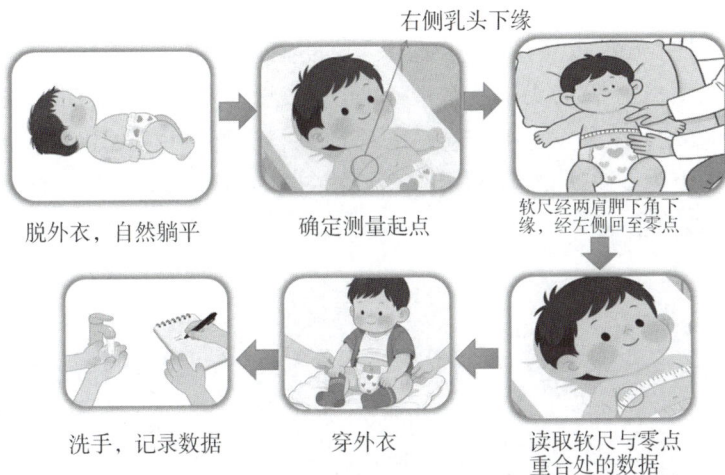

图 2-1-11　婴幼儿胸围测量流程图

3. 注意事项

① 测量时保持软尺在婴幼儿后背的位置准确,必要时可由一名助手协助固定后背软尺位置。

② 软尺应轻轻接触皮肤,皮下脂肪较厚的婴幼儿,软尺接触皮肤可稍紧些。

③ 取平静呼吸阶段的测量值。

育儿宝典

关注头围变化,助力宝宝健康成长

1. 警惕异常信号,及时科学干预

头围的异常变化往往是宝宝健康的"危险信号"。若宝宝出生时男宝头围小于 31.7 cm 或大于 36.9 cm,女宝头围小于 31.4 cm 或大于 36.5 cm。或在后续发育中头围每月增长超过 3 厘米,甚至连续 2 个月无增长,家长务必高度重视。头围过小可能提示小头畸形、颅缝早闭或脑发育迟缓;头围过大或增长过快,则需警惕脑积水、颅内占位性病变,或维生素 D 中毒等代谢性疾病。例如,若察觉到宝宝的头围增长速度异常迅速,并伴有前囟门突出、头皮静脉显著扩张等症状,应立即带宝宝前往医院进行检查。

2. 日常护理,助力头围健康发育

科学的日常护理对宝宝头围的健康发育至关重要。家长应避免过度包裹宝宝头部,以免影响颅骨的自然塑形,引发头型异常。同时,鼓励宝宝进行定期俯卧训练。在宝宝清醒且情绪良好的状态下,每天安排几次练习,每次从几分钟开始,逐渐延长训练时间。这不仅有助于锻炼宝宝的颈部肌肉力量,还能促进大脑对身体平衡和协调能力的控制,对头围发育大有裨益。此外,家长还需密切关注与头围相关的发育里程碑,如宝宝 3 个月时能否稳定抬头,6 个月时能否独立坐稳。这些发育表现与头围发育紧密相连,共同反映宝宝的生长发育状况。

3. 自查要点与科学认知

家长在家中也可以通过简单的自查,及时发现头围发育的潜在问题。仔细观察宝宝的头型是否对称,警惕斜头畸形;触摸前囟门,感受其张力,前囟门膨隆或凹陷都可能是异常信号;留意头皮静脉是否异常曲张。同时,家长应摒弃"头大聪明""头小机灵"等错误观念。头围大小与智力并无直接关联,健康的发育应是头围与年龄、身体其他指标相匹配的均衡增长。

科学育儿是一场需要耐心与专业知识的长期"旅程"。家长通过定期记录头围数据、借助专业评估工具,及时发现并干预异常情况,就能为宝宝的健康成长构建坚实的保障。

任务思考

1. 简述出生到满月时男童、女童身高、体重、头围的共性规律与性别差异。
2. 请思考,婴幼儿生长发育的"头尾发展律"和"正侧发展律"具体体现在哪些方面?
3. 个体差异性在婴幼儿生长发育中普遍存在,应如何科学看待并利用这一特点进行养育?
4. 案例分析:某护士为 2 岁幼儿测量头围,三次结果分别为 48.5 cm、47.8 cm、49.1 cm。请分析可能的误差来源,并提出改进措施。

任务二　理解婴幼儿心理发展特点

案例导入

进进已经 14 个月大了,他现在能够自己抓握小杯子喝水。更让妈妈感到惊喜的是,进进开始说出一些简单的词汇,例如"妈妈抱""宝宝喝水"。然而,进进的一些行为也让妈妈感到困惑。例如,相较于 1 岁之前,进进的生长速度似乎有所减缓,妈妈不禁怀疑这是否因营养不良导致。此外,进进变得越来越顽皮,对于禁止他触碰的物品,他反而会好奇地去探索;越是被告知某物危险,他越会偷偷接近。进进似乎变成了一个小小的淘气包。而且,他的耍脾气方式也越来越多样,如果事情不如他的意,他会急得大叫,或者不停地踩脚来表达不满。

请思考,进进以上的表现都是正常的吗? 针对这个月龄阶段的幼儿,在心理发展方面有哪些需要注意的事项?

一、婴幼儿动作发展特点

视频

婴幼儿心理
发展知识

1. 粗大动作发展特点

(1) 动作发展交叉性

尽管婴幼儿动作发展有大致的月龄阶段划分,但并非严格按顺序依次学会,而是呈现交叉进行的特点。例如,婴儿 2 个月左右能在俯卧位交替踢腿,5~7 个月能用手支撑胸腹使身体离开床面,8~9 个月能够灵活爬行。在此期间,婴儿还同时练习翻身、坐等动作。这表明婴幼儿动作发展是一个相互关联、协同发展的过程,不同动作之间相互促进,共同推动身体机能和认知能力的提升。

(2) 个体发展存在差异

不同的婴幼儿粗大动作发展速度存在明显个体差异。部分婴儿可能较早学会走路,部分则相对较晚。遗传因素决定了婴幼儿身体发育的基础,营养为动作发展提供物质支持,充足的锻炼机会则为粗大动作的发展提供持续的能力。在身体发育良好、营养充足、家长注重引导锻炼的家庭中成长的婴幼儿,可能在动作发展上更为迅速。政策文件中也着重强调尊重婴幼儿个体差异,要求为不同发展水平的婴幼儿提供适宜支持,以满足其个性化发展需求。

2. 精细动作发展特点

(1) 从无意识动作到有意识动作

2~3 个月婴儿只会抚摸放在手上的东西,无法自主抓握,属于无目的的无意识动作。3~4 个月婴儿有抓握动作,但仍具先天抓握反射特征,手眼不协调,动作无目的、无意识,能抓握但不能拾起,手指配合不灵活。4~5 个月婴儿手眼协调动作发生,观察物体后伸手抓,动作有目的性,会简单摆弄玩具,但两手不会分工,看到感兴趣的东西会丢弃手中物品去拿新东西,初步学会变换手。婴儿通过手部动作与周围物体互动,逐渐理解物体的属性和用途。

(2)手部灵活性和协调性不断提升

6个月以后,婴儿在反复使用手的过程中积累经验,双手运用愈发灵活有效。7个月左右能用拇指与食指、中指三个手指配合抓握东西。9个月后能用拇指与食指指尖抓起东西,学会传递物品,能用双手同时玩玩具或把玩具从一只手递到另一只手。1岁之后,幼儿手部动作更为熟练,开始会使用工具,如用棍子取出桌子或床下面的玩具。手部灵活性和协调性的提升,为进行更为复杂的活动奠定基础,如自主进食、绘画、搭建积木等,有助于培养其生活自理能力和创造力。

二、婴幼儿认知发展特点

1. 感知觉发展

(1)0~1岁

0~1岁是婴儿感知觉系统快速建构的关键期。这一阶段以生理反射为基础,感官能力呈阶梯式发展:视觉系统从仅能模糊感知光线(新生儿期)逐步进阶到6个月分辨基本颜色、1岁接近成人水平;听觉系统出生后即可定位声源,3~4个月对悦耳声音产生主动反应,1岁能理解简单指令;触觉作为最早发育的感官,4~5个月可区分物体软硬、粗细等质感;嗅觉与味觉先天具备,4个月后对酸咸味道敏感度提升,饮食偏好初现。值得注意的是,6个月左右"客体永久性"认知的形成,标志着婴儿开始整合多感官信息,构建对世界的完整认知框架。

(2)1~2岁

1~2岁的幼儿开始主动探索环境,多感官协同发展。幼儿通过爬行、站立、行走主动接近感兴趣的物体,用手触摸感受质地,同时用眼睛观察、用嘴巴啃咬,多种感官共同作用。比如,看到色彩鲜艳的玩具,会伸手抓取,触摸表面纹路,甚至放入口中尝试,以此来全面了解物体。在这个过程中,幼儿不仅探索物体本身,还通过观察成人的表情和反应,感知不同行为带来的反馈,进一步丰富对环境的认知。

(3)2~3岁

2~3岁的幼儿感知觉发展趋向精细化,与语言、动作紧密结合形成复杂认知。视觉上,能区分相似图形,辨别颜色种类更加丰富;听觉上,对声音的细节捕捉能力增强,能分辨不同乐器的音色。他们会指着物体说出名称,将看到的事物与语言建立联系,例如看到小狗会说"狗狗";在玩耍积木时,会一边搭建一边描述自己的行为,"搭高高""盖房子",感知觉与语言、动作的融合,推动着他们对世界的理解从简单的感知过渡到复杂的认知加工,为后续的学习和发展奠定坚实基础。

2. 注意发展

(1)无意注意占主导

总的来说,0~3岁婴幼儿,无意注意占据主导地位。他们容易被新奇、鲜艳、运动的事物吸引。例如,当有色彩鲜艳的气球飘动时,婴幼儿的目光会不自觉地被吸引过去,长时间注视。这种注意不稳定,容易转移,一个新的刺激出现,他们的注意力就可能被立刻吸引走。

(2)有意注意开始萌芽

2~3岁时,幼儿有意注意开始逐步发展。在照护者的引导下,他们能够在短时间内集中注意力完成简单任务,比如跟着大人一起搭积木,能专注几分钟,努力按照要求摆放积木。不过,有意注意持续时间较短,需要不断给予鼓励和引导。

3. 记忆发展

婴儿时期就已经具备一定的记忆能力,最初表现为对熟悉的事物有再认能力。例如,3个月左右婴儿看到经常照顾他的人会露出微笑。1岁左右婴儿能记住简单的动作和事件,知道把玩具放在固定的位置。2~3岁幼儿开始能记住一些简单的故事情节,还能回忆起几天前发生的事情,比如会跟母亲说几天前在公园里看到的小鸭子。婴幼儿的记忆受情绪影响明显。愉快、有趣的经历更容易被记住,比如去游乐园玩耍的经历,婴幼儿可能会记忆深刻,经常提及。相反,不愉快的情绪体验也可能让他们印象深刻,如打针时的疼痛,可能会让婴幼儿在下次看到医生时就开始哭闹。

4. 思维发展

直观动作思维为主。0～2岁婴幼儿主要以直观动作思维为主，通过实际动作来思考问题。比如，婴幼儿会通过反复扔玩具，观察玩具掉落的过程来探索物体的运动规律。

具体形象思维开始发展。2～3岁时，幼儿的具体形象思维开始萌芽。幼儿会把圆形的物体都叫作"皮球"，在其认知中，皮球是圆形的典型代表。在讲述故事时，他们更容易理解和记住有具体形象的内容，如小兔子、大灰狼等。

综上可知，婴幼儿认知发展是一个充满无限可能与惊喜的过程。感知觉如同基石，为后续认知能力的发展搭建起最初的框架；注意能力的发展让婴幼儿能够更有目的地获取信息；思维和想象能力的进步则拓展了他们认知世界的边界；记忆能力帮助他们积累经验。照护者应充分把握这些规律，给予婴幼儿科学、适宜的引导与支持，为他们的认知发展创造有利条件。

三、婴幼儿语言发展特点

0～3岁是婴幼儿语言真正形成以及语言发展最为迅猛的阶段，依据《上海市0—3岁婴幼儿发展要点与支持策略（试行稿）》，语言与沟通领域被划分为"倾听与理解、模仿与表达、阅读兴趣与习惯"三个子领域。

1. 倾听与理解：从被动接收向主动回应发展

婴幼儿早期依赖非语言线索（如表情、肢体动作）辅助理解，后期逐步内化语言逻辑与辨音水平。婴儿在0～4个月时学会分辨言语声音和其他声音的区别，在4～6个月时可感知"语音学"意义上单纯的语音及语音差别。

4～10个月能注意语调，从语音的高音、音长变化中体会话语的社会性意义，并给予相应反馈。10～18个月能将语音表征和语义表征联系起来，通过对声、韵、调的整体感知接受语言，为正式交往做"理解在先"的准备。

婴儿从9个月左右开始真正理解语言。1岁至1岁半阶段时，幼儿头脑中词和具体事物情景联系增多，能理解更多词和简单句子，但理解和使用新词时常出现词义泛化、窄化、特化现象。1岁半至2岁阶段，幼儿的理解能力不断提高，能摆脱具体情境制约理解词语。2岁至2岁半阶段，幼儿对语言的理解力迅速增强，词的泛化、窄化和特化现象明显减少，对词义的理解日益加深，词的概括程度进一步提高。

总的来说，12个月之前，婴儿的语言发展以被动接收为主，12个月之后，幼儿开始进行主动回应。

2. 模仿与表达：从简单发声到完整语句的进阶

婴幼儿在表达初期以模仿为主，后期融入自主创造性（如自编短故事）。出生后20天是非自控音阶段，发音器官为语音发生做物质准备。21天到5个月是咕咕出声阶段，声音听辨能力发展，有"玩弄"声音现象，有最初的语音模仿和"对话"意识。6个月到1岁左右是咿呀学语阶段，连续发音节奏感加强，发音形式丰富，婴儿模仿发音能力大大提高。1岁到1岁半学说话阶段，幼儿语言中的连续音节和类似词的音节增多，能说出一些单词，无意义音节减少，是由无意义音节向词音的过渡阶段。

1岁半到3岁是积极言语发展阶段，幼儿开始由单词句、双词句向完整句发展，发音和词、句子整合，但因发音器官未成熟会出现语音"错误"。句子发展是以简单句为主，句子表达经历单词句—双词句—简单句—复合句阶段，简单句约占90%，复合句占10%左右。1.5～2岁是"第一好问期"，幼儿喜欢问"为什么"，照护者应耐心回答，帮助幼儿拓展认知、积累词汇。在语言发展过程中，2～3岁幼儿容易出现说话不流畅（发育性口吃）现象。这一阶段幼儿因语言功能不成熟、掌握词汇有限、说话紧张出现口吃，是正常现象，照护者不应嘲笑、指责，口吃现象随年龄增长会逐渐消失。

3. 阅读兴趣与习惯：从感知图书到主动阅读的启蒙

（1）阅读兴趣特点

直观形象吸引：0～3岁婴幼儿对色彩鲜艳、图案丰富、形象生动的绘本有天然的兴趣。他们的认知主要依赖直观形象，所以绘本中夸张的动物形象、明亮的色彩对比能快速吸引其注意力，激发他们的阅读兴趣。例如,《猜猜我有多爱你》中可爱的兔子形象和温馨的画面,容易让婴幼儿产生亲近感。

熟悉事物关联:与自己生活经验相关的内容更能引发婴幼儿的兴趣。像讲述吃饭、睡觉、玩耍等日常场景的绘本,婴幼儿会因为熟悉而更愿意去探索。比如《小熊宝宝》系列绘本,描绘了小熊宝宝的各种生活场景,婴幼儿在阅读时能找到共鸣。

新奇感驱动:对新奇、独特的事物充满好奇,一些具有特殊材质(如触摸书)、互动设计(如翻翻书、洞洞书)的绘本,能满足他们的探索欲望,激发阅读兴趣。如《小鸡球球触感玩具书》,通过不同的材质和互动设计,让婴幼儿在触摸、探索中感受阅读的乐趣。

（2）阅读行为表现

早期感知探索:0～1岁婴儿主要通过视觉、触觉和听觉感知绘本。他们会盯着绘本上的图案看,用手触摸绘本,甚至会把绘本放到嘴里咬。听到大人读绘本的声音,会表现出安静、专注的状态,这是他们对阅读的初步探索。

模仿参与阶段:1～2岁幼儿开始模仿大人的阅读行为,可能会拿着绘本假装阅读,嘴里念念有词,虽然说的内容可能并不连贯,但是他们也会积极参与到亲子阅读中,比如根据照护者的提问,指出绘本中的相应物体。

主动提问互动:2～3岁幼儿阅读时主动性增强,会主动提出问题,询问绘本中事物的名称、发生的事情等。他们还喜欢和照护者一起讨论绘本内容,分享自己的感受和想法,例如读完《大卫,不可以》后,会和照护者讨论大卫的行为是否正确。

（3）习惯养成表现

固定时间期待:如果家长或其他照护者养成每天固定时间亲子阅读的习惯,婴幼儿会逐渐形成生物钟,到了时间就会主动拿起绘本,期待阅读时间的到来。例如,婴幼儿会在每天晚上睡觉前主动找家长或其他照护者读绘本。

反复阅读偏好:婴幼儿喜欢反复阅读同一本绘本,对熟悉的内容感到安心和满足。通过反复阅读,他们能更好地理解绘本内容,增强自信心和阅读兴趣。比如一本《好饿的毛毛虫》,婴幼儿可能会要求家长反复读很多遍。

自主阅读萌芽:3岁左右幼儿开始出现自主阅读的萌芽,他们会自己安静地翻看绘本,虽然可能还不能完全读懂文字,但能根据画面理解大概内容,这是阅读习惯养成的重要表现。

四、婴幼儿情绪情感与交往适应发展特点

在婴幼儿的成长进程中,社会性发展主要包括交往行为(亲子交往与同伴交往)的出现与发展、社会适应行为的发展。[①] 以下内容结合《上海市0—3岁婴幼儿发展要点与支持策略》文件,将婴幼儿情绪情感与交往适应领域划分为"亲子依恋、情绪调节、交往适应"三个子领域。

1. 亲子依恋:从无差别依赖到安全型依恋的建构

婴幼儿的亲子依恋发展分为四个阶段,逐步从生理依赖转向情感联结与社会适应。0～3个月是前依恋期,婴儿对所有人的反应无差别,通过哭声、注视等行为吸引关注。3～12个月是依恋建立期,开始偏好主要照护者(如母亲),出现分离焦虑萌芽。12～24个月是依恋确立期,强烈依赖照护者,将照护者作为"安全基地",如与照护者分离时焦虑显著。2岁以上是伙伴关系期,能理解抚养人的情感与需求,适应短暂分离,依恋关系趋于稳定。

2. 情绪调节:从外控安抚到自主调控的过渡

0～1岁婴儿主要通过哭声、面部表情和肢体动作来表达情绪。饿了、困了、不舒服时会哭闹,依赖照护者安抚(如拥抱、摇晃)来缓解情绪。随着月龄增长,他们开始能区分不同的情绪,如对陌生人恐惧、对熟悉的人喜爱等。1～2岁的幼儿开始逐渐意识到自己的情绪,并尝试用简单的方式调节。比如,感到害怕时会躲到母亲身后,或者通过转移注意力来缓解负面情绪。当看到可怕的动物图片时,他们可能

---

① 文颐.婴幼儿心理与教育[M].北京:北京师范大学出版社,2023:244.

会转头看向其他地方。2～3岁的幼儿情绪调节能力进一步提升,他们能理解一些基本的情绪词汇,如"开心""难过",并能用语言表达自己的情绪感受。同时,也能在照护者的引导下,采用更合适的方式调节情绪,如生气时深呼吸、数数等。

3. 交往适应:从单向互动到合作行为的进阶

(1)同伴交往

婴幼儿的同伴交往行为分三阶段发展:0～12个月是客体中心阶段,在这一阶段婴儿早期的相互作用多集中在玩具或物体上。婴儿在2个月左右会相互注视,3～4个月能互相触摸和观望,6个月时会向同伴微笑、发出声音,但这些多是对物体的反应,而非真正的社会性互动。1岁时,由幼儿单方面发起的社会交往行为增多,但还不能期待同伴给予相应回应。12～18个月后是简单的相互作用阶段,幼儿开始出现应答特征的交往行为,能对同伴行为作出反应,如互相拍打、给玩具等,试图控制对方行为。18个月后是互补的相互作用阶段,幼儿之间的社会交往更为复杂,模仿行为频繁,出现互补或互惠的角色游戏,同时也伴有消极行为,如争抢玩具等。但总的来说,3岁以前,婴幼儿的同伴交往较少,更多为独自游戏与平行游戏。

(2)社会环境适应

随着婴幼儿的成长,他们逐渐走出家庭,接触更多不同的社会环境。从最初对陌生环境的恐惧、哭闹,到后来能在照护者的陪伴下逐渐适应,如去婴幼儿照护服务机构、商场等场所。他们开始学习遵守社会规则,如在公共场所不大声喧哗、排队等候等,提升自己的社会适应能力。深入了解婴幼儿社会性发展的这些趋势与特点,才能为婴幼儿营造出适宜且充满爱的成长环境,全方位地促进他们在社会性方面的健康发展,让他们在温暖、积极的氛围中,逐步学会与他人互动、建立情感联系,为日后融入社会奠定坚实基础。

育儿宝典

勿吓唬、慎斥责、不失信

对于正处于成长关键期的婴幼儿来说,家长的行为和态度对其身心健康发展具有深远影响。在育儿过程中,家长需特别留意避免以下三类行为。

勿吓唬 1～2岁幼儿正处于高度敏感期,对外界刺激极为敏感。一旦受到惊吓,往往需要较长时间才能恢复。例如,有些家长在幼儿犯错时,会通过假装抛弃或独自躲藏的方式来"教育"孩子;或者在幼儿经历医院打针等不愉快事件后,未能及时给予安抚,导致幼儿反复回忆起恐惧场景。曾有幼儿因受到过度惊吓,从此产生严重的分离焦虑,对母亲形成过度依赖,甚至母亲去卫生间都要紧紧跟随,若无法陪伴便在门外啼哭不止。因此,家长应给予幼儿充足的安全感,既不要强迫他们直面害怕的事物或场景,也绝不能在情绪激动时说出"再这样我就不要你了"等伤害性话语。

慎斥责 当幼儿出现诸如拿打火机玩耍等危险行为时,家长第一时间的斥责确实能有效制止当前的危险举动,并帮助幼儿建立初步的安全认知。然而,对于刚满周岁的幼儿,家长的斥责应当精准且克制,仅针对即时发生的危险行为。在引导幼儿养成良好行为习惯的过程中,积极的鼓励和表扬往往比斥责更能激发他们的积极性和主动性。此外,面对幼儿尿湿裤子等生理方面的自然行为,家长更应给予理解与包容,避免因不当斥责给幼儿带来心理压力。

不失信 在日常与幼儿的互动交流中,家长们常常会许下各种承诺,例如答应周末带幼儿去动物园游玩。这些承诺在幼儿心中,被视为家长给予的郑重约定。一旦失信,不仅会让幼儿感到失望,还可能削弱亲子间的信任关系。因此,家长在作出承诺之前,务必全面评估自身能力和实际情况,切勿轻率敷衍。若因特殊情况不得不取消承诺,也应及时且耐心地向幼儿解释原因,以真诚的态度争取幼儿的理解。

任务思考

1. 简述 0～3 岁婴幼儿生理发展特点。

2. 简述 0～3 岁婴幼儿心理发展特点。

3. 请针对以下案例进行分析。

案例分析：1岁半的花花非常活泼好动，喜欢到处攀爬、探索。她已经能独立行走，但走得还不太稳。在语言方面，她能说一些简单的单词，如"爸爸""妈妈""抱抱"等。她对绘本很感兴趣，经常拉着妈妈一起看绘本，还会指着绘本上的图案发出声音。

请分析花花在动作、语言和认知发展方面的特点，并谈谈如何进一步促进她的发展。

实训 实践

任务：婴儿生理发育测量

作为照护者，请为一名 12 月龄婴儿完成生理发育测量（体重、身长、头围、胸围），并结合《7 岁以下儿童生长标准》分析该婴儿的发育情况。测量项目、操作规范以及评分细则见表 2-2-1。

表 2-2-1 任务及操作规范

项目	操作规范	评分细则（每项 10 分）
体重	脱去衣物、尿布，使用校准电子秤（精度 0.01 kg），婴儿仰卧于秤盘中央	脱衣彻底、姿势正确、读数精准
身长	量床三贴原则：头顶贴顶板、肩臀贴底板、足底贴移动板，双腿轻压膝部伸直	头/臀/足定位准、膝部无屈曲
头围	软尺过眉弓上缘→枕骨隆突最突点→绕头水平一周，取 3 次均值（允许误差≤0.3 cm）	路径正确、软尺水平、均值计算
胸围	软尺过乳头水平，取平静呼吸呼气末与吸气末中间值	定位准确、呼吸时机把握

实训要求：

（1）操作规范性（40 分）：是否按标准流程，测量方法符合要求标准，如身长测量三贴原则、头围三次均值等。

（2）数据准确性（10 分）：严格控制误差，确保体重测量误差不超过 0.1 kg，身长及头围测量误差不超过 0.5 cm。

（3）标准应用能力（40 分）：准确查找并应用月龄及性别对应的生长标准界值，有效识别并处理异常值。

赛证 链接

在线练习

一、单选题

1. 婴儿动作的发展是指（ ）的发展。

A. 大肌肉动作和小肌肉动作

B. 直立行走和小肌肉动作

C. 跑跳动作和双手动作

D. 大肌肉动作和攀登、钻爬等动作

2. 1 岁时体重为出生时的 3 倍，满 2 岁时达（ ）。

A. 7 倍　　　　　　B. 6 倍　　　　　　C. 5 倍　　　　　　D. 4 倍

3. 正常婴儿头占身长的比例为（ ）。

A. 1/2　　　　　　B. 1/3　　　　　　C. 1/4　　　　　　D. 1/7

4. 3 岁以下婴幼儿应使用（ ）测量身高。

A. 量床　　　　　　B. 身高仪　　　　　C. 卷尺　　　　　　D. 墙壁尺

5. 用量床测量身高时,婴儿应(　　　)。

A. 仰卧于量床底板上　　　　　　　　B. 趴卧于量床底板上

C. 仰卧于量床底板的中线上　　　　　D. 仰卧于量床底板的边缘

二、判断题

1. 3岁以下婴幼儿测量身高应采用立位进行。(　　　)

2. 婴幼儿生长发育一般遵循由上到下、由近到远、由粗到细、由低级到高级、由简单到复杂发展的规律。(　　　)

(选自中国—东盟教育交流周职业院校技能大赛婴幼儿保教技能竞赛题)

项目三 ▶ 具备新生儿期保教能力

项目导读

　　新生儿期是生命发展的第一个关键阶段,也是新生命脱离母体后适应周围环境的关键时期,科学保教对新生儿健康成长至关重要。本项目围绕新生儿期生活照料、健康照护和早期发展三大领域展开,帮助学习者理解新生儿期的特殊需求,掌握全面、细致的回应性照护方法。生活照料包括新生儿期回应性照护理念、母乳喂养的科学方法、睡眠照护技巧。健康照护包括黄疸、尿布疹、脐炎等常见问题的护理方法,同时针对呛奶、窒息等意外伤害,提供了详细的防护措施和急救方法。早期发展项目从动作促进、认知探索、语言沟通和情绪情感与交往适应四个维度,详细阐述了新生儿的发展要点和支持策略,结合具体活动方案详细说明。期望通过本项目的系统学习,学习者能够达成知识、能力和情感目标,有效促进新生儿的身心健康发展,感知新生儿期科学保教的重要价值。

学习目标

　　1. 掌握新生儿期喂养、睡眠、疾病预防、意外伤害等领域的回应性照护要领。

　　2. 初步能够对新生儿的动作促进、认知探索、语言沟通、情绪情感和交往适应四个领域开展高质量保教活动。

　　3. 激发呵护关爱新生命,对新生儿进行科学养育的职业情感。

知识导图

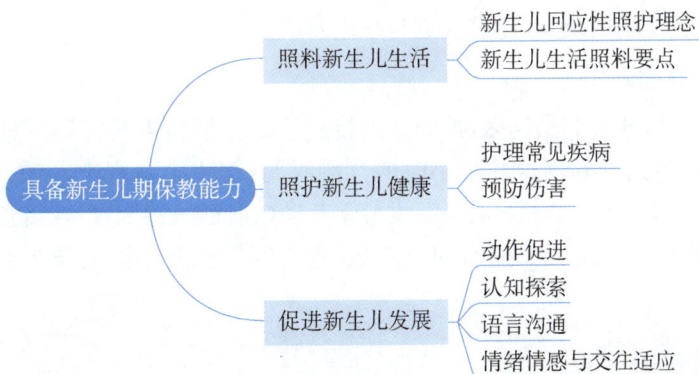

任务一　照料新生儿生活

案例导入

妈妈："我昨天从书上看到一句话,说'如果你从新生儿出生第二天开始教育的话,就晚了一天'。你看咱家宝贝都出生半个月了,每天除了吃就是睡,感觉没有什么可做的事情呢,不知道怎么开展早期教育呀?"

爸爸："行了,别听信那些话。这么小的新生儿每天除了吃喝拉撒睡,还能做什么。只要咱家宝宝身高、体重这些指标正常就可以了。"

❓ 新生儿是无知无能的吗?新生儿期的保教工作只要照顾好其饮食、睡眠,保证身高,体重数值达标就可以了吗?

新生儿期是指从出生到生后 28 天这一时期。这是新生儿脱离母体后适应周围环境的关键时期,应重点指导照护者在"哺乳、日常照护中通过注视新生儿的眼睛、与新生儿说话、抚摸或怀抱新生儿等方式加强与新生儿互动,逐步形成情感连结,促进新生儿视听感知等方面发育"[①]。新生命初来乍到,带给家人无尽喜悦的同时,也伴随着新生儿的脆弱与需要无微不至照顾的挑战。

一、新生儿回应性照护理念

(一)呵护关爱新生命

新生儿在母亲温暖的子宫里度过了 40 周左右的时间,忽然要在 20 小时内冲出母亲产道,来到五光十色的大千世界,面临呼吸、循环、消化等多重挑战。照护者需确保其呼吸通畅、身体健康、吃饱睡好,帮助其顺利度过新生儿期。同时,关注新生儿的饥饿信号、排泄信号、睡眠信号等,进行按需喂养、及时回应。

(二)创设良好育儿环境

新生儿数天之内可能会产生上百个问题,这些问题变化多端,来得快,去得也快。照护者需保持警觉,需要 24 小时持续照护,才能做到有情况早发现、早处理。照护者需要为新生儿提供安全、舒适、温馨的环境,房间布置做到光线柔和、温湿度适宜、通风良好;婴儿床配备围栏,床上使用柔软、透气的睡眠用品;周围摆放色彩鲜艳且安全的玩具,促进视觉与触觉发展。

(三)重视新生儿潜能开发

新生儿大脑发育迅速,外界刺激越多,神经元连接越活跃。但新生儿容易疲惫,一天中只有几个小时是清醒状态。照护者要充分利用这几个小时的清醒时间,提供丰富视觉刺激(如彩色气球、黑白卡片),柔和听觉刺激(如轻柔音乐、亲子对话),温柔触觉互动(如抚触、拥抱)以及适宜运动锻炼(如俯卧抬头)等方式,激发新生儿早期潜能,但须避免过度刺激,当新生儿出现揉眼、打哈欠或眼神呆滞时,需要及时终止。

二、新生儿生活照料要点

[视频]

[二维码]

新生儿期
生活照料

(一)新生儿母乳喂养

新生儿的喂养方式包括母乳喂养、混合喂养和人工喂养。WHO 建议母乳喂养可持续至 2 岁或以

---

① 国家卫生健康委办公厅. 婴幼儿早期发展服务指南(试行)[Z]. 2024 - 12 - 5. 国卫办妇幼函〔2024〕467 号.

上。母乳是满足6个月以内婴儿生理和心理发育最经济、最佳、最理想的天然营养品。

1. 母乳喂养的好处

① 母乳喂养对新生儿的好处。母乳不仅易于消化吸收,且营养成分会随新生儿的成长自动调节和变化,以满足新生儿不同时期的需要,确保新生儿获得全面而均衡的营养支持。母乳含免疫活性物质(如免疫球蛋白、乳铁蛋白),能降低出生至6个月内婴儿的感染率及过敏风险。持续的母乳喂养,也便于母亲与婴幼儿之间形成无数次最直接的亲密接触,建立母婴依恋,促进婴幼儿情感与社会性发展。

② 母乳喂养对母亲的好处。母乳喂养有助于母亲的子宫收缩,排出恶露,减少产后出血。有效增加母亲能量消耗,更快促进母亲形体恢复正常,避免产后肥胖。研究表明,母乳喂养可降低乳腺癌、卵巢癌、骨质疏松等疾病的发生率。

2. 母乳喂养的成功要点

（1）树立信心

信心是母乳喂养成功的第一步。母亲应该坚信自己能够克服哺乳面临的各种困难和挑战,如乳头疼痛、乳汁分泌不足、婴儿吸吮不顺畅等。

（2）三早原则

"三早原则"即早接触、早吸吮、早开奶。分娩后,母婴应尽早进行肌肤接触,刺激新生儿产生吸吮反射实现"早吸吮"。"早开奶"是确保母乳喂养顺利进行的关键,一般在出生后半小时至两小时内进行,让新生儿吮吸到极为珍贵的初乳。母乳是越吸越多,而"等待下奶"是错误之选。

（3）科学膳食

母亲需要保持饮食结构丰富、营养均衡,保证足够汤类摄入。为母亲准备的饭菜要温热且安全卫生,并特别注意食材质量,因为母亲的营养状况将直接影响乳汁质量。避免辛辣、油腻和寒凉的食物。

（4）正确哺乳姿势

巩固母乳喂养的重要一步是新手妈妈要掌握正确的哺乳姿势。正确的哺乳体位包括:摇篮式、交叉摇篮式、橄榄球式、侧躺式等。引导婴幼儿含接要领包括三贴:鼻尖对乳头、胸贴胸、腹贴腹,哺乳时要与新生儿有视觉沟通。每次喂奶至少5分钟,确保每侧乳房都有吸空的机会。若吸吮后尚有较多乳汁剩余,用手法挤奶或使用吸奶器将奶吸空、排出。

（5）调控情绪与作息管理

科学研究表明,积极的情绪有助于促进乳汁的分泌。新手妈妈需要保持与家人有效沟通,也可以通过听音乐、阅读书籍、散步等方式调整情绪,避免过度焦虑和紧张。母亲保持充足的睡眠可通过调节催乳素分泌节律促进乳汁合成,建议优先保障夜间连续性睡眠时段。

3. 新生儿吃饱初判断

确定新生儿是否吃饱可以观察以下四点:哺乳时是否听到咕噜咕噜吞咽声;吃完奶后是否出现满足的表情;每日是否有6～8次小便,其中3次以上黄色糊状便;在生理性体重下降后,出生后第10天是否恢复出生体重,之后周均增重150～200克。

婴儿前3个月的母乳喂养须遵循按需提供、日夜哺喂原则,不要过于计较次数和时间。4～6个月,可逐渐过渡到按时喂奶,培养婴儿规律的进食习惯。可通过观察婴儿生长曲线评估其身高、体重情况,作为衡量婴儿是否吃饱的一个重要依据。

（二）新生儿睡眠照护

新生儿出生后,睡眠成了照护者最关注的"头等大事",毕竟他们一天要睡16小时以上! 照护者只要看懂这些睡眠信号和技巧,也能轻松应对婴儿的睡眠日常。

1. 睡眠特点

① 时间长:新生儿一天中大约2/3的时间都是在睡眠中度过,每天需要睡16～20小时。

② 昼夜颠倒:新生儿生物钟调节能力尚未发育成熟,可能表现为白天嗜睡、夜间清醒活跃的现象。

③ 频繁醒来:睡眠周期相对较短,通常约为45分钟至2小时不等。易觉醒,也与需频繁哺乳(2～3

小时一次)及排便有关。

值得注意的是,临床观察表明,新生儿的睡眠时间存在较大差异,有的新生儿会睡十几个小时,有的则能睡二十个小时,如果他们吃奶正常,精神状态良好,大小便正常,生长发育也达标,照护者不必大惊小怪,这些都是正常现象。

2. 睡眠信号

阶段一:有点困。新生儿常常表现为打哈欠,目光呆滞,眼半睁半闭、眼睑出现闪动、眼闭合前眼球可能向上滚动,反应迟钝,抓耳、挠头等,这个时候是最好的哄睡时机。

阶段二:很困,快睡着了。新生儿常表现为眼神迷糊、眼周泛红,身体基本没有动作,哼哼唧唧,有时微笑、皱眉或噘起嘴唇,常伴有轻度惊跳等。这个阶段最重要的是保证入睡过程的稳定,不要过多地进行干预或移动。

阶段三:困过头。新生儿常常表现为异常兴奋、情绪烦躁、易怒易哭、扭动等。这时照护者要尽可能做好安抚和陪伴,让其情绪尽快稳定下来。

3. 照护方法

① 适宜环境:卧室应干净、整洁,提前开窗通风,保证室内空气新鲜,保持室内温湿度适宜,婴儿床上不放杂物。

② 建立睡眠昼夜节律:白天不刻意拉窗帘,晚上不开夜灯,帮助区分白天和夜晚,避免昼夜颠倒。

③ 选择睡眠姿势:新生儿建议使用厚度为 2 厘米左右的小枕头。最好采用仰卧睡姿,避免俯卧睡姿。喂养后宜采取侧睡,以免溢奶或呛咳造成窒息。

④ 加强照护:照护者要留心新生儿的睡眠状态,包括体温、呼吸、姿势等,也要注意其睡眠时长和质量,及时调整睡眠环境或生活习惯,满足新生儿的睡眠需求。

育儿宝典

如何进行新生儿抚触?

常常被照护者怀抱和触摸的新生儿能感受到与照护者紧密相连的安全感,通常啼哭减少、睡眠质量提升、体重增长更迅速。新生儿抚触是当前广受欢迎的一种促进新生儿身心健康的科学育婴方法。接下来,一起学习抚触的操作流程吧。

一、四大准备

环境准备:保持室温在 26～28℃ 之间,确保门窗紧闭。

物品准备:备齐浴巾、小毛巾、纸尿裤、抚触油、隔尿垫等必需品。

操作者准备:修剪指甲至适宜长度,进行彻底的手部清洁,并摘除所有饰品。

婴儿准备:确保婴儿心情愉悦,且无任何身体不适。

二、抚触要点

(1) 抚触油使用:取适量于掌心搓热后均匀涂抹,严禁直接涂抹于婴儿皮肤。

(2) 操作顺序:依次从头面部—胸腹部—四肢—背部进行,力度需适中。

(3) 时间选择:宜在吃奶后 1 小时或沐浴后进行,新生儿初始时间为 5 分钟,逐渐增加至每日 15～20 分钟。

三、核心手法

1. 头面部

(1) 眉弓—太阳穴:双手大拇指腹分别沿眉弓向外轻推至太阳穴;

(2) 下颌—耳根:由下颌中央,向后上方按摩至耳根处;

(3) 前额—枕后:双手掌根、全手掌或指腹从前额发际抚至枕后(避开囟门)。

2. 胸部

用双手指腹从婴儿肋骨下缘轻柔推滑至对侧肩部(绕开乳头区域)。

3. 腹部

右(左)手大鱼际或并拢的食指、中指、无名指指腹,以右下腹为起点顺时针环形按摩腹部(避开肚脐)。

4. 四肢

(1) 上肢:一手托住手腕,另一手从肩部向手掌轻捏,搓揉手臂肌肉,轻捏每根手指。

(2) 下肢:从大腿近端内侧向脚踝轻捏,搓揉小腿肌肉,拇指从脚后跟向脚趾方向推压。

5. 背部

双手食指、中指、无名指指腹,从脊柱向两侧外推(自上而下);拇指与食指、中指指腹轻捏脊柱两侧皮肤,自尾椎至颈部上提(避开脊柱骨)。

四、安全注意事项

全程确保婴儿保暖,密切关注其情绪变化,可通过语言互动交流并播放柔和音乐安抚。在婴儿翻身俯卧时,务必护住其头颈及胸背部,保持头部侧偏,确保口鼻完全暴露于空气中以预防窒息。操作结束后,再次仔细检查婴儿的皮肤状态,并为其穿好纸尿裤和衣物,同时将使用过的物品整理归位。

任务思考

1. 简述如何判断新生儿有没有吃饱。
2. 简述如何照护新生儿睡眠。

任务二　照护新生儿健康

案例导入

25 天的豆豆于出生 14 天时臀部及会阴部出现少量红疹,虽然照护者已加强护理(2～3 小时更换一次纸尿裤、大便后用温水冲洗、小便后用湿巾清洁并吹风机烘干),且更换了 4 种纸尿裤品牌。但 3 天内皮疹加重,发展为皮肤红肿伴密集丘疹,换尿布时豆豆剧烈哭闹。

❓ 照护者携带新生儿就医时不解:严格护理下为何红臀持续恶化? 希望大家帮忙分析豆豆的红屁股成因并总结护理重点。

视频

新生儿期健康保护

一、护理常见疾病

(一) 新生儿黄疸

约 80% 新生儿会出现皮肤黄染,民间常言"十个娃娃九个黄"。黄疸有生理性与病理性,前者多可自然消退,后者则需警惕胆红素过高的潜在风险。照护者需掌握黄疸观察要点与科学护理方法,及时识别异常信号,助力新生儿平稳度过"褪黄期"。

1. 黄疸类型

(1) 生理性黄疸

一般都是轻症,新生儿精神状态良好,无需特殊治疗。一般出生后 2～3 天(足月儿)或 3～5 天(早产儿)出现,4～5 天达高峰,7～10 天消退。表现为面部→躯干→四肢逐渐变黄,吃睡正常,粪便呈黄色,多数 2 周(足月儿)或 4 周(早产儿)内完全消退。

（2）病理性黄疸

判断标准（符合 1 条即需就医）：①出生 24 小时内出现黄疸；②皮肤黄染严重，伴嗜睡、抽搐、吐奶、大便发白等；③黄疸反复或持续不退（足月儿>2 周，早产儿>4 周）。病理性黄疸可能引发胆红素脑病，严重导致智力障碍、听力损伤等后遗症。早发现、早干预是关键。

2. 观察方法

新生儿黄疸通常从面部和巩膜开始显现，逐渐向躯干、四肢蔓延，甚至累及手足心；消退时则从手脚心→四肢躯干→面部→巩膜。具体方法为在白天自然光线下（避免强光直射），观察婴儿眼白（巩膜）是否变黄（见图 3-2-1），这是黄疸的明显标志。轻轻按压新生儿的皮肤（额头、鼻尖、胸前、四肢），松开后观察皮肤是否发黄。轻度黄疸为面部和眼睛发黄；中度黄疸为躯干（胸、腹部）明显发黄；重度黄疸为四肢、手心、脚心发黄。

3. 预防与护理

（1）充分喂养

保证喂养频率（8～12 次/天）对于治疗黄疸是十分必要的。通过"多吃多拉"促进胆红素随粪便排出。当母乳喂养不能满足新生儿的需求时，可以适当地添加配方奶。黄疸期间，部分新生儿可能存在不爱喝奶的情况，照护者应耐心喂养。按需调整喂养方式，如少量多次，间歇喂养，保证新生儿奶量的摄入。

（2）多晒太阳

夏天最好选择 9 点以前 15 点之后，冬季最好选择正午，挑选无风、光线明亮的朝阳房间（不隔玻璃更佳），让新生儿暴露背臀四肢，侧脸趴卧在干净舒适的软垫上，用隔光布遮盖新生儿的双眼和生殖器（见图 3-2-2），一般晒 10～20 分钟，以皮肤微红微热或微汗为宜，晒后及时保暖，若晒伤或出现皮疹暂停，病理性黄疸需配合医生治疗。

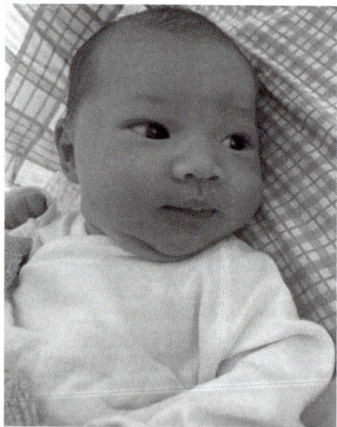

图 3-2-1 新生儿黄疸表现　　　　图 3-2-2 退黄日光浴

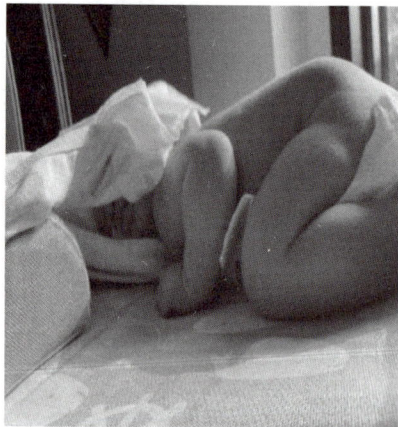

（二）新生儿尿布疹

尿布疹俗称"红臀、红屁屁、腌屁股"，是新生儿期最高发的接触性皮炎，由尿布区皮肤受排泄物、摩擦及微生物刺激等引发。其严重程度从轻度红斑到溃烂感染不等，通过科学护理，绝大多数尿布疹可有效预防。

1. 识别症状

尿布疹典型表现为新生儿接触尿布部位（臀、外阴、腹股沟）出现水肿性红斑、丘疹，严重时糜烂、渗液（见图 3-2-3），合并感染时出现脓疱、溃疡等，伴随哭闹不安、触碰疼痛、睡眠饮食受影响等表现。

2. 致病原因

① 物理刺激。以机械性损伤为主，如尿布摩擦、过度擦拭、过度清洁、爽身粉结块刺激皮肤等。
② 化学刺激。以化学物质直接损伤为主，如湿巾防腐剂、尿液中的氨、粪便消化酶等。

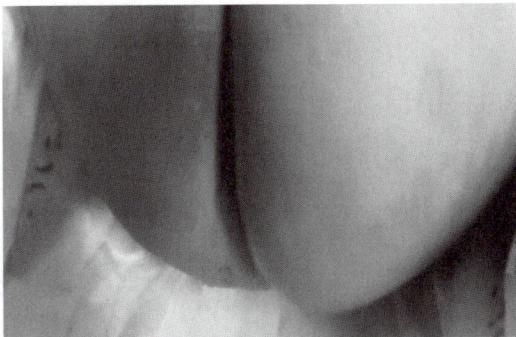

图 3-2-3　新生儿尿布疹表现

③ 潮湿环境。尿布透气性差,未及时更换尿布等。

④ 微生物感染。继发细菌、真菌、混合菌等感染所致。

⑤ 过敏反应。新生儿对尿布材质过敏或对其他护理产品成分不耐受等。

3. 预防与护理

① 尿布管理。潮湿常常是诱发尿布疹的首要和最重要因素。故要选用吸收性强,轻薄透气,质感柔软,大小适合的一次性尿裤或尿布。新生儿纸尿裤建议每 2～3 小时更换一次,排便后需立即清洁更换。具体频率可根据排泄量及皮肤敏感度调整,保持臀部干爽是预防尿布疹的关键。

② 清洁规范。排便后及时清除残留的尿便。大便后用温水冲洗,或用棉布轻柔蘸洗臀部和外阴部,切不可过度清洗和擦拭,以免损伤皮肤。女婴需要从前向后清洁。

③ 皮肤养护。条件允许的话,每日 2～3 次臀部日光浴,每次 10～20 分钟,减少与潮湿的尿布表面接触的时间。

④ 涂抹护臀霜。皮肤潮红、轻度破皮,增加晾臀时间,并涂用含 15％ 氧化锌护臀霜,保护局部皮肤。最好不要扑粉,扑粉结成块反而刺激皮肤。下次换尿布时无需刻意除去这层霜。

⑤ 使用抗生素。臀部皮肤见少许糜烂、渗液为中度尿布疹,可局部使用红霉素软膏或莫匹罗星软膏,配合低强度吹风机温风档位吹干。如出现脓疱、溃烂、发热等感染症状,马上暂停使用普通护臀产品,立即就医,遵医嘱使用药物。

(三) 新生儿脐炎

新生儿脐带残端多在出生后 7～14 天自然脱落,部分可能延迟至 3 周内脱落。即使超过 3 周未脱落,若无感染征象仍可继续观察。需特别警惕的是,新生儿因护理不当可能并发脐炎,规范化的脐部护理是预防脐炎的关键。

1. 致病原因

新生儿脐炎多因日常护理不当引发,常见诱因包括:脐带消毒不彻底、脐部潮湿、摩擦刺激、感染等。

2. 识别症状

(1) 轻度感染:脐周发红、渗液,创面潮湿不愈。

(2) 中度感染:脐窝积脓、分泌物黄稠伴异味,周围皮肤红肿硬结。

(3) 重度感染:发热、拒奶、嗜睡或烦躁,提示全身性感染风险(如败血症)。

3. 预防与护理

(1) 密切观察脐部状况

新生儿出生 24 小时内,照护者需重点观察脐带是否出血,若纱布被染红需及时告知医生。回家后每日查看脐带有无潮湿、渗液及脓性分泌物,尽早发现异常。

(2) 维持脐部干燥与清洁

给新生儿护理前,需先洗净双手。在脐带脱落前洗澡需用护脐贴,洗澡后先蘸干脐窝水分,再用医用安尔碘从脐带残端根部由内向外轻轻擦拭,最后消毒结扎线,消毒过程中适时更换棉签。脱落后的消毒方法是撑开脐窝周围皮肤,以脐窝中心为起点做直径 3 厘米环形消毒,重复 2 次,不能用棉签来回擦拭。切不可强行剥落脐痂。

（3）防止外部刺激与污染

照护者为新生儿穿衣服和尿布时注意避免摩擦脐带，可将尿布穿在肚脐眼下方或把前面向下折到肚脐以下，及时观察排便，适时更换，防止尿液污染肚脐。

（4）保证脐部良好通风

若发现肚脐潮湿，立刻用棉布吸干，选择柔软、透气的衣裤减少局部摩擦。同时，切勿在肚脐周围撒爽身粉，也不要用面霜、乳液及油类涂抹脐带根部，这不利于肚脐干燥，也可能造成其与肚脐分泌物粘连成痂，影响伤口愈合，增加感染机会。

（5）倡导母乳喂养

母乳中的免疫活性物质可增强新生儿抵抗力，降低脐炎发生率，助力婴儿健康成长。预防新生儿脐炎最重要的是做好断脐后的家庭护理，只要照护者认真为新生儿脐带做好消毒和护理，就能预防。

二、预防意外伤害

（一）呛奶

呛奶是新生儿期较常见的喂养意外之一。是指奶液误入气道引发的呼吸道阻塞，轻者可能只是轻微咳嗽，重者可能导致窒息甚至危及生命。建立科学的预防—识别—急救三级防控体系，可降低呛奶带来的安全风险。

1. 预防措施

① 掌握正确的喂奶姿势：确保新生儿头部和身体处于同一水平线上，避免吸入过多空气。

② 控制奶流速度：奶瓶喂养时注意使用合适孔径的奶嘴，母乳喂养时用食指和中指轻轻地夹住乳头，控制奶速，让新生儿均匀地吃奶。

③ 选择合适喂奶时机：避免在新生儿大哭时喂奶。

④ 按需喂养：根据新生儿的饥饿程度合理安排喂奶时间和奶量。

⑤ 注意观察：喂奶时密切观察其吞咽情况，发现呛奶立即停止喂奶。如果是轻度呛奶，新生儿会本能地咳嗽、自行调整呼吸和吞咽动作。

⑥ 喂养后处理：喂奶后将新生儿竖直抱在肩头并轻拍背部以排出胃内气体；对于容易呛奶的新生儿可在喂养后将床头抬高并采取侧卧位30分钟。

2. 识别症状

第一时间识别呛奶症状，才能在最快的时间遏制呛奶危害的发生。常表现为：咳嗽、呼吸急促或喘息、憋气、面色红紫、呼吸道不畅通、哭不出声音来等。

3. 紧急处理

发现新生儿呛奶后，立即将新生儿侧卧，头偏向一侧或将新生儿抱起俯卧于照护者前臂，并保持头低脚高位，一手的拇指与食指"V"形托下颌骨开放气道，另一手掌根部，力量适中地快速叩击肩胛骨之间。奶液排出时，用纱布裹指清理口鼻奶液。若急救过程中新生儿无呼吸、心跳，需立即进行心肺复苏（CPR）；呼吸不畅、面色发绀，持续急救并即刻送医。

（二）新生儿意外窒息

新生儿意外窒息是指出生后（≥37周活产）因物理性气道阻塞（如被褥遮盖、成人肢体压迫）或吸入性窒息（呛奶、异物误吸）导致的急性缺氧事件，多发于居家照护期间。

1. 预防措施

① 睡眠安全：始终让新生儿仰卧（背部平躺）睡觉，避免侧卧或俯卧；使用符合安全标准的婴儿床，避免软垫、毛绒玩具或松软床品；照护者应与新生儿分床睡眠，减少窒息风险。

② 喂养注意事项：喂奶后竖抱新生儿轻拍背部，待打嗝后再平放，防止吐奶误吸；少量多次喂养，避免胃部过度充盈导致反流。

③ 环境安全：避免二手烟、粉尘或密闭空间；室温维持在 24～26℃，避免包裹过厚导致过热。

④ 日常监护：尤其洗澡、换尿布时，需全程在旁；如奶嘴需选择适龄型号，避免绳索或小零件脱落风险。

2. 识别症状

① 早期表现：呼吸异常，呼吸暂停≥20 秒、喘息样呼吸或鼻翼扇动。口唇、面部或全身青紫（发绀）或苍白。四肢松软、无挣扎动作，对外界刺激无反应。

② 紧急评估（10 秒内完成）：立即用手拍打足底或摩擦新生儿背部 2 次，观察有无哭声或肢体活动；观察胸廓起伏，确认是否存在呼吸；触诊肱动脉（大声计数"1001～1006"），计时 6 秒肱动脉搏动<10 次（即心率<100 次/分）则即刻实施心肺复苏并呼救。

3. 紧急处理

当发现新生儿窒息时，应在第一时间拨打 120 急救电话，在等待急救人员到来期间，立即开展如下急救操作。

（1）物理性窒息（被子、肢体覆盖口鼻）

立即解除阻塞：移开覆盖物，完全暴露口鼻，检查口腔。

判断呼吸（≤5 秒）：观察胸腹起伏、听呼吸音，无呼吸则直接人工通气（仰头提颏，口包口鼻轻吹气 1 秒，连续 2 次）。

（2）异物窒息（呛奶、误吸）

立即将新生儿俯卧于照护者前臂，头低臀高位；一手托下颌骨，另一手的掌根部力量适中地快速叩击两肩胛骨中点 5 次（1 次/秒）；异物排出，纱布裹指清理口鼻异物。若梗阻未解除，翻转仰卧（保持头低位），双指垂直冲击胸骨下半段（乳头连线稍下方）5 次（深度约 4 cm）。交替背部叩击与胸部冲击，直至异物排出。异物排出后无自主呼吸者，立即清理气道并行人工通气 2 次，仍无呼吸则启动心肺复苏。

（3）心肺复苏（无心跳或无呼吸）

照护者采用双拇指环抱法按压两乳头连线中点紧贴下方，深度为胸廓 1/3，120 次/分，按压与通气比为 3∶1，持续至自主呼吸恢复或急救人员接管。

育儿宝典

湿疹小助手

新生儿湿疹是新生儿期常见的一种皮疹，通常在出生后 2～4 周内出现。其主要表现为面部和四肢等部位皮肤干燥、发红，可能伴有小水疱或结痂。严重时，皮肤不适会导致新生儿哭闹、烦躁等症状。目前，湿疹的发病原因尚不明确，可能与接触过敏原、皮肤屏障功能不完善、天气干燥等因素有关。

湿疹的家庭护理需注意以下几个方面：室温应控制在 22～26℃，湿度保持在 50%～60%；为新生儿选择宽松的纯棉衣物；由于新生儿皮肤娇嫩，切记避免搓澡和使用刺激性洗浴用品，尽量选用低敏无刺激性的洁肤产品；避免使用含香料或酒精成分的护肤品。此外，不养宠物、少养花草，以减少接触过敏原的风险。

保湿是湿疹护理的关键环节。研究表明，润肤剂能有效改善湿疹的严重程度，并增强抗感染治疗的疗效。多数患湿疹的新生儿存在皮肤干燥和皮肤屏障功能损伤，因此，确保皮肤充分保湿对促进皮肤屏障的恢复至关重要。湿疹新生儿应规律使用化学成分单一的保湿剂，用量要充足，每日至少使用 2 次。

母乳喂养有助于减轻新生儿湿疹的症状。部分食物可能诱发或加重新生儿湿疹，因此母亲应遵循良好的饮食习惯，以减少过敏原传递给新生儿。

若新生儿湿疹较为严重且反复不愈，家长应及时带新生儿就医，切莫自行到药店购药治疗，或轻信偏方。相信通过专业诊断、合理治疗和用心护理，新生儿能够迅速康复。

任务思考

1. 简述如何护理新生儿臀部,归纳预防与护理尿布疹的措施。
2. 简述如何护理新生儿脐部,归纳脐部护理注意事项。
3. 简述新生儿呛奶的预防和紧急处理措施。
4. 简述新生儿意外窒息的预防与处理措施。

任务三　促进新生儿发展

案例导入

视频
新生儿期
早期发展

妈妈:"哎哟,宝贝又哭了,来来来,妈妈抱抱,不哭了。"

爸爸:"停停停,打住。别抱,让她哭一会儿。昨天奶奶说了一哭就抱,抱习惯了会一直让抱着,大人可吃不消啊!"

很多新手妈妈提出这个困惑:"宝宝满月了,我终于能下床亲自照料他了。宝宝一哭,我就很自然地把他抱起来,哄哄他。可是老一辈总说别抱,说抱习惯了要一直抱着,会'黏'在手中,真是这样吗?"

? 相信很多照护者尤其是新手妈妈经常会遇到这样的养育问题。如果你是案例中的妈妈,你会怎么做?为什么?

新生儿期的早期发展主要包含动作促进、认知探索、语言沟通、情绪情感和交往适应四个领域。

一、动作促进

(一)发展要点

粗大动作是指头颈部、躯干、四肢幅度较大的运动,涉及胳膊、腿、足部肌肉等大肌肉群的动作。新生儿动作促进主要包括俯卧抬头和手部抓握训练。

1. 新生儿期粗大动作核心能力

俯卧抬头是新生儿出生后要学习的第一个粗大动作,它不仅有助于头部的控制,还能增强颈背部的肌肉力量,为后续的翻身、坐、爬、站等动作奠定基础。日常生活中的练习方式包括:伏床抬头、竖直抬头、伏腹抬头。

(1)伏床抬头

出生满半个月后,在新生儿清醒状态下,喂奶一个小时后或两次喂奶之间,让其俯卧床上,照护者在新生儿前额上方15~20 cm处摇铃逗引新生儿抬头片刻。照护者可将毛巾垫于新生儿胸下,使新生儿略抬高胸部,助其更好地抬头。注意确保练习区域平坦、无杂物,床铺软硬适中。锻炼时间从10~15秒开始,循序渐进。

(2)竖抱抬头

喂奶后竖抱新生儿使其头部靠在照护者肩上,轻拍背部,利用拍嗝机会锻炼新生儿抬头动作。随后,让新生儿头部自然竖直片刻(4~5秒),促进颈部、背部肌肉发育。注意避免竖抱时间过长、摇晃或突然的动作对新生儿造成伤害。

(3)俯腹抬头

每天两次喂奶间隙,让新生儿自然俯卧在照护者胸腹前,照护者用双手按摩新生儿的背部,并和新生儿聊天、朝其微笑或用玩具引逗新生儿自然抬头,锻炼新生儿的颈背部肌肉。注意时间不要过长,并保持呼吸通畅。

2. 新生儿期精细动作核心能力

新生儿期精细动作的发展核心能力表现为"手握拳紧",新生儿期精细动作保育要点有三点。

(1) 发现手

照护者可以把一个带响声的玩具和新生儿的小手一起握在手心,一起晃动玩具,并反复对新生儿说:"宝贝,这是你的小手,小手,小手。"照护者可以在新生儿安静觉醒状态时,用自己的一根手指触碰新生儿手掌,同时对新生儿说:"宝宝,你好,伸出你的小手和妈妈握握手吧!"

(2) 抓握手

新生儿会紧紧抓住放入手中的任何物品。照护者可以选择卫生,安全,大小质地和形状合适的物品,如柔软的布球、棉质小围巾、硬质拨浪鼓、木质小积木等,丰富新生儿的触觉体验,锻炼抓握能力;还可以用柔软质地的小玩具轻轻摩擦新生儿手掌,促使其抓握。

(3) 按摩手

照护者可为新生儿做手按摩操,对手掌、手背及每个手指都进行放松按摩,尤其是指尖。指尖有丰富的神经末梢,刺激指尖有助于新生儿的手部与大脑建立更多的神经连接,促进智力发展,每天 1~2 次,每次按摩几分钟。

(二) 支持策略

1. 利用反射行为,促进动作发展

新生儿最初做出的大多数动作都属于反射行为。新生儿期常见的反射行为包括觅食反射、吸吮反射、踏步反射、抓握反射、惊跳反射、巴宾斯基反射等。当母亲将喂奶动作与特定姿势多次结合后,新生儿会形成条件反射,仅凭抱姿即可引发吸吮动作。[①]

2. 借助日常生活,愉快开展抓握互动游戏

抓握能力是婴幼儿手部精细动作发展的第一步。照护者可利用新生儿的抓握反射,发展其抓握能力。照护者选择新生儿情绪愉快时,将自己的拇指或食指放在其手心轻轻挠让其掌握,之后,带动小手轻轻摇晃,打招呼问好。照护者还可以轻轻握一握新生儿的小手,抚摸其掌心,通过手指转动、抽拉等动作锻炼其无意识抓握能力。

(三) 活动方案

活动名称:竖抱抬头(0~1 月龄)

活动目标　训练新生儿竖抱抬头动作,锻炼颈部肌肉力量。

活动准备　轻音乐。

活动过程

1. 照护者将新生儿抱在怀中,使其头部轻靠在照护者的肩膀上。

2. 照护者抱着新生儿在房间内走动,边走边向新生儿介绍所看到的物品名称。

3. 照护者可以竖抱新生儿站在窗户前、悬挂物或图画下方,引导其抬头观察有趣的事物,并以左右肩膀交替作为新生儿的倚靠,使其练习向不同方向抬头。

4. 引导新生儿抬头时,照护者可以配合适当的语言引导,例如:"宝贝,看这些美丽的图片,向上看,那里有一只可爱的小猫,喵喵喵,它的声音真动听!"

温馨提示　每次练习结束后,照护者应轻柔地抚摸新生儿的背部,帮助其放松背部肌肉,确保新生儿感到舒适。

---

① 高振敏.0~1岁儿童智能测评与促进方案[M].上海:第二军医大学出版社,2001:18—19.

二、认知探索

（一）发展要点

1. 视觉能力

婴儿刚出生时即具备一定程度的视力，并且开始模仿看到的表情。但视觉调节能力非常弱，看到的画面是模糊、朦胧的。视觉是发育最慢、成熟最晚的一种感知觉，新生儿最佳视距是 20 厘米左右。出生不久的新生儿视觉能力发展不完善，喜欢看又大又醒目的黑白图案。

2. 听觉能力

刚出生的新生儿已经有了听觉，听到主要照护者（如母亲）对着他说话的声音能做出反应，表现为眨眼、注视、张口等。新生儿听敏度较低，偏爱柔和、缓慢、醇厚的声音，对尖厉的声音则反应急躁、激烈，对有节奏的声音尤为敏感。

3. 触觉能力

新生儿触觉已经发展得很好，特别敏感的是嘴唇、手掌和脚掌，满月的婴儿能通过口腔分辨奶嘴和乳头。当乳头或手指放在嘴唇边，新生儿会做出吸吮动作。新生儿皮肤对温度的变化非常敏感，当脱掉其衣服时，他通常会以哭闹或者手舞足蹈来表达反应。

4. 味觉与嗅觉能力

新生儿味觉和嗅觉能力已经基本发育成熟，能够区分母乳和配方奶。出生刚一周的新生儿已经能够辨别主要照护者（如母亲）的气味和其他人的气味，基本具备辨别酸、甜、苦、咸四种味觉能力。新生儿对气味的空间定位很敏感，回避不愉快气味的次数多于朝向这种气味的次数。满月之后，婴儿对于刺鼻的、不喜欢的气味会表现出不愉快的表情。

（二）支持策略

1. 提供适宜视觉刺激，促进视觉能力发展

新生儿期的视觉训练包括注视和追视活动。房间应宽敞明亮，床上方 1～1.5 米处悬挂彩色风铃，四周张贴色彩鲜艳的图画，照护者常抱新生儿从不同角度观察。提供无毒、色彩鲜艳的玩具，如黑白卡片、红色物体等，放在 15～30 厘米处引导注视，每次 20～30 秒。追视训练可用发声玩具，从左到右、从上到下或环形移动，同时照护者要与新生儿对话："宝贝，你能看到摇铃吗？仔细看，它在哪儿呢？"

2. 提供多种游戏材料，提升听觉能力

照护者日常给新生儿播放不同种类、不同方位以及不同距离的声音，比如发声玩具、音乐声音、动物叫声、交通工具声音，引导其追声寻源。新生儿睡醒时，照护者经常呼唤其乳名，并用柔和亲切的语调和新生儿说话，如："宝宝，你睡醒啦，睡得香不香呀，有没有梦到妈妈呢！"还可以在新生儿头部两侧轻轻摇晃或移动手摇铃、小沙锤、拨浪鼓等玩具。照护者可尝试用多种不同音量的声音和新生儿说话，如从低声细语到正常音量等，音量不要太大。

3. 利用口、手感知外部世界，促进触觉发展

新生儿有抓握反射，照护者及时捕捉新生儿状态好的时间做抚触按摩，调整室内温度，一般以 26℃～28℃为宜，新生儿裸躺在床上或地垫上，照护者依次抚触头面部、胸部、腹部、四肢和背部等身体部位，一般每分钟做 12 次左右，注意抚触时间不宜过长，不超过 5 分钟为宜。照护者可借助手的原始抓握反射促进新生儿触觉发展，如让新生儿抓握成人手指、木质、布艺、摇铃类等各种材质的玩具，给予其不同触觉刺激（图 3-3-1）。

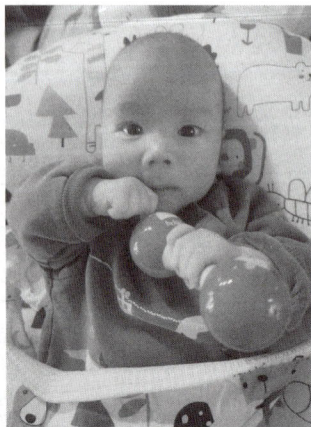

图 3-3-1 抓握摇铃

（三）活动方案

活动名称：视觉游戏（0～1月龄）

活动目标

（1）提供丰富的视觉信息，促进新生儿的视觉感知能力。

（2）通过视觉刺激，激发新生儿的观察力。

活动准备

各种图卡或卡片，如：黑白挂图、棋盘式图案、黑白或彩色照片等。

活动过程

（1）照护者抱起新生儿或使新生儿保持仰卧状态，逗引并吸引其注意力。

（2）照护者将图片或卡片置于距离新生儿眼睛约20厘米处，引导其练习注视。伴随物体的移动，让新生儿的眼睛进行上下左右追视，并对新生儿说："宝宝，看，这是××！"

（3）照护者需留意新生儿是否有注视行为，每天进行3～4次，并及时更换其他图片或卡片，以维持其注视兴趣。

温馨提示

照护者应提供多样化的视觉刺激材料。可购买视觉刺激卡或图片，也可自行制作，如将硬纸片裁剪成20厘米×20厘米的卡片，并在其上绘制同心圆、棋盘格、横线条等对称性图案（黑白配色）。此外，可为婴儿拍摄实物照片或绘制色彩鲜亮的简单图案。注意每隔三至四天更换一张图片，初期使用黑白图片，满月后逐渐过渡到使用彩色图片。

三、语言沟通

（一）发展要点

人类学习语言不是从会说话的那天开始的，自呱呱坠地起便开始学习语言。

1. 倾听与理解能力

新生儿的语言发展始于倾听与理解，婴儿出生之后能有意识地倾听外界各种各样的声音。尽管他们无法用语言表达，但已具备敏锐的听觉能力，能够分辨不同声音，并对熟悉的声调产生反应。阅读兴趣与习惯方面，即使婴儿无法理解故事内容，但聆听照护者朗读的声音，观察书中的图画，都能激发他们的好奇心和想象力。

2. 模仿与表达能力

新生儿开始尝试模仿声音和表情，这是语言表达的重要开端。他们会发出"咿咿呀呀"的声音，常发 a、o 和 e 等。模仿大人的语调，并逐渐学会用不同的声音表达需求。刚出生新生儿的第一声啼哭是最早的发音，也是今后语言表达的基础。新生儿虽然无法用语言表达自己的意愿，但是已经能用不同的哭声表达自己的需求，以此吸引照护者注意，满足自己的生理和心理需求。新生儿还会用面部表情、肢体动作的变化来与家长交流。

（二）支持策略

1. 营造丰富的语言环境

语言环境是语言学习的土壤，培养新生儿语言能力，最重要的是照护者要养成随时随地和新生儿交流的习惯。简单的语言交流，增强亲子间的情感联系，激发新生儿对语言的兴趣。照护者应多与新生儿对话，使用轻柔、缓慢的语调，配合丰富的面部表情和肢体语言，帮助新生儿建立声音与意义的联系。例如，照护者在喂奶时轻声说"宝宝饿了吗？"，换尿布时说"我们来换干净的尿布吧"，将日常活动与语言相结合，逐步培养新生儿对语言的理解能力。

2. 积极回应新生儿的交流信号

新生儿与照护者交流的一个很重要的方式就是哭。值得注意的是，新生儿哭闹并非都是因为生病，而是在用哭声表达自己的需求，饿了、困了、拉了，或有其他不舒服的感受时可能都会哭。当新生儿哭泣时,照护者应进行积极的回应,找出新生儿哭闹的原因,及时回应并满足他的需求。照护者应积极回应新生儿的发声,模仿他们的声音,并引导他们发出新的音节。例如,当新生儿发出"啊"的声音时,父母可以回应"啊,宝宝在说话呢!",并尝试引导新生儿发出"妈"或"爸"的音节,激发他们的模仿兴趣。尊重和积极地回应,这有助于新生儿建立发声的自信心,并建立安全感。

3. 创造亲子互动的机会

除了日常生活中和新生儿积极聊天,照护者还可以选择内容简单、短小押韵、贴近生活的儿歌、童谣、绘本,为新生儿哼唱或朗读。阅读是促进新生儿语言发展的重要途径,照护者应选择色彩鲜艳、图案简单的绘本,每天固定时间与新生儿共读,营造温馨的阅读氛围。例如,在睡前为新生儿朗读简单的儿歌或故事,配合轻柔的音乐,帮助新生儿放松心情,同时培养他们的阅读兴趣和习惯。照护者还可以选择会发出声音或色彩鲜艳的摇铃、布质玩具与新生儿互动。

(三) 活动方案

活动名称:互动交谈快乐多(0～1月龄)

活动目标

(1) 感知照护者的声音和面部表情,初步理解语言交流的基本形式。

(2) 在照护者的引导下,通过发出声音与照护者进行简单互动交流。

(3) 感受到照护者的关爱和温暖,建立安全感和信任感。

活动准备

(1) 准备一个安静、舒适、光线适宜的环境。

(2) 照护者应保持手部清洁,并修剪指甲,避免划伤新生儿。

(3) 照护者应保持愉悦的心情,面带微笑,用温柔的语气与新生儿交流。

活动过程

(1) 抱起新生儿,用手托住其头部,使其能够看到照护者的面容和嘴唇。互动时,保持人脸在新生儿眼睛正前方20厘米左右,这个距离是新生儿观察物体的最佳距离。

(2) 照护者用亲切温柔的声音与新生儿聊天、说话,身体略微前倾,面带微笑。"宝贝在看妈妈,宝贝在听妈妈说话呢。"中间适当停顿,给新生儿一个倾听、模仿和发音互动的时间。

(3) 当新生儿有意或无意发出声音时,照护者需认真倾听并回应,还可以反复模仿新生儿的发音,进行你一言我一语的"对话"。照护者微笑重复新生儿的声音,会鼓励其继续发声。

温馨提示

逗引新生儿发音可交替运用两种形式:一是照护者对新生儿说话,让新生儿听并模仿;二是照护者认真倾听新生儿发声,并反复模仿新生儿的话,这样练习发音的效果更佳。照护者可利用换尿布、穿衣服和洗澡的时间与新生儿交谈,反复进行发声游戏。注意活动时间不宜过长,每次5～10分钟即可,避免新生儿疲劳。密切观察宝宝的反应,如果新生儿表现出疲倦或不耐烦,应及时停止活动。

四、情绪情感与交往适应

(一) 发展要点

1. 情绪调节能力

新生儿的情绪表达直接而强烈,尚不具备自我调节情绪的能力。尽管他们无法用语言表达,但已拥有与外界交往的初步能力。他们会通过啼哭、眼神交流、面部表情和肢体动作等方式与周围的人进行互动。照护者应积极与新生儿进行面对面的交流,回应他们的表情和声音,并鼓励他们探索周围的环境。例如,可以带他们去公园散步,接触其他新鲜事物,帮助他们逐步适应社会环境。

2. 社会交往能力

新生儿的社会交往能力虽处于萌芽阶段,却已展现出与生俱来的互动潜能。出生后,新生儿会通过感官通道与外界建立联系:视觉上偏好注视人脸(尤其是眼睛区域),听觉上对主要照护者尤其是母亲的声音和节奏性语言表现出更高的敏感性(如转头或安静注视),这些反应体现了其对社会性刺激的先天倾向。研究发现,新生儿在清醒状态下能通过反射性微笑(如吃饱后的嘴角牵动)或哭泣传递生理需求,这是其最早期的沟通信号。

3. 社会适应能力

新生儿期是社会适应能力的最初阶段。尽管生命初始,但已天然具备与外界建立联结的潜能:他们能够吸引并保持目光接触,对温和的视觉和听觉刺激表现出选择性注意;会运用哭闹、表情变化(如舒适时的放松、不适时的皱眉)和简单发声等基础信号来传达内在状态与需求,并逐渐形成对主要照护者及时、恰当回应(如喂养、抚慰、护理)的期待与信赖。这种最初的、基于需求的互动模式与建立的默契,正是新生儿学习理解并顺应社会环境规则、构筑安全情感联结的关键一步。

(二) 支持策略

1. 积极回应,建立安全依恋关系

照护者多拥抱、抚摸、亲吻新生儿,及时回应新生儿需求。例如,用温柔的声音安抚哭闹的新生儿,用开心的表情回应微笑的新生儿,让新生儿感受到被爱和被关注。这种积极互动有助于新生儿建立安全的依恋关系,为未来的情感和社会发展奠定基础。照护者日常多拥抱、抚摸、亲吻新生儿,与新生儿进行肌肤接触,例如给新生儿做抚触按摩,让新生儿感受到温暖和安全。当新生儿情绪激动时,照护者可以使用轻柔的抚摸、摇晃、哼唱等方式帮助新生儿平静下来。

2. 满足交往需求,鼓励社会交往

出生后第一个月,新生儿已经表现出人际交往的需要。照护者日常多与新生儿进行眼神交流、模仿他们的表情和声音,并回应他们的咿咿呀呀。例如,当新生儿发出"啊"的声音时,照护者可以回应"啊,宝宝在说话呢!",并尝试引导新生儿发出新的音节。母亲为新生儿喂奶就是母婴最常见的触觉交流,喂奶前,母亲将新生儿搂抱怀中,大手握住小手。这一保教行为不单单是为新生儿提供生长发育所需的营养,而且为新生儿期感知觉和触觉的产生和发展提供了有益条件。

(三) 活动方案

活动名称:一起跳舞(0～1月龄)

活动目标
(1) 增进新生儿与照护者之间的情感交流与互动。
(2) 激发愉悦情绪,发展其听觉、动觉和节奏感。

活动准备
(1) 安静、舒适、光线适宜的环境。
(2) 轻柔、舒缓的古典民谣或华尔兹音乐。

活动过程
(1) 照护者播放一首轻柔舒缓的轻音乐,选择新生儿完全清醒的时间。照护者怀抱着新生儿,随着音乐节奏一起做向前、后退或旋转的动作。在这个过程中,让新生儿充分感受来自照护者温暖的爱抚,与照护者共同度过温馨快乐的时光。当新生儿熟悉温柔舒缓的节奏时,可将新生儿放在床上或照护者腿上,照护者引导其随着音乐节奏左右摆动。面对面地微笑着对新生儿说话,吸引其注视照护者的脸。
(2) 照护者再慢慢将脸移向一边,引导新生儿的眼睛跟随照护者的脸移动,左右来回移动两三次。
(3) 照护者的脸与新生儿眼睛之间的距离保持在 20 厘米左右。将新生儿面对面抱起,引导其注视照护者的面部,然后轻轻地张开嘴,将舌头慢慢伸出来,引导新生儿注视并模仿照护者的动作。

温馨提示
照护者应保持心情愉悦,面带微笑,用温柔的语气与新生儿互动。此游戏不仅能激发新生儿的愉悦情绪,还能发展其听觉、动觉和节奏感,建议每天练习 1～2 次。请注意,照护者应避免选用节奏感过于强烈的舞曲音乐,以免惊吓到新生儿。

育儿宝典

杜绝新生儿期的"蜡烛包"

所谓"蜡烛包",是指照护者在包裹新生儿时,将新生儿双臂紧贴躯干,双腿拉直,并用布、毯子或棉布进行包裹,再在外部用带子捆绑的一种包裹方式。

许多家长认为,这种包裹方法能够防止新生儿小手乱摸、减少惊跳反应,并有助于婴儿保暖,同时也便于家长抱持新生儿。然而,这种包裹方式存在诸多弊端:首先,由于紧紧束缚住新生儿,限制了其胸廓运动,进而直接影响胸廓和肺脏的发育;其次,新生儿的双手和双脚被束缚,四肢活动受限,无法获得应有的刺激;最后,新生儿的感官被包裹,外界带来的有效刺激大幅减少,直接影响大脑和全身的发育。

任务思考

1. 分组讨论并列举 5 个可能导致新生儿哭泣的原因,并针对每个原因提出相应的照护策略。

2. 思考如何结合新生儿感官发展特点,为其提供适宜的环境刺激,促进其认知和情感发展。

3. 结合案例进行分析。

案例:照护者(妈妈)正在为刚出生 10 天的宝宝进行日常护理,内容包括喂奶、拍嗝、更换尿布。妈妈采用摇篮式姿势哺乳,但宝宝含乳较浅,出现"吧唧"声,哺乳过程中宝宝频繁扭动。妈妈未调整姿势,继续喂奶。喂奶后,妈妈竖抱宝宝拍嗝,但拍击力度较大、速度较快,宝宝表现出轻微惊吓反应(四肢突然伸展)。解开尿布时发现臀部轻微红疹,妈妈用湿纸巾轻轻擦拭,并涂抹护臀霜穿上新尿布。

问题:请结合以上案例,分析照护者的行为是否恰当,有哪些值得学习的地方,以及有哪些需要改进的地方。

实训实践

任务:冲泡奶粉

案例:彤彤是一名 10 个月的婴儿,有些哭闹,不停地咂嘴,请照护者为彤彤选择适合的奶粉并用正确的方法进行冲泡。

实训任务:作为照护者,请正确进行奶粉冲泡。

实训要求:准备 8 分钟,测试时间 8 分钟。

冲泡奶粉用物清单见表 3-3-1。

表 3-3-1　冲泡奶粉用物清单

序号	名称	规格	单位	数量	备注
1	仿真婴儿模型	配衣服、填充物 PP 棉,无纺布内衬,手脚头软搪胶	个	1	
2	儿童床及床上用品	120 cm×60 cm×90 cm,0 油漆,木材坚固无疤痕,保护落地床脚;被芯及被套、床单、枕头、纯棉	套	1	
3	奶瓶	240 mL(PPSU)宽口径,带瓶盖	个	1	
4	奶嘴	宽口径	个	1	
5	奶粉	适合婴幼儿年龄段的奶粉	罐	1	
6	保温壶	500 mL	个	1	
7	垃圾桶	方形脚踏式塑料桶,PP 材质、容量 8L,30.5 * 27 * 18.5 cm,手按＋脚踩双功能开盖,搭配压圈固定套袋不易脱落	个	1	
8	污物桶	柔韧性好。镂空通风透气设计、大容量、内壁光滑、承重性好、结实好用、PE 材质,37 cm×38 cm×29 cm	个	1	

续　表

序号	名称	规格	单位	数量	备注
9	记录笔	黑色 0.5 mm	支	1	
10	记录本	封面加厚、环保纯木浆纸张、无线热熔胶装、高品质双胶纸,A5、30 页	本	1	
11	免洗手消毒剂	500 mL	瓶	1	
12	纸巾	婴幼儿专用	包	1	

(实训题目来自全国职业院校技能大赛婴幼儿健康养育照护赛项第三套技能实操题)

赛证 链接

一、单选题

1. 新生儿出生时身长平均为 50 cm,1 岁时为出生时的 1.5 倍,以后每年递增(　　)cm。

A. 3～4.5　　　　　　B. 4～5.5　　　　　　C. 5～7.5　　　　　　D. 6～7.5

2. 造成婴幼儿睡眠过程中大量出汗的原因可能是(　　)。

A. 被褥太厚　　　　　B. 缺钙　　　　　　C. 穿得太多　　　　　D. 以上原因都包括

3. 消毒奶具的常用方法是(　　)。

A. 化学消毒法　　　B. 日光暴晒法　　　C. 煮沸消毒法　　　D. 微波消毒法

4. 0～6 个月婴儿精细动作大部分以训练抓握为主,7、8 个月以后开始由满手抓握到拇指与其他 4 指对握,这体现了(　　)。

A. 精细动作发展慢　　　　　　　　　B. 加强拇指与其他 4 指对握的训练

C. 粗大动作发展快　　　　　　　　　D. 先发展大肌肉再发展小肌肉

5. 婴儿期生长速度是最快的,但生长速度不是直线上升的,而是有阶段性的。如新生儿时以(　　)为单位计算,1～3 岁时以年计算。

A. 天　　　　　　　　B. 周　　　　　　　C. 月　　　　　　　D. 半年

二、实践操作题

0～3 岁婴幼儿保健护理

考核内容:0～3 岁婴幼儿保健护理

考核要求:运用保育技能对婴儿进行抚触按摩,考察选手对婴儿的保健护理能力。

(1)按照"头面部—胸腹部—四肢—背部"的按摩操作流程及规范、适宜的动作模拟对仿真婴儿进行抚触。

(2)操作过程中可伴随必要、简洁的语言描述。

(3)展示时长 6 分钟,禁止超时。

(选自中国—东盟教育交流周职业院校技能大赛婴幼儿保教技能竞赛)

项目四 具备0~1岁婴儿期保教能力

项目导读

1岁内婴儿处于生命发展的快速阶段,从完全依赖逐渐走向初步独立。从躺卧、翻身到扶站行走,从无意识抓握到主动敲击堆叠玩具,从眼神追踪到模仿"妈妈"等词汇,从被动接受到用"要""拿"等单字表达需求。婴儿通过大动作发展、精细操作、语言理解和社会互动等能力的交织发展,构建对世界的认知框架,这一过程需要照护者通过科学的回应性照护和丰富的环境刺激促进其全面发展。

本项目围绕1~12个月龄婴儿的生活照料、健康照护和早期发展三大领域展开,旨在帮助照护者掌握0~1岁婴儿的科学保教技能。其中,生活照料任务重点介绍了婴儿期回应性照护理念、添加辅食方法以及科学断奶技巧。健康照护任务涵盖了常见疾病(如婴儿急疹、腹泻、呕吐)的护理方法,以及意外伤害(如跌落伤、气管异物)的防护措施和急救方法。早期发展任务从动作促进、认知探索、语言沟通和情绪情感与交往适应四个维度,详细介绍了1~6月龄和7~12月龄两个重要阶段的发展要点和支持策略,并结合具体活动方案阐述了游戏要领以及家庭教养技巧。

学习目标

1. 掌握婴儿期的生活照料,并根据婴儿表现判断婴儿常见疾病,能对婴儿常见意外伤害进行初步处理。

2. 掌握婴儿期各项核心能力的发展情况和保育要点,开展科学保教指导。

3. 萌发热爱婴儿的情感,树立科学保教的信心和职业情感。

知识导图

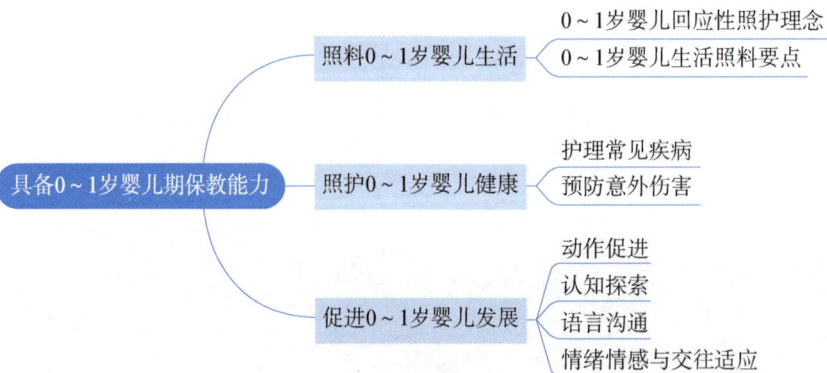

任务一　照料0～1岁婴儿生活

案例导入

　　小雨6个月了,妈妈精心准备了多种精致的米糊、果泥以及蔬菜泥,确保其营养均衡并为断奶过程做准备。然而,在小雨初次尝试这些新食物时,他显得异常抗拒,紧闭双唇,拒绝进食,甚至伴随着哭泣和不安。尽管妈妈尝试了多种不同的辅食种类和喂养方法,但每次尝试均以失败告终,小雨对辅食的抵触情绪愈发强烈,他似乎只渴望母乳。

　　❓ 面对小雨因辅食而产生的负面情绪,小雨妈妈内心既焦虑又充满怜惜。她担忧小雨的营养摄入可能不足,并担心辅食引入计划会因此受阻。针对小雨在辅食添加过程中遇到的困难,请为小雨妈妈提供一些建议。

一、0～1岁婴儿回应性照护理念

(一) 掌握发展顺序,保障成长起点的最优化

　　每个婴幼儿都有独特的成长轨迹,照护者需掌握其发展顺序和规律,了解各阶段的里程碑和敏感期,给予全面、科学的照护,做到既不强求,也不错过,确保每个婴儿成长起点的最优化。

(二) 尊重早期兴趣,做到成长与快乐同行

　　照护者应通过关爱、鼓励与肯定,增强婴儿的自信,为其提供丰富的学习资源和环境,允许其自主探索和解决问题。同时,关注婴儿的情感体验,给予足够的关爱和陪伴,帮助其形成快乐稳定的情绪特征。一言以蔽之,1岁内做到成长与快乐同行。

(三) 遵循脑发育规律,注重感官教育

　　0～1岁是大脑神经突触爆发式生长的关键期,也是感知运动阶段的核心窗口期。婴儿主要通过看、听、触、摸、尝、嗅等方式探索世界。科学的感官教育需把握两大原则:渐进性(如2～4个月聚焦视听刺激,6个月后增加抓握探索)和互动性(如边触摸毛绒玩具边描述"软软的")。这种阶梯式、回应性的刺激策略,既顺应大脑自我优化的自然过程,又通过多样化的感官体验增强不同区域协作能力,为婴儿全面发展奠定生物基础。

二、0～1岁婴儿生活照料要点

(一) 婴儿期辅食添加

视频

婴儿期生活照料
——辅食

　　出生后一年,婴儿面临三个重要的食物喂养阶段,一是母乳喂养(或奶粉喂养),二是泥糊状食物的添加,三是自然膳食的喂养。

1. 辅食添加的好处

　　营养补充:满足婴儿生长发育的营养需求,填补纯乳类喂养的营养缺口(如铁、锌、维生素D),预防生长性营养素缺乏症。

　　促进消化系统发育:刺激消化液分泌,增强消化酶活性,构建多样化肠道微生态。

　　训练口腔综合能力:适时引入辅食有助于锻炼婴儿口腔肌肉的灵活性,促进咀嚼和吞咽能力的发展,摩擦和锻炼牙龈,刺激乳牙的发育。

　　降低过敏风险:在4～6月龄免疫耐受关键期引入潜在致敏食物(如鸡蛋),通过渐进性暴露,以少量

添加的方式激活免疫调节机制,建立口服耐受性,从而降低远期过敏风险。

2. 辅食添加时间

世界卫生组织建议,婴儿满 6 个月(180 天)可开始添加辅食,这时婴儿胃肠道已发育相对完善,口腔运动功能、味觉与嗅觉等感知能力都已准备好接受新的食物。同时继续母乳喂养。过早添加可能增加消化负担和过敏风险,过晚则可能导致营养不均衡。

3. 添加辅食原则

从低致敏、清淡的食物开始,遵循由少到多、由稀到稠、由细到粗、由单一到多样的原则。辅食不添加糖、盐等调味品。以粥为例,婴儿第一口辅食为高铁纯米糊,由米汤水状,再到米粉状,然后为米糊。如无不适症状,再过渡到南瓜粥、菠菜粥、菠菜猪肝粥等混合粥。当婴儿吞咽、咀嚼功能较理想时再喂软饭、干米饭。每次添加一种食物要让其适应 3~5 天再继续添加新的辅食,如果婴儿出现呕吐、胀气、腹泻、起疹子等过敏症状应立即停止,待症状消失后酌情尝试添加。也要注意观察婴儿所发出的饥饿或饱足的信号,并及时、恰当回应,不强迫喂食。

4. 添加辅食顺序

首先添加谷类食物,如婴儿米粉,其次是蔬菜、水果,最后是动物性食物如蛋羹、鱼、肉(表 4-1-1)。辅食形态从流食状到泥糊状,再到半固体和固体状。4~6 个月辅食以泥糊状和半固体状为最佳,如南瓜泥等。6~8 月适当增加一些颗粒状食品,如肝泥。8~12 个月进入旺盛的牙齿生长期,可制作烂面条、肉末蔬菜粥等辅食。添加过程中逐渐增加食物的体积,由细变粗,由小变大,而不是一味地将食物剁碎、研磨。这样,不但能锻炼婴儿的咀嚼能力,还可以帮助婴儿在饭间进行磨牙动作,促进牙齿发育。

表 4-1-1　不同年龄段婴幼儿各类食物推荐摄入量和种类[①]

年龄	母乳喂养	米粉及米面类	蔬菜、水果类	畜禽类
6~8 月龄	坚持母乳喂养,随着固体食物添加,喂养频率逐步减少至每天 4~6 次	从满 6 月龄开始添加稠粥或面条,每餐 30 g~50 g	从开始尝试菜泥到水果泥,逐步从泥状食物到碎末状的碎菜和水果	开始逐步添加蛋黄、猪肉、牛肉等动物性食物
9~12 月龄	坚持母乳喂养,喂养频率减少至每天 4 次	从稠粥过渡到软饭,每天约 100 g	每天碎菜 50 g~100 g,水果 50 g,水果可以是片块状或手指可以拿起的指状食物	蛋黄可逐渐增至每天 1 个,每天以红肉类为主的动物性食物 25 g~50 g
1~2 岁	喂养频率减少至每天 2~3 次	逐渐过渡到与成人食物质地相同的饭、面等主食,每天约 100 g~150 g	每天蔬菜 200 g~250 g,水果 100 g~150 g	每天动物性食 50 g~80 g,鸡蛋 1 个

注:建议非母乳喂养儿摄入适量奶制品。

(二) 婴儿期科学断奶

断奶不仅是改变婴儿的口粮,也是改变婴儿生活中吃、睡、心理等习惯。把握断奶时机、识别断奶信号、做到温和离乳,实现科学断奶显得十分重要。

1. 断奶时机

世界卫生组织建议母乳喂养至少 6 个月,可延续至 1 岁或更长时间。婴儿断奶没有最佳时间,通常建议根据母亲和婴儿的状态安排断奶时间。春秋季节气候适宜,食物丰富,是断奶的黄金时期。避免在婴儿长牙、生病期间断奶。

2. 断奶信号

适应辅食:婴儿能适应多种辅食,对母乳依赖减少,可以考虑逐步断奶,并通过辅食和配方奶粉来满

---

① 国家卫生健康委员会. 婴幼儿辅食添加营养指南[S]. 2020-05-06.

足婴儿的营养需求。

频繁夜奶：婴儿6个月后夜间哺乳需求会减少，甚至有些婴儿已经不吃夜奶。如果婴儿仍然频繁需要夜间哺乳，甚至严重影响到母婴的睡眠质量，需要考虑断奶。

3. 温和离乳

心理建设：剪断脐带是母亲和新生儿的第一次分离，而断奶则是和婴儿的第二次分离，需要建立双向情感支撑系统。母亲要认识到断奶是一个自然过程，是为了让婴儿获取更全面的营养。可以通过共读绘本《再见，妈妈的奶》，让婴儿理解断奶是值得骄傲的成长仪式。注意断奶期间母亲意志要坚定，绝不心软，不可"复吸"。

减少喂奶次数：逐渐拉长喂奶间隔，先戒掉最容易成功的某个时间段的一顿奶（多数为中午的奶），然后循序渐进，过几天再戒掉某段奶，最后戒掉最难的夜奶。

分散注意力：照护者可丰富辅食种类，让婴儿适应不同味道的食物。还可以将食材制成花朵、星星等造型，用视觉刺激激发进食兴趣。同时增加搭积木、手指谣、户外等活动。哺乳时段也可以转为触摸绘本和配合音乐抚触，借助绘本与轻柔音乐吸引注意力，帮助婴儿平稳过渡断奶期。

关爱与鼓励：断奶期间，婴儿可能会因为失去熟悉的哺乳安慰而感到不安、烦躁。照护者可通过拥抱、安抚奶嘴、抚摸等方式增强婴儿的安全感，及时肯定婴儿的进步。如，"宝宝长大了，进步了，不再找妈妈吃奶，妈妈给宝宝点赞"。

（三）婴儿期睡眠照护

1. 保障充足的睡眠时间

《0岁～5岁儿童睡眠卫生指南》指出0～3个月的婴儿每天睡眠时间为13～18小时；4～12个月每天睡眠时间为12～16小时；1～2岁幼儿每天睡眠时间为11～14小时，3～5岁幼儿每天睡眠时间为10～13小时。[①] 婴幼儿的睡眠习惯存在个体差异，照护者要根据具体情况进行分析，确保其睡眠时间充足。

> 视频
> [QR code]
> 宝宝常见睡眠
> 问题的N个
> 解决方案

2. 安排固定睡前活动

从3～5个月起，固定入睡时间及流程。睡前安排3～4项安静活动，如洗澡、抚触、喂奶、听音乐等活动。活动时间控制在20分钟内，活动内容每天基本保持一致，以相同顺序在每天固定的时间进行，帮助婴儿建立起规律的作息习惯。

3. 培养自主入睡习惯

完成睡前固定活动后，照护者将婴儿放在床上，避免搂抱、摇晃哄睡等。允许婴儿拥抱安全的安慰物入睡，逐步延长婴儿独自入睡时间。婴儿6个月后减少夜奶次数，帮助婴儿逐渐形成连续夜间睡眠的习惯。

育儿宝典

脾胃保健之小儿推拿

脾胃保健对小儿的健康成长至关重要。小儿推拿作为一种传统且简便的中医保健方法，在调理小儿脾胃功能方面效果显著。以下推荐几个常用的小儿脾胃推拿手法。

1. 摩腹法

方法：将双手掌心或四指置于小儿腹部，沿顺时针（或逆时针）方向进行轻柔按摩。

功效：顺时针按摩有助于促进消化和通便；逆时针按摩则可止泻。

2. 补脾经

方法：按摩脾经200次以上，从拇指桡侧缘指尖端推向指根处（图4-1-1）。

功效：健脾，助消化。适用于改善食欲缺乏、肌肉消瘦、消化不良等症状。

---

① 国家卫生和计划生育委员会.0岁～5岁儿童睡眠卫生指南[Z].2017-10-12.

3. 捏脊

方法：用大拇指、食指、中指沿督脉自下而上轻柔捏提皮肤，每日1～2次，每次3～5遍。

功效：调理脾胃，增强体质。

4. 板门

方法：大拇指按揉手掌大鱼际平面（图4-1-2）。

作用：健脾和胃、消食化滞、止泻、止呕（板门推横纹——止泻；横纹推板门——止呕）。

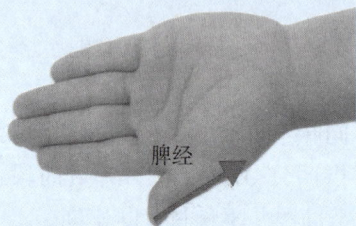 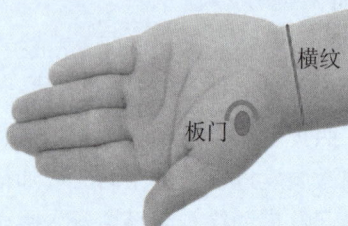

图4-1-1 脾经   图4-1-2 板门

任务思考

1. 请查阅配方奶粉的种类和特点，思考如何科学开展配方奶喂养。
2. 请归纳辅食添加方法及注意事项。
3. 请简述科学断奶的保教要领。

任务二 照护0～1岁婴儿健康

案例导入

视频

婴儿期健康护理

午后时分，妈妈在卧室里独自照顾刚学会走路的婷婷。突然，客厅的电话铃声打破了宁静，妈妈不得不暂时离开，将婷婷单独留在了床上。窗外车辆的鸣笛声引起了婷婷的好奇心，她沿着被褥攀爬到床边，踩着柔软的枕头爬上了未加防护的窗台（这个窗户正敞开着）。街道上的车流让婷婷感到兴奋，她身体前倾，突然失去平衡，从窗口坠落至楼下的草坪，立即陷入了昏迷。经过紧急抢救，才脱离了生命危险。

? 请结合这个案例，分析导致婷婷坠楼的家庭环境设计缺陷，提出在必须短暂离开时应采取的三种应急防护措施，并阐述其科学依据。

一、护理常见疾病

（一）幼儿急疹

幼儿急疹又称"婴儿玫瑰疹"，是婴幼儿常见的急性发热出疹性疾病，主要由疱疹病毒6型引起的感染性疾病。易发人群以6个月以上至2岁的婴幼儿为主，6个月到1岁最为多见。四季可发病，冬春居多，通过飞沫传播、接触传播等，但是其传染性很弱，为散发病例，不具有流行性。

1. 识别症状

"热退疹出"是本病的特点。婴幼儿突然发病，体温迅速升高，高热持续3～5天，退热后24小时内躯干、颈部出现玫瑰色斑丘疹,蔓延至四肢面部,72小时内自行消退,无痛痒、无脱屑。部分婴幼儿伴颈部淋巴结肿大(耳后、枕后明显)、轻微呼吸道或消化道症状(如流涕、腹泻)。

视频
小儿汗证知多少

2. 避免误区与科学应对

幼儿急疹护理需警惕经验性误区,照护者常因心疼幼儿而急于求成,反而陷入过度干预的误区。科学应对方能减轻不适、促进康复,以下是常见认知盲区与正确护理要点对比(表4-2-1)。

表4-2-1　幼儿急诊的误区和科学应对

误 区	科 学 应 对
频服退热药、就医	退热药间隔≥4小时,24小时不超过4次;持续高热或精神萎靡需就医
滥用抗生素	病毒感染无需抗生素,合并细菌感染需医生评估后方可使用
皮疹过度干预	无需涂抹药膏,保持皮肤清洁干燥,避免抓挠

3. 预防与护理

(1)预防措施

目前尚无相关疫苗。幼儿急疹高发季节,出门佩戴口罩,尽量少带婴幼儿去公共场所,避免与急疹患儿接触,回家要洗净双手。

(2)护理措施

① 环境与情绪:室内温度维持24～26℃,每日通风2～3次,每次20～30分钟。婴幼儿因发热不适很容易烦躁、吵闹,照护者多点耐心,多点陪伴、多些拥抱、多些安抚,这样不仅有助于康复,还有利于良好亲子关系的建立。

② 补水与饮食:合理喂养,少量多次喂水或口服补液盐,预防高热引起脱水。选择清淡易消化食物(如米粥、汤面、瘦肉汤、苹果泥),忌油腻饮食,有母乳喂养或奶粉喂养仍可正常喂养。

③ 发热期护理:高热,出现精神状态不佳时,要遵医嘱用退热药。避免捂热,防止高热惊厥的发生。还可以进行物理降温,如温水擦浴,避免酒精直接擦拭或冰袋直敷。

④ 皮疹期护理:出疹期间,穿宽松棉质衣物,保持皮肤干爽卫生,无需涂抹药物。热疹消退后无需特殊处理。

幼儿急疹是自限性疾病,可以自愈,在婴幼儿生病期间,照护者一般只需要对症支持治疗。如出现热性惊厥或其他并发症,要及时就医。

(二) 小儿腹泻

小儿腹泻是2岁以下婴幼儿高发的消化道疾病,6～11月龄为发病高峰。病程分为急性(<14天)和慢性,主要危险是脱水及电解质紊乱,严重时可危及生命。

1. 致病原因

① 感染因素:轮状病毒、诺如病毒、致病性大肠杆菌、寄生虫等。

② 饮食因素:不当的辅食添加(如过早或过量、食物性状不符月龄)、食物污染、营养失衡等(如高糖、高脂饮食)。

③ 体质因素:乳糖不耐受、食物过敏(如牛奶蛋白过敏)、免疫缺陷、继发因素(如抗生素使用后菌群失调)等。

2. 护理措施

(1)脱水识别与补液

在医生的指导下,轻、中度脱水可以在家里进行治疗观察。轻度脱水常无异常表现,中度脱水表现为前囟门轻度凹陷、口渴,口唇稍干,少尿,较烦躁、爱哭等,可口服补液盐(ORS),按说明书配比,每次稀便后补充50～100 ml,分次喂服。轻、中度脱水不能口服补液盐或重度脱水(如眼眶凹陷、皮肤干燥、无尿)的患儿,须立即就医进行静脉补液。

（2）科学喂养方案

总的来说，遵照少量多餐的原则。母乳喂养的患儿继续吃母乳，但母亲的饮食结构中，应减少含脂类食物的摄入，否则会使患儿腹泻加重。6个月以内人工喂养的婴儿，可维持原奶量。6个月以上已经添加辅食的患儿，可进食一些易消化的食物，如稀粥、烂面条、蒸苹果泥、少量蔬菜泥、新鲜橙汁等，腹泻症状消失后继续清淡饮食两三天，再慢慢过渡到正常饮食。

（3）臀部护理规范

患儿每次排便后，照护者应立即帮其更换纸尿裤，并在更换纸尿裤之前用温水冲洗，用棉柔巾蘸干或通风晾干，特别要注意肛门和会阴部的清洁。如果小屁屁发红了，洗净晾干后，可厚涂氧化锌软膏。

（4）病情监测与送医指征

照护者在家须记录患儿每日的排便次数、性状、小便量、体温、进食量等以评估病情。如果居家护理3天症状无缓解，或出现重度脱水体征，如无泪无尿（严重少尿）、眼窝及囟门凹陷、皮肤捏起回弹>2秒、嗜睡或昏迷；甚至并发血便、脓便、持续呕吐、高热、惊厥或补液后仍无尿，需立即送医。

3. 预防措施

（1）秋季轮状病毒防控

婴幼儿最常见的是秋季腹泻。常是由轮状病毒引起的急性肠炎，以6～12月龄婴儿为主，轮状病毒可通过粪—口、呼吸道传播。典型症状是发热、呕吐、蛋花样水便，一般属于自限性疾病，病程一般3～5天，特异性预防方式是接种轮状病毒疫苗。

（2）日常预防

① 喂养管理：坚持母乳喂养至少6个月；添加辅食时，每次只加1种，观察3天，后再加另一种；保证食材新鲜，现做现食。

② 消毒规范：奶瓶、餐具每日消毒；玩具每周消毒（含氯消毒液浸泡）；照护者如厕后、喂食前均须洗手，且避免嘴对嘴喂食。

③ 环境管理：每日通风2～3次，每次20～30分钟。

（三）小儿呕吐

呕吐是胃肠道的自我保护机制，若吃坏东西，呕吐反而是好事，有助于排出有害物质。若出现喷射状呕吐、持续腹痛或精神萎靡需立即就医。

1. 原因与危害

晕车、剧烈咳嗽、哭闹等可引发婴儿反射性呕吐；而进食过量、消化不良、食物中毒、胃肠道感染、全身感染、消化道梗阻等疾病，同样会导致呕吐。可见，呕吐的诱因复杂多样，它既可能是独立存在的症状，也可能是某些原发病伴随出现的表现。不过，频繁且剧烈的呕吐会造成多种不良后果，比如引发营养不良、脱水、胃部损伤，严重时甚至会导致休克。

2. 护理措施

（1）镇静：照护者保持冷静，避免加剧婴儿紧张情绪。

（2）防窒息：呕吐时应让婴儿侧卧或前倾或头偏向一侧，并清理口鼻分泌物。若误吸，立即用海姆立克法急救并送医。

（3）观察与记录：注意呕吐物性质，如是否含血丝、咖啡渣样物、胆汁（黄绿色）等。并记录伴随症状，如发热、腹痛、腹泻、精神萎靡、尿量减少等。这些信息有助于判断呕吐的原因。

（4）补液与禁食：婴儿呕吐停止后，照护者按说明书比例冲补液盐（ORS），少量多次喂服，观察婴儿有无再呕吐的迹象。要避免一次性口服过多补液盐，以免再次引发呕吐。频繁呕吐期，禁食1～2小时，仅用棉签蘸水润唇。

（5）恢复饮食：饮食恢复需要循序渐进，呕吐2～3小时后，6月龄内的婴儿可恢复母乳、配方奶喂养，单次喂养量减半。6月龄以上的婴儿，首餐原则是量少（1/3常规量）、清淡、低脂，忌高糖高纤维食物。

就医咨询：如果婴儿呕吐症状持续无缓解或加重，或者伴随其他严重症状（如呕吐物带血、哭闹不止、囟门凸起、高热、抽搐、精神萎靡、无尿等),应及时就医,以便得到专业的诊断和治疗。

3. 预防措施

推荐母乳喂养至少持续 6 个月,母乳中的免疫因子能有效保护婴儿免受感染,并合理添加辅食,营养均衡。感染季节避免去人群多的地方,出门佩戴口罩,回家洗手,避免感染。购买新鲜、无污染的食材,食物应充分加热煮熟。婴儿的餐具、奶瓶、奶嘴等使用前后均要严格清洗消毒。每天开窗通风,保持室内空气清新。适量进行户外活动,保证充足睡眠。根据季节变化和天气情况,及时为婴幼儿增减衣物。

二、预防伤害

(一) 跌落伤

1. 预防措施

婴儿在成长过程中,从最初的翻身、坐立,到蹒跚学步,再到四处探索,不同阶段面临的跌落风险有所不同,需要依据各阶段特点制定精准且针对性的预防措施,详见表 4-2-2。

表 4-2-2 婴儿预防跌落伤的安全措施

危险场景	预防方案	安全强化要点
坠床	婴儿床护栏高度≥60 cm,间隙 4.5~6 cm; 床周铺设 5 cm 厚缓冲地垫	避免使用床围软垫(窒息风险)
学步期跌倒	清除地面障碍物(玩具/电线); 家具尖角安装防撞条	选择防滑袜、学步鞋,避免赤脚活动
高空坠落	窗户安装限位器(开口<10 cm); 使用餐椅、婴儿车必系安全带	禁止单独将婴儿留置于飘窗、沙发等高处区域

2. 识别症状

(1) 意识状态检查(5~10 秒):正常的婴儿哭声响亮、眼神可追踪移动物体(如手指)、可主动抓握照护者手指。危重婴儿表现嗜睡(难以唤醒)或昏迷(无反应)、持续哭闹不安且无法安抚、双侧瞳孔不等大、对光反射迟钝。注意出现任一危重征象需立即送医或拨打 120 急救电话。

(2) 躯体损伤筛查:当婴儿肢体肿胀畸形、拒碰拒动则显示骨折可疑体征。当婴儿出现皮肤黏膜苍白、湿冷(毛细血管再充盈>2 秒),腹部膨隆伴压痛或肌紧张,呕血、便血或血尿,则可能显示内脏损伤。

3. 紧急处理

(1) 保持冷静:保持镇静,并记录跌落高度与着地部位。

(2) 跌落伤的症状与判断:观察婴儿的意识、躯体肢体活动、全身皮肤是否有异常。

(3) 初步处理:对于较小的瘀斑、血肿等,可进行局部冷敷和居家观察。小擦伤,用碘伏消毒后,用无菌纱布或创可贴覆盖包扎。

(4) 及时就医:对于疑似骨折、内脏出血、颈椎或脊柱损伤时,应避免移动婴儿,等待医护人员前来处理。如果婴儿出现严重的症状,如昏迷、抽搐惊厥、喷射性呕吐、肢体活动受限等,或者伤口较大、出血较多,立即带婴儿就诊,以免延误病情。

(二) 气管异物

气管异物常发于 3 岁以下婴幼儿。异物吸入气道后突发呛咳、喘息、声嘶,严重时出现无声甚至窒息而死。1 岁以上幼儿因异物堵塞常伴随抓喉"V"字手势,这是气管异物梗阻的标志性动作。

1. 常见原因

6 月龄后婴儿进入口腔探索期,易将小物件放入口中;婴儿喉部环状软骨未完全骨化(通常 2 岁后钙化),导致食管—气管分隔屏障薄弱;加之婴儿喉部位置较高、会厌呈 Ω 型,当进食时哭闹引发声门开放,或含物嬉笑导致深吸气,异物易突破咽喉保护机制坠入气管,导致堵塞。

婴儿气管异物以食物为主,如糖果、葡萄、花生、药片、瓜子、果冻、年糕等。也有非食物因素,如硬币、纽扣、弹珠或玩具等较小物品。

2. 预防措施

(1) 避免接触小物件

将纽扣、珠子、小零件等细小物品放置在婴儿无法触及的地方;同时避免让婴儿往口腔或鼻腔塞小玩具(如塑料珠、磁贴、小饰品等)。

(2) 养成良好进食习惯

进食时不嬉笑、哭闹、打骂,如果婴儿已经哭闹,不能再硬逼其进食,以免异物进入呼吸道。

(3) 婴幼儿窒息高危食物

3 岁以下应尽量少吃坚果类食物,如瓜子、花生、果核等;黏性过大的食物,如汤圆、年糕、口香糖;小巧的水果,如桂圆、葡萄、樱桃等;容易一口吞食的果冻等。

3. 紧急处理

当婴儿突然出现剧烈咳嗽、表情痛苦、呼吸困难,不能发音,脸部涨红或口唇发绀等,确认周围环境安全后,拨打 120,并立即实施现场急救。

(1) 1 岁以下婴儿的急救办法

成人取坐位,一只手固定婴儿头颈部,另一只手固定其下颌部,使婴儿背朝上脸向下,俯卧照护者手臂上,头略低。照护者用一手掌根向前向下快速叩击两肩胛骨中间点 5 次,每次叩击后检查口腔,若异物排出,则停止操作并用纱布裹指清理口鼻异物。若异物未排出,迅速用两只手及前臂固定婴儿,将其翻转成仰卧位,仍保持头部低于躯干,并用食指和中指垂直按压胸骨下半段(乳头连线中点稍下方),深度约为胸廓前后径的 1/3,约 4 厘米,连续冲击 5 次。每次冲击后同样检查气道梗阻是否解除,若未解除,持续以上循环,继续交替进行 5 次背部叩击与 5 次胸部冲击,直至异物排出或婴儿失去意识。

(2) 1 岁以上幼儿的急救方法

保持幼儿身体略前倾,头部稍低。照护者站或跪在幼儿身后,双臂紧紧环绕幼儿腰腹部,一手握空心拳,将拳眼(拇指侧)顶在胸骨下端与肚脐连线的中点(即肚脐上 2 横指处),另一手紧握此拳,快速用力地向内向上冲击 5 次。每次冲击后或 5 次冲击完成后,迅速检查幼儿口腔,如异物排出停止操作,并立即清理口腔残留异物。如异物未排出,持续以上操作,直至异物排出或幼儿失去意识。

4. 注意事项

① 快判症状:立即识别气道异物梗阻表现(剧烈咳嗽或无法发声、发绀、抓喉、呼吸困难等)。

② 禁盲掏挖:除非异物可视,避免盲目手指掏挖以防加重气道梗阻。

③ 有效指征:发绀消退、面色转红润,呼吸顺畅等。

④ 关键操作与就医:冲击、拍击力度适中,避免二度伤害;急救过程出现无呼吸、心跳、意识立即实施心肺复苏;即使异物排出且症状缓解,也需立即送医检查!

育儿宝典

婴儿体温的监测

婴儿的体温在一天内会有生理性的波动,但波动幅度通常小于 1℃。例如,婴儿清晨体温最低,傍晚最高,进食或哭闹后可能短暂上升。根据《诸福棠实用儿科学》的标准,婴儿的腋温达到或超过 37.3℃ 即为发热。具体分级如下:37.3~38℃ 为低热,38.1~39℃ 为中热,39.1~41℃ 为高热,超过 41℃ 则为超高热(需警惕热射病)。测量体温最准确的是水银体温计,但针对婴儿优先推荐使用电子体温计。

当身边没有体温计或婴儿非常抵触测量体温时,可结合触诊法——用手背触摸婴儿的颈背部(而非额头),并与家长同部位的温度进行对比。此方法虽不够精准,但对于 38.5℃ 以上的发热初筛仍有一定效果。

需特别注意：新生儿及 3 个月内的婴儿，腋温超过 37.5℃即需就医；出现超高热（任何方式测量达到或超过 41℃）时，须立即进行物理降温并紧急就诊。

任务思考

一、简答题

1. 概述幼儿急疹的症状、预防与护理措施。
2. 简述家庭照护中预防婴儿腹泻的护理措施。
3. 简述婴儿跌落伤的常见原因与紧急处理措施。
4. 简述婴儿期海姆立克急救法的操作要领。

二、任务模拟

任务：气管异物的处理

情景案例：乐乐，女，1 岁 8 个月，在托育机构内用午餐，正在吃馒头时，旁边佳佳小朋友逗她大笑，乐乐突然手呈卡喉姿势，瞬间脸蛋憋得通红，呼吸困难，说不出话来。假如你是照护者，请对乐乐进行急救处理。

实训任务：运用海姆立克急救技术实施急救。

实训要求：准备 8 分钟，测试时间 8 分钟。

（全国职业院校技能大赛婴幼儿健康养育照护赛题）

任务三 促进 0~1 岁婴儿发展

案例导入

奶奶正陪伴着 7 个月大的小月坐在地垫上玩耍。当看到妈妈拿起包的那一刻，小月的小手不自觉地抓紧了布娃娃，发出"噢噢"声。妈妈立刻走到她身边，给了小月一个深情的拥抱，并轻声细语地安慰："宝贝，妈妈要去上班了，晚上就会回来陪你，好吗？"话音刚落，小月仿佛已经预感到即将分离，小嘴开始瘪起，眼眶迅速泛红。奶奶鼓励小月挥挥手和妈妈说再见，而当妈妈打开门的瞬间，小月再也无法抑制情绪，小手一挥，布偶被甩到一旁，紧接着是一阵响亮的哭声，身体向前倾，示意奶奶抱她出去留住妈妈。站在门口的妈妈回头望了一眼哭得撕心裂肺的小月，心中充满了不舍，但最终还是无可奈何地关上了门。

❓ 请问，7 个月大的小月为什么会出现这种现象，如何缓解她的这种情绪呢？

一、动作促进

（一）发展要点

视频
婴儿期早期发展（动作、认知）

0~1 岁婴儿大运动发展主要围绕抬头、翻身、坐、爬行、站立、扶走等核心动作展开。

1. 1~12 月龄粗大动作核心能力

"二抬四翻六会坐，八爬十站周会走"简明地概括了婴儿在出生后的第一年大动作发展的时间点。婴儿人生第一年的大肌肉动作发展一般经历四个明显的阶段：翻身动作—坐位动作—站立动作—独立行走。1岁内婴儿粗大动作核心能力见表4-3-1。

表4-3-1 1岁内婴儿粗大动作核心能力

月龄		粗大动作核心能力
1～6月龄	抬头	2月龄抬头30°～45°,3月龄抬头45°～90°,照护者可以顺利竖抱婴儿。4月龄可抬头达90°并能自由转动
	翻身	4～5月龄出现翻身行为,为辅助翻身,一般先学会仰卧翻身。5月龄从仰卧翻身到俯卧翻身,交替进行,可自由翻身。6月龄从俯卧翻到俯卧
	坐	3月龄扶住婴儿腰呈弧形,5～6月龄学坐,6个月两手前撑坐
7～12月龄	独坐	7月龄独坐片刻,8月龄独坐自如,9月龄保持坐姿平衡不倒,10月龄稳稳独坐,11月龄独坐左右转动取物不跌倒
	爬行	7～8月龄原地转动,8～9月龄手膝爬行、灵活爬行。爬行一般需经历原地打转蠕动爬行—匍匐爬行—手膝爬行—手足爬行四个阶段
	站立	8～9月龄扶站片刻,10月龄练习扶站,11月龄独站片刻
	行走	10月龄扶物侧向行走,12月龄扶物行走,1岁左右开始学习独走

(1) 1～6月龄

1～6月龄,婴儿的大运动能力开始迅速发展,应重点指导照护者通过引导婴儿练习俯卧、抬头、翻身等方式促进婴儿大运动等发展[1]。

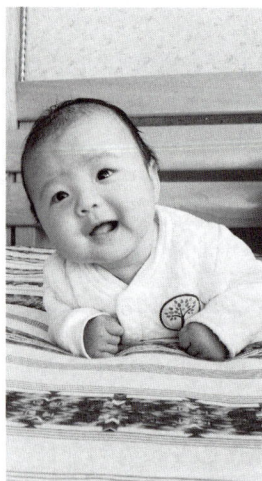

图4-3-1 练习抬头

抬头:2月龄时,婴儿呈俯卧位时头抬起离开床面,抬头和水平面的夹角呈30～45度。照护者竖抱婴儿时,其头部可以短暂竖起,头的转向更加随意。3月龄时,婴儿能竖直头部45°～90°,自由扭转头部向四周张望。4月龄时,将婴儿抱在怀中,头可以稳稳直立起来并能自由转动,俯卧位时,婴儿能用手支撑起手和脚,并把头抬起和肩胛成90度(图4-3-1)。

翻身:婴儿4月龄可练习翻身,照护者可握住婴儿一侧手臂,轻轻拉向身体另一侧,帮助婴儿从仰卧位变成侧卧位再到俯卧位。6月龄时,婴儿手臂可以伸直,手可以支撑起胸部和上腹部离开床面,并能自己从俯卧位翻成仰卧位。

坐:3月龄时,将婴儿扶至坐位时,其头轻微后垂;4月龄时,婴儿坐位时头不再后垂;5月龄时,照护者轻拉其腕部能够坐起,独坐时头身前倾;6月龄时,婴儿能独坐片刻,可以坐童车或者带围栏的椅子了。

(2) 7～12月龄

7～12月龄,照护者应重点引导婴儿练习独坐、爬行、站立、扶走等动作。

坐:7月龄时,婴儿可以独坐床上,但有时需要两手向前支撑;8月龄时,婴儿不用手支撑就可以独坐;9月龄时,婴儿能平稳坐在床上10分钟左右,并能保持平衡不跌倒;10月龄时,婴儿能坐得很稳,并能由坐位换成俯卧位,或由俯卧位换成坐位;11月龄时,婴儿可以独坐,能左右转动身体取物而不跌倒。

爬行:6～8月龄的婴儿对爬行特别感兴趣,爬行是婴儿第一次获得全身自由自在活动的机会,对婴儿整体发展有着重要作用。爬行对婴儿大脑的发育具有不可替代的特殊作用,也是婴儿实现从坐立到行走过程中不可缺少的中间环节。5～6月龄时,婴儿开始练习匍匐爬行;7～8月龄时,婴儿爬行时会原地转动;8～9月龄时,婴儿可以手膝爬行;10月龄时,婴儿开始手足自如爬行(图4-3-2)。

站立:7月龄时,照护者扶婴儿站立,婴儿能够高兴地蹦跳;8～9月龄时,婴儿可以扶着东西站立片

---

[1] 中华人民共和国国家卫生健康委办公厅.婴幼儿早期发展服务指南(试行)[Z].2024-12-5.

刻;10月龄时,婴儿练习扶站;11月龄时,婴儿学会独站片刻。婴儿的站立能力的发展过程为大人协助扶站—扶床(沙发)站—自己扶站—独站片刻(图4-3-3)。

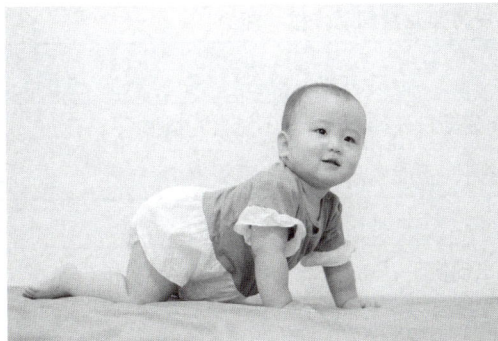

图4-3-2 练习爬行

图4-3-3 扶物站立

行走:10～12月龄为婴儿学习行走的初始阶段。当照护者放手后发现婴儿能够稳定站立时,就可以练习行走了。10月龄时,照护者需要牵着婴儿一只手才能行走,虽然走不稳,但婴儿走路兴趣很浓。12月龄左右,婴儿扶着东西能够行走,照护者可放手让婴儿走两三步,这个阶段需要加强婴儿平衡能力的训练。1岁左右婴儿学会独走。

2. 1～12月龄精细动作核心能力

1～12月龄婴儿精细运动发展主要围绕单手抓握(自主抓握、准确抓住),双手配合(玩具换手、双手撕纸、双手击掌)等核心动作展开。

(1) 1～6月龄

2月龄的婴儿双手大多数情况下由握拳逐渐转为张开和放松;4月龄婴儿可在胸前玩弄双手或主动抓玩具;5月龄婴儿可抓到物体并放入口中,能主动抓住眼前的悬挂玩具;6月龄婴儿的双手可同时抓住一个小玩具,并能将玩具从一只手换到另一只手。

(2) 7～12月龄

7～12月龄,照护者应重点引导婴儿练习双手配合(如击掌、撕纸、穿珠等),手指动作(按压、对捏、扣、戳、捡、垒叠)等能力(图4-3-4)。7～8月龄婴儿的双手变得更灵活了,能随心所欲抓起眼前小物件,会摆弄手中物体,还会主动拿起玩具,左右手传递。喜欢同时摆弄两个或两个以上的物体,并互相敲击。同时,还会将物体拿起来丢掉,被捡起后,再丢掉,享受重复动作。

8月龄时,婴儿可用拇指、食指配合对捏取物,如将体积较大的豆子散落地板上,婴儿能用拇指与其他四指捏起豆子。9月龄时,用拇指与食指指尖对捏抓起物体,还可提供套环玩具供其练习。10月龄时,婴儿可进行敲打和放物游戏,如使用安全木槌敲核桃或者敲打玩具,还可以将小玩具放到瓶子里面。11月龄时,用拇指食指捏住条状、薄片状、颗粒状食物(图4-3-5),尝试自己拿勺子吃饭,喜欢把物体

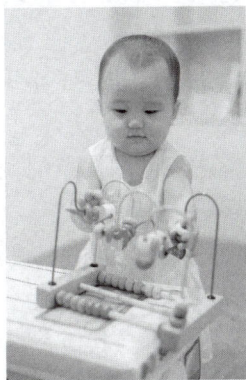

图4-3-4 双手配合串珠

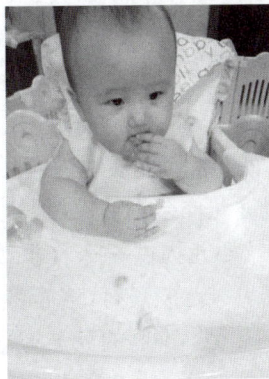

图4-3-5 拇食指对捏食物

从容器中拿出来。12月龄的婴儿可逐页翻书并有"倒"的动作,照护者可提供两个木质杯子,让婴儿练习左右手配合倒珠子、豆子、水,遵循从倒固体到倒液体的原则。

表4-3-2 1岁内婴儿精细动作核心能力

月龄		精细动作核心能力
1~6月龄	自主抓握	2月龄双手握拳逐渐松开,2~3月龄不能自主抓握
	准确抓住	4~5月龄准确抓住,不能两只手同时抓取物体
	双手协调	6月龄两手各抓起一个玩具,左右手传递玩具
7~12月龄	双手配合	6~7月龄开始出现换手、拉、捏、敲、撕纸等探索性动作 12月龄练习双手配合"倒"的动作(倒固体→倒液体)
	手指能力	7月龄左右拇指与食指、中指三个指头配合一起抓握物体 8月龄拇指、食指对捏取物 9月龄拇指与食指指尖对捏抓起物体 10月龄放物 11月龄拇指、食指指端捏起细小东西 12月龄会用手指按压、抠、戳等动作

(二) 支持策略

1. 遵循粗大动作发展规律,促进大运动发展

(1) 1~5月龄,可围绕抬头和翻身开展练习

抬头练习:喂奶后竖抱婴儿,防止溢奶并练习抬头。空腹时让婴儿俯卧,用色彩鲜艳、有声响的玩具引导其抬头,将玩具缓慢从头部左边移到右边,或从胸部下方逐渐向上移动至视线上方,让婴儿随玩具移动方向抬头。初期(1—2月龄)每次练习1~2分钟,随着月龄增长可根据婴儿耐受情况逐渐延长单次练习时间,每日2~3次。

翻身练习:4~5月龄时,帮助婴儿从仰卧翻到俯卧,再翻回仰卧。婴儿独立完成翻身动作后,轻推其臀部鼓励婴儿连续翻身。

(2) 6~9月龄,主要围绕坐、爬行动作练习

坐姿练习:坐的能力一般包括四个不同阶段,第一阶段"半躺半坐"、第二阶段"独立坐"、第三阶段"坐着玩耍"、第四阶段"坐在椅子上"[1]。

爬行练习:照护者可提供安全、平坦的爬行环境,用会动的玩具吸引婴儿爬行,必要时用轻推臀部或脚掌,将毛巾放在婴儿胸腹部下轻轻提起等方式给予帮助。

(3) 10~12月龄,主要练习爬行、站立和行走

照护者可创设"软环境",在室内摆放枕头、垫子、塑料泡沫积木和厚地毯,在室外利用草坪、沙池、塑胶垫和席子创设适宜爬行环境。照护者可扶住婴儿腋下或在前方一米处逗引,鼓励其迈步行走。

2. 针对不同月龄精细动作发展特点,采用不同练习策略

1~3月龄,照护者可在婴儿手腕处系条红色绸带,激发婴儿观察和探索小手,还可提供摇铃、拨浪鼓等有声响的玩具触碰其手掌,引导其抓握并举起来。

4~6月龄,照护者可以将不同质地、颜色鲜艳、形状大小不同、可以发声的玩具放在距离婴儿脸部约25厘米的地方,鼓励婴儿伸手去够。

6~9月龄,照护者给婴儿提供一些干净、安全的家庭物品或玩具,如沙锤、拨浪鼓、摇铃等乐器类玩具,鼓励其两手对敲、摇晃、传递、敲打,培养婴儿手腕灵活性以及手眼协调能力。照护者还可提供不同类型的小馒头、手指饼干、大小不同的豆子等材料,让婴儿练习用拇指与其他手指配合捏取物体的能力。

---

① [美]珍妮特·冈萨雷斯-米纳,[美]黛安娜·温德尔·埃尔.婴幼儿及其照护者:基于尊重、回应和关系的心理抚养[M].张和颐,张萌,冀巧玲,译.北京:商务印书馆,2024:193.

在游戏过程中,照护者应全程陪同,避免婴儿将小物品塞到鼻孔中。

9~12月龄,照护者可提供积木、图画书、小鼓等玩具,鼓励婴儿摆弄、敲打、捏取(图4-3-6、图4-3-7)。

图4-3-6　拇他指配合捏取豆子①

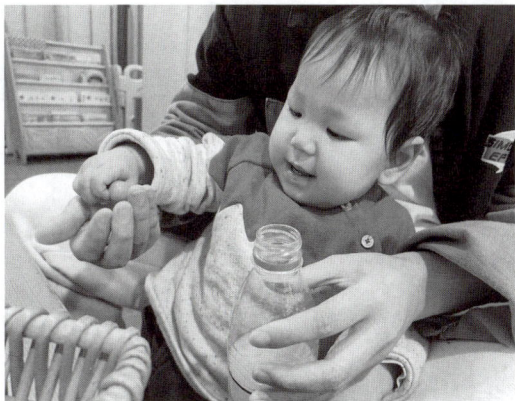

图4-3-7　"抓豆—放瓶"练习②

(三) 活动方案

活动名称一:俯身捡物体游戏(9~12月龄)③

活动目标

(1) 培养弯腰俯身捡取物品的能力,以增强腿部力量和平衡能力。

(2) 锻炼抓握和放置物体的能力,促进精细动作的发展。

(3) 主动聆听投放物体时发出的不同声音,能够自主且大胆地将物品投入盒(筐)中。

活动准备

安全、宽敞的室内;宽口径的木盒和竹制小筐;不同材质、安全无毒的玩具。

活动过程

(1) 照护者引导婴儿扶物站立,并在地板上摆放材质各异的宽口径木盒和竹制小筐。向婴儿示范如何弯腰捡起玩具,并将玩具投入盒子和筐子中。

(2) 照护者引导婴儿倾听扔掷物品时发出的不同声音,并耐心与婴儿沟通:"这是什么声音呢?"通过这种方式,引导婴儿识别各种声音的差异,例如木制玩具与金属玩具的声音不同,而柔软玩具投放时几乎无声。

(3) 照护者引导婴儿弯腰或俯身捡起地上的玩具,并鼓励其将散落在地上的玩具投入盒中或筐中,培养婴儿在日常生活中帮忙收拾和整理玩具的良好习惯。

温馨提示

照护者提供的玩具不宜过小,以防婴儿吞咽。在日常照护中,应创造条件鼓励婴儿练习用拇指和食指准确捡起、捏起小物体,如提供小玩具、手指食物等,以促进其腿部大肌肉和手部精细动作的发展。同时,激发婴儿将物品投入盒(筐)的兴趣,使其愿意协助将散落的玩具放入收纳盒中。

活动名称二:抓豆子(7~12月龄)④

活动目标

(1) 通过抓握豆子,锻炼五指分化能力与手部控制力,提升触觉感知(豆子的光滑、颗粒感)。

---

① 图片由泉州博博宝贝托育提供。
② 图片由成都高新区森林里宝宝托育提供。
③ 活动方案由泉州博博宝贝托育提供。
④ 活动方案由成都高新区森林里宝宝托育提供。

（2）引导宝宝观察"抓豆—放瓶"的动作轨迹，强化视觉与手部动作的协调配合。

活动准备

轻音乐《秋日的私语》、豆子、透明瓶子、工作毯、盘子。

活动过程

1. 音乐互动导入

（1）播放《秋日的私语》，照护者跪坐在工作毯旁，微笑着向婴儿挥手："宝贝们，今天我们要和小豆子做游戏啦！看，豆子藏在盘子里等你们呢。"

（2）照护者轻晃装豆子的盘子，发出"沙沙"声，吸引婴儿注意力："听，小豆子在和你们打招呼呀！"

2. 教具介绍与示范

（1）情境化展示

照护者举起盘子介绍道："这是小豆子的'小床'，它们现在要去'小瓶子房子'里做客啦！"之后，拿起瓶子说："看，房子的门大大的，宝宝的小手能把豆子送进去哦。"

（2）示范抓握动作

照护者坐在婴儿对面，夸张地张开五指："像这样，张大手指—抓住豆子—放进瓶子！"边说边缓慢抓豆、松手，让豆子"叮咚"落入瓶中，重复2～3次。照护者换手操作："右手累了，左手来帮忙！两只小手轮流玩。"

3. 婴儿操作体验

（1）分发教具

助教按顺序给每位婴儿递上装有豆子的小盘和瓶子。

（2）引导与观察

照护者鼓励婴儿："哇！豆子回家啦，宝宝的小手真厉害！"

4. 音乐收整环节

助教引导幼儿将教具收好，教师进行归纳整理。

温馨提示

注意防止婴儿将豆子放入口中，以免噎住。若婴儿的小手握不住瓶子，助教可协助拿瓶子。

二、认知探索

（一）发展要点

1. 1～6月龄认知探索核心能力

1～6月龄婴儿的认知探索能力主要体现在视觉发展和听觉发展两方面，其中视觉发展主要表现为视觉偏好、视觉追随和视觉集中。听觉发展主要包括寻找声源和分辨声音。

1～3月龄：总体来看，该阶段婴儿已出现视觉偏好，反复看并拍打悬挂玩具，喜欢看对称的黑白图案、人脸等，喜欢摇晃或丢掷物品，对发声物品感兴趣。2月龄时，婴儿听到声音会倾听并发出"咕咕"声回应；视觉集中明显，喜欢盯着活动物体和熟悉人脸看一会儿，视觉追随移动的物体，并辨别部分颜色（如红色）。3月龄起，婴儿对声音表现出浓厚兴趣，能用眼睛寻找声源（如手腕或脚踝上铃铛发出声音时、照护者站在身后说话时），可随意观察物体，听觉能力提高，听到声音会转头；开始分辨颜色，偏爱红、黄、绿等鲜艳色彩。这个阶段，婴儿出现怕生现象，表明记忆开始发展。3月龄时，婴儿对冷热等触觉有了明显反应。

4～6月龄：4月龄时，婴儿能集中注意力听音乐，分辨家人的声音和语调，对柔和音乐表现出愉悦情绪；记忆力短暂，但能区分熟人和陌生人。5月龄时，婴儿听觉发达，能区分悦耳和嘈杂声音，注意力提高，能稳定关注某一事物，对鲜艳玩具感兴趣，开始寻找消失的物品，理解简单因果关系（如反复摇晃玩具让其发出声音）。6月龄时，婴儿能区分亲人与陌生人，看到熟悉的人会表现出高兴行为，从镜中看到自己会微笑，喜欢摇晃玩具或丢到地板上并寻找掉落物品。注意力萌芽，出现分离焦虑，能注视远处物体，发展出知觉恒常性。4～6月龄时，婴儿出现深度知觉。6月龄左右时，婴儿喜欢用嘴巴感知物体，喜欢把手里拿到的东西第一时间放到嘴巴里面。

2. 7～12月龄认知探索核心能力

7～9月龄:这个阶段,婴儿逐渐形成"客体永久性"概念,能寻找部分或完全被遮盖的物品,喜欢故意扔东西并注视其掉落,能主动爬向远处目标物品。7月龄时,婴儿远距离知觉发展,能注意远处活动物体,视觉和听觉观察能力初步形成,会反复看、摸、摇物品,表现出积极感知倾向,但观察尚不准确、不全面。7～9月龄时,婴儿能有意识地较长时间注意感兴趣的事物,短时记忆增强,能再认几十天前的事物,对周围环境兴趣提高,注意力集中在感兴趣的事物和鲜艳玩具上。其中,8个月时婴儿开始注意到物品细节。

10～12月龄:这个阶段,婴儿喜欢探索细小物品,出现味觉偏好,记忆保持时间延长,理解因果关系,喜欢重复行为。能在照护者引导下指认常见物品(如电视、电灯),并出现延迟模仿(如模仿梳头动作)。10个月时,婴儿成为"探索家",喜欢用嘴吮吸物品,对细小物体特别感兴趣,听觉更灵敏,能确定声音方向,进一步巩固"客体永久性"概念。11～12月龄时,婴儿能长时间观察感兴趣的事物,模仿动作和声音,利用图片认识事物,通过多种感知途径和户外活动发展观察力,记忆力增强,能认识玩具、衣物并指出身体部位,但记忆保持时间较短。思维方面,婴儿开始理解简单因果关系(如扔东西会发出声音;拉动绳子拖拉小车;拉开盖住皮球的毛巾,皮球就会出现;大声哭叫就有大人来抱他等),但思维仍与具体动作紧密相关。1岁内婴儿期认知探索核心能力见表4-3-3。

表4-3-3 1岁内婴儿认知探索核心能力

月龄	认知探索核心能力	
1～6月龄	视觉追随 寻找声源	2月龄喜欢视觉追随移动的物体,出现视觉集中;听到声音会回应 3月龄对声音感兴趣,听到声音转头,用眼睛寻找声源 3月龄对冷热触觉有了明显反应 4月龄能集中注意力分辨不同的声音;4月龄记忆力短暂 5月龄理解简单因果关系,寻找消失的物品 6月龄喜欢把物体放到嘴巴里面;6月龄能区分陌生人,出现分离焦虑
7～12月龄	主动寻找 感知探索	7～9月龄形成"客体永久性"概念、寻找遮盖物品;能较长时间注意感兴趣的事物,短时记忆增强;8月龄注意物品细节 9～12月龄喜欢探索细小物品;9月龄喜欢吮吸物品 11～12月龄能长时间观察感兴趣的事物,记忆力增强,理解简单关系、思维紧密结合具体动作

(二)支持策略

1. 密切联系日常生活,提供多样性探究环境

照护者应在日常生活中为婴儿创造丰富的探索机会,鼓励其通过视、听、嗅、味、触等多种感官认识环境。例如,喂奶时让婴儿触摸奶瓶,感受材质和温度。换尿布时用语言描述动作,如"抬起小屁股,换干净的尿布啦"。洗澡时让婴儿玩水,感受水的流动和温度变化。户外活动时带婴儿去公园散步,接触阳光、微风、花草树木;参加亲子活动时,提醒婴儿观察其他小朋友的行为。在家庭中布置安全、自由的环境,提供丰富多样、色彩鲜艳的玩具等,鼓励婴儿自由探索。

照护者应通过示范和互动的方式引导婴儿探索物品,并适时地增加模仿性游戏,如拍手、挥手、拍打等,有助于婴儿掌握生活技能。

2. 提供多样化玩具和游戏,刺激感知觉发展

照护者应为婴儿提供安全、卫生、适龄的玩具,满足其视觉、听觉、触觉等感知需求。婴儿通过啃咬、触摸等方式探索世界,照护者需确保玩具材质安全并定期消毒,注意保持手部清洁就可以了。

1～3月龄,照护者可选择色彩鲜艳、会发声的玩具,以及毛巾、丝绸、杯子等不同材质的物品,鼓励、引导婴儿进行敲打、抓握等游戏。4～6月龄,照护者可提供可抓握、啃咬的玩具,如牙胶、布书,锻

炼婴儿的手部精细动作和口腔探索能力。7~9月龄，照护者可与婴儿玩"藏藏找找"游戏，选择可滚动、堆叠的玩具，如积木、球类，促进婴儿的空间认知和手眼协调能力（图4-3-8）。10~12月龄，照护者可提供模仿照护者行为的玩具，如玩具电话、厨房玩具等扮演类玩具，激发婴儿的想象力和社交能力。

图4-3-8　彩色小球大发现①

（三）活动方案

活动名称：水果品尝初体验（7~12月龄）

活动目标

（1）充分调动视觉、触觉、嗅觉等多感官通道，深入认识生活中常见水果的典型特征。

（2）激发探索兴趣，通过互动体验初步构建对水果的认知。

活动材料

新鲜水果组合（香蕉、苹果、橙子各一个），浅口收纳小托盘，干净的遮盖纱巾或手帕。

活动过程

（1）感官探索

照护者将三种水果置于托盘内，以生动且富有神秘感的语言引导婴儿关注观察："宝宝，快看！这里有许多水果小伙伴哦！"接着，照护者依次以简洁句式介绍每种水果的名称，并同步示范观察方法："摸摸苹果，滑滑的""闻闻橙子，香香的"，通过语言指引婴儿进行看、摸、抓、闻的感官体验。

（2）趣味互动

照护者用纱巾将水果遮盖，鼓励婴儿自主探索发现："水果宝宝躲起来了，快来找找它们在哪里呀？"当婴儿找到水果时，照护者可描述水果的特征，强化其认知："哇！找到香蕉了，这是一根黄黄的、弯弯的香蕉。""找到苹果了，这是一个红红的、圆圆的苹果。"

温馨提示

日常生活中，保教契机无处不在。照护者应善于捕捉各个细节，协助婴儿积累生活经验。例如，可以利用购物、准备餐食等日常活动进行随机教育，并根据季节变化更换应季水果种类。但务必确保在探索过程中的安全性，预防误吞和过敏反应。

---

① 图片由成都高新区森林里宝宝托育提供。

三、语言沟通

（一）发展要点

1. 1～6月龄语言沟通核心能力

（1）倾听与理解能力

1～3月龄婴儿处于倾听与初步理解阶段。2月龄婴儿开始注意周围的声音,尤其是主要照护者的声音,会跟随声音转动头部,并对不同的语调产生不同反应(如听到温柔的声音会表情放松,听到生气的声音会表情紧张)。3月龄婴儿能辨别声音方向,听到熟悉的声音会微笑或发出咿咿呀呀的声音,初步表现出对语言的理解和回应。

4～6月龄婴儿处于共同注意与语音分辨阶段。4月龄左右婴儿开始参与"共同注意活动",即与照护者一起关注同一物体,并学习物体的名称。能够分辨不同的语音和语调并作出反应,例如对愤怒或友好的声音作出不同的反应。6月龄婴儿能理解一些简单的日常用语(如"吃奶""再见"),并逐渐将词语与具体事物或动作联系起来。

（2）模仿表达能力

1～3月龄表现为自发发声与初步模仿。1～2月龄婴儿会发出简单的喉音(如"e、i、u"),在照护者引导下尝试模仿声音,对声音感兴趣,听到外界声音会停止哭闹或凝视声源。3月龄婴儿开始通过咿咿呀呀的声音与照护者"对话",表现出初步的模仿能力。

4～6月龄为咿呀学语与语音探索阶段。婴儿进入"咿呀学语期",能发出更多类似语言的声音(如"ma-ma-ma""ba-ba-ba"),婴儿对自己发出的声音感兴趣,会反复练习,并通过改变音量和音调表达情绪。

（3）阅读兴趣与习惯

1～3月龄初步接触阅读。婴儿对照护者的声音和面部表情感兴趣,适合通过朗读和互动吸引他们的注意力。虽然婴儿无法理解内容,但能通过声音和语调感受到语言的韵律。

4～6月龄婴儿可与照护者开始互动阅读,婴儿开始对书中的图画产生兴趣,并能与照护者一起关注书中的内容。通过"共同注意活动",婴儿逐渐学习将词语与图画联系起来。

2. 7～12月龄语言沟通核心能力

（1）倾听理解能力

语言理解能力显著提升。7～9月龄能区分熟悉和不熟悉的声音,对主要照护者的语音特别敏感。能理解简单的指令,例如听到"妈妈呢"会转头寻找妈妈,听到"再见"会摆手回应。能根据照护者的语气作出不同反应,例如对严厉的语气表现出害怕,对温柔的语气表现出愉悦。

10～12月龄婴儿能理解常见词汇,能理解更多日常用语,例如"灯灯""奶奶"等,并能用手指向相应的物体或人。能按照简单的语言指令行事,例如"拿球球""坐下"。

（2）模仿表达能力

婴儿在这一阶段逐渐从模仿声音过渡到有意义的语言表达,开始说出第一个有意义的词语。7～9月龄开始牙牙学语,能发出复杂的连续音节,例如"ba-ba""ma-ma",并模仿成人的发音和语调。会用"小儿语"与同伴"交流",虽然照护者可能听不懂,但这是语言发展的重要准备阶段。10～12月龄,婴儿开始有意义的词语表达。10月龄左右,婴儿开始说出第一个有意义的词语,例如"爸爸""妈妈"。11～12月龄时,婴儿能模仿更多词语,并用简单的词语表达需求,例如"抱抱""拿拿"。

（3）阅读兴趣与习惯

7～9月龄婴儿对书中的图画产生兴趣,并能与照护者一起关注书中的内容。能通过"共同注意活动"学习将词语与图画联系起来。10～12月龄,婴儿开始主动参与阅读活动,例如用手指指向书中的图画或翻动书页,能理解简单的故事情节,并对熟悉的故事表现出兴趣(图4-3-7)。

1岁内婴儿语言沟通核心能力主要表现为利用声音、表情、身体动作等进行交流(如点头、摇头),具体核心能力见表4-3-4。

图4-3-9　阅读绘本

表4-3-4　1岁内婴儿语言沟通核心能力

月龄		语言沟通核心能力
1～6月龄	倾听理解	2月龄对不同语调产生不同反应 3月龄初步表现出对语言的理解和回应 4月龄能分辨不同的语音和语调 6月龄能理解简单日常用语,逐渐将词语与具体事物或动作联系起来
	模仿表达	1～2月龄发出简单的喉音(如"e、i、u") 3月龄咿咿呀呀,初步的模仿能力 4月龄能发出更多类似语言的声音
	阅读兴趣	1～3月龄听到照护者哼唱儿歌或童谣能安静下来 4～6月龄开始互动阅读,对图画产生兴趣,能与照护者一起关注图画内容,逐渐将词语与图画联系起来
7～12月龄	倾听理解	7～9月龄,能区分熟悉和不熟悉的声音,能理解简单指令,根据照护者语气做出不同反应 10～12月龄,理解常见词汇;理解更多日常用语;能用手指向相应的物体或人;能按照简单语言指令行事
	模仿表达	7～9月龄牙牙学语,能发出复杂连续音节,能模仿照护者的发音和语调,会用"小儿语"与同伴"交流" 10月龄说出第一个有意义词语 11～12月龄能模仿更多词语,用简单词语表达需求
	阅读兴趣	7～9月龄互动阅读,能与照护者一起关注书中的内容 10～12月龄主动参与阅读,用手指指向图画或翻动书页。尝试翻书,喜欢听讲过的故事

(二) 支持策略

1. 密切联系日常生活,开展亲子互动

照护者要使用温柔、缓慢的语调,配合丰富的面部表情和肢体语言与婴儿对话。在婴儿发出声音时,照护者要及时回应并模仿他们的声音,鼓励其继续发声。利用日常照料的机会(如哺乳、换尿布、洗澡)与婴儿互动,用语言描述正在做的事情,开展回应性照护,例如:"宝宝,我们来换尿布啦。"通过重复简单的词语和短句,帮助婴儿理解语言的含义。同时,照护者可借助儿歌或童谣与婴儿互动,例如儿歌"拍手拍手拍拍手,踏脚踏脚踏踏脚,手举高,手放下,再转一个圈,嘭,然后倒下去。"并结合动作吸引婴儿的注意力。创造安静的环境,避免噪声干扰,让婴儿专注于倾听和模仿。

2. 提供模仿榜样,鼓励婴儿发声

1岁内是语言准备阶段,照护的重点是引导婴儿进行发声练习。在婴儿注视某物时,照护者要及时告诉婴儿物体的名称,帮助其建立语言与实物的联系。照护者要鼓励婴儿发声,并通过模仿他们的声音

引导其学习新的音节。当婴儿发出类似"爸爸""妈妈"的声音时,照护者要及时给予积极回应,增强他们的表达信心。多用表情、动作和语言与婴儿交流,描述正在做的事情或指认家中物品。经常给婴儿念童谣、看卡片,并让他们看到照护者讲话时的表情和口型变化。9～12 月龄时,可通过"指物品说名称"的游戏帮助婴儿建立物品与名称的对应关系,示范正确发音但不刻意纠正。

3. 选择适合绘本,坚持每日亲子阅读

选择色彩鲜艳、图案简单的布书或卡片,吸引婴儿的注意力。每天固定时间朗读简单的儿歌或故事,帮助婴儿熟悉语言的节奏。选择适合婴儿年龄的绘本,边读边指认书中的图画,帮助婴儿建立语言与图像的联系。照护者要在阅读过程中与婴儿互动,例如提问"这是什么?"并等待婴儿的反应。照护者要提供形象生动的图片、塑料书、布书或立体书,用温柔的语气和语调与婴儿一起指认、讲述和回忆。鼓励婴儿翻阅图片和图画书,激发他们对阅读的兴趣。

(三) 活动方案

活动名称:和小动物学唱歌(10～12 月龄)

活动目标
(1) 通过聆听动物的声音,感受各种小动物的独特叫声。
(2) 在游戏中模仿发音,促进其语言发展。

活动材料
温馨宽敞明亮的活动室,不同小动物的图片若干。

活动过程
(1) 照护者提前准备好小动物图片,在活动过程中依次展示。一边出示图片,一边哼唱儿歌:"小猫小猫喵喵喵;小狗小狗汪汪汪,小鸭小鸭嘎嘎嘎",同时引导婴儿观看图片:"宝宝,你看这是一只小狗,这是一只小猫,这是一只鸭子。"

(2) 照护者与婴儿面对面坐着,念唱小动物叫声时,可以适当放慢语速,夸张嘴型,鼓励婴儿模仿。照护者可边唱歌边做动作,鼓励婴儿一同参与。例如,当唱到小猫时,照护者可依次做出五指张开在脸颊两侧模仿小猫捋胡子的动作,增添游戏趣味性,鼓励婴儿以自己的方式表达对儿歌的喜爱和理解。

(3) 活动过程中,及时表扬婴儿的积极参与。活动结束后,引导婴儿一起收拾卡片和物品。

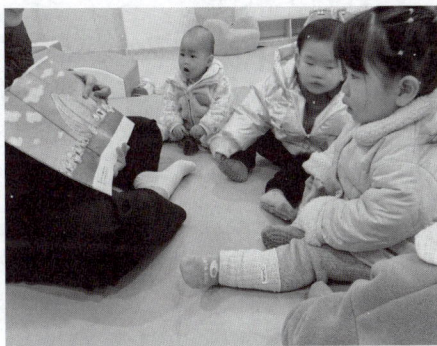

图 4-3-10 模仿小动物①

温馨提示
在日常生活中,照护者应多提供丰富的语言模仿机会,鼓励婴儿指认物品名称、模仿声音。认识周围世界的人和物是婴儿最初学习的重要内容,照护者须不厌其烦地将常见物品的名称反复说给婴儿听,并鼓励其发音(图 4-3-10)。

四、情绪情感与交往适应

(一) 发展要点

1. 1～6 月龄情绪情感与交往适应核心能力
(1) 情绪调节能力

婴儿天生的情绪反应有三种:害怕、愤怒与爱。1～3 月龄,婴儿通过视觉注意调节情绪,例如转移视线以回避不适刺激。情绪主要表现为快乐和痛苦。4～6 月龄,婴儿的情绪开始逐渐分化为愤怒、厌恶和恐惧,主要通过吸吮、回避等方式调节消极情绪。

---

① 图片由泉州博博宝贝托育提供。

（2）社会交往能力

婴儿社会交往包括亲子交往和同伴交往。1～3月龄为无差别依恋阶段，婴儿对所有人的反应无差别，任何人的拥抱和抚摸都能为其带来愉悦感。3～6月龄为依恋关系初步建立阶段。婴儿开始对熟悉的人（尤其是母亲）表现出偏爱，逐渐形成对主要照护者的依赖。母亲在与婴儿交往中提供指导、示范和反馈，帮助婴儿形成社会行为。父亲参与交往对婴儿性别角色发展有重要影响。1岁内婴儿的同伴交往处于客体中心阶段，大约2个月时，婴儿开始注意到同伴的存在，但交往主要集中在玩具或物体上。3～4月龄婴儿能够互相注视、触摸和观望对方。

（3）社会适应能力

婴儿4～5月龄时可以开始尝试使用水杯直接喝奶，这有助于他们逐渐适应独立进食的方式。在此之前，为了使过渡更加自然和顺利，可以先使用鸭嘴杯作为过渡工具。鸭嘴杯的设计模仿了奶嘴的形状，但具有水杯的功能，有助于婴儿逐步适应从奶瓶到水杯的转变。大约5月龄时，婴儿通常能够掌握使用杯子直接喝水的技能，这不仅锻炼了手眼协调能力，还增强了婴儿的自主性和自信心。通过这样的逐步训练，婴儿能够在适当的年龄阶段掌握基本的生活技能，为未来的社会适应打下坚实的基础。

2. 7～12月龄情绪调节与交往适应核心能力

（1）情绪调节能力

7～12月龄时，婴儿的情绪表达与调节能力有所进步，7月龄开始，婴儿的情绪表现更加丰富，出现惊讶、伤心、愤怒、恐惧和悲伤等多种情绪。婴儿的情绪须依靠照护者调节。

（2）社会交往能力

社会交往方面。一方面，依恋关系深化，婴儿对主要照护者（尤其是母亲）表现出明显的偏爱。6～8月龄开始出现分离焦虑，18月龄左右达到顶峰。另一方面，婴儿6月龄能主动微笑并发出"呀呀"声音与同伴互动。10月龄之前的婴儿在一起时，只是把同伴当作物体或活动的玩具来看待。1岁左右，婴儿可以用动作、表情、声音等表示对同伴的关注。

（3）社会适应能力

7～12月龄时，婴儿的社会适应表现为穿衣、饮食、盥洗等方面。穿衣方面，1岁内婴儿多为被动接受穿衣，12月龄后婴儿开始配合，例如主动抬起手臂。饮食方面，6月龄婴儿能自己伸手拿饼干喂自己，开始有咀嚼动作，喜欢自己拿着奶瓶。9～10月龄婴儿开始接受用勺子吃东西，但仍需照护者辅助。盥洗方面，6月龄左右婴儿开始长出第一颗牙齿，照护者应帮助婴儿清洁口腔，逐步引导其学习刷牙。教婴儿刷牙要循序渐进，刚开始照护者要让其模仿成人动作，学习用牙刷和杯子，激发兴趣；再引导其掌握上下转动牙刷的动作要领，用清水刷牙；最后，挤上牙膏，用牙刷从外到里有顺序地刷。

1岁内婴儿情绪情感与交往适应核心能力具体见表4-3-5。

表4-3-5　1岁内婴儿情绪情感与交往适应核心能力

月龄		情绪情感与交往适应核心能力
1～6月龄	情绪调节	1～3月龄情绪表现为快乐和痛苦，通过视觉注意调节情绪 4～6月龄情绪分化为愤怒、厌恶和恐惧，通过吸吮、回避等方式调节消极情绪
	社会交往	1～3月龄为无差别依恋阶段，3～6月龄为依恋关系初步建立阶段 2月龄时开始注意同伴的存在，交往集中在玩具或物体上；3～4月龄能够互相注视、触摸和观望对方
	社会适应	4～5月龄开始尝试用杯子喝水 5月龄左右用杯子直接喝水
7～12月龄	情绪调节	7月龄时，频繁出现愤怒、恐惧和悲伤等消极情绪，通过滚动、撕咬或远离刺激物等方式调节情绪
	社会交往	6～8月龄开始出现分离焦虑，15月龄左右达到顶峰
	社会适应	6月龄能自己吃饼干，喜欢自己拿奶瓶；9～10月龄开始用勺子吃东西；6月龄时可在照护者帮助下清洁口腔，养成清洁口腔的习惯

（二）支持策略

1. 正确处理分离焦虑，构建安全型依恋关系

通常，分离焦虑在婴儿6～8月龄时开始显现，并在18月龄左右时达到顶峰。在日常生活中，最亲近的照护者可能无法时刻与婴儿相伴，但在必须分离时，应避免无声无息地离开，忽视婴儿的哭泣或强行分开婴儿的手。这些做法可能会导致婴儿情绪激动。以下策略有助于缓解分离焦虑，并促进安全型依恋关系的形成。

① 逐步分离训练：从短暂的分离开始（例如"妈妈去拿水果，一分钟内回来"），逐渐延长分离的时间。明确告知婴儿离开的原因和预计返回的时间，有助于婴儿建立信任感。

② 建立多重依恋关系：帮助婴儿与多个重要的依恋对象建立安全的依恋关系。例如，在母亲产假结束前，可以提前引入固定的替代看护者，并预留两至四周的时间让婴儿适应。

③ 情绪管理和独立能力培养：照护者应保持镇定，避免因婴儿的哭闹而妥协或传递焦虑情绪。使用积极的语言进行引导（例如"妈妈下班后会陪你玩积木"）。同时，提供一个安全的探索环境，鼓励婴儿自主探索和进行独立活动，以培养其独立能力。

2. 积极情感交流，培养积极情绪

通过积极的情感交流，帮助婴儿感知和识别情绪，培养其积极情绪体验，策略如下。

① 及时回应与互动：照料者应经常用声音、目光、微笑和拥抱与婴儿互动。当婴儿用眼神或声音表达时，及时给予积极回应，增强其安全感与愉悦感。日常照护者应用心识别辨析婴儿不同的哭声，及时回应并满足其生理和心理需要。

② 游戏互动与情绪识别：照护者可通过拍手、摇头、挥手等动作配合儿歌童谣，开展游戏互动。

③ 亲子游戏激发积极情绪：照护者可多与婴儿进行"藏猫猫、照镜子、举高高"等亲子游戏，帮助其在游戏中感受快乐与满足。

3. 扩大交往范围，提高社会适应能力

婴儿5～6月龄开始认生，这是认知能力发展的表现，但也可能限制其社交机会。照护者一方面要多为婴儿提供人际交往的机会，做到早预防、多尊重、慢适应。另一方面，照护者要有意识帮助婴儿克服认生问题。以下策略有助于提高婴儿的社会适应能力。

① 逐步接触陌生人：照护者可常带婴儿参加户外活动，适度接触陌生人，帮助其摆脱焦虑状态。当婴儿不愿与陌生人互动时，不要强迫，允许其以点头、摆手等方式表达，并及时肯定其尝试行为。

② 尊重与引导：照护者应避免批评或给婴儿贴"不礼貌"标签，让其感受到与陌生人接触是安全愉悦的。通过游戏和共处逐步引入陌生人，帮助婴儿适应新环境。

③ 培养友好交往行为：这个阶段婴儿还处于独自游戏阶段，喜欢一起玩，但各玩各的。照护者有意识地引导婴儿发出微笑、打招呼等友好行为，鼓励其与同伴互动，逐步提升社会交往能力（图4-3-11）。

（三）活动方案

活动名称：找妈妈（2～3月龄）

活动目标

（1）通过亲子互动增进亲子关系。

（2）锻炼颈部肌肉和视听能力。

活动准备

确保婴儿情绪愉快；室内布置婴儿床及座椅。

活动过程

（1）母亲坐在座椅上，轻柔地将婴儿抱坐在腿上，轻声呼唤婴儿的名字，与婴儿进行互动交流。

（2）母亲告诉婴儿："我们来玩一个'找妈妈'的游戏。"然后温柔地将婴儿放置于婴儿床中，俯身在婴儿视线上方引导其注视自己，并对婴儿说："妈妈在这里哟，现在妈妈要躲起来了。"

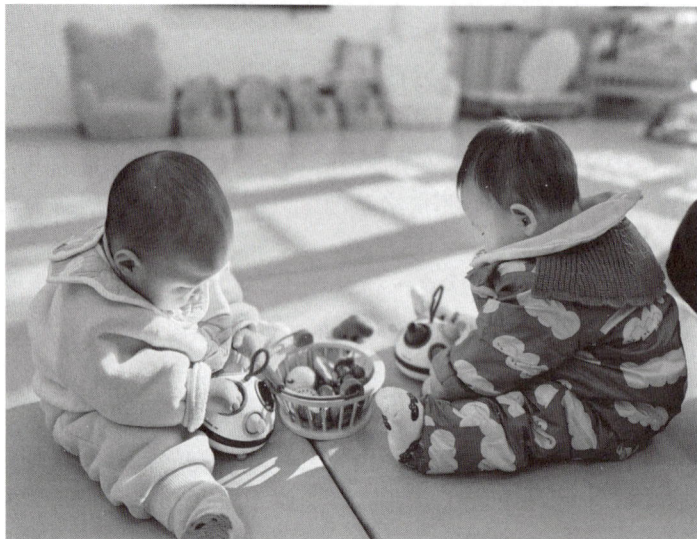

图 4-3-11　坐着"一起玩"①

（3）母亲缓缓起身，向婴儿床的一侧移动，一边移动一边询问："宝宝，妈妈在哪里呀？"引导婴儿根据声音转动头颈部。移动至与婴儿床平行的位置即可，避免婴儿头部转动角度过大。

（4）母亲慢慢回到婴儿视线正上方，并说："妈妈在这儿呢！"接着肯定婴儿刚才转头寻找妈妈的尝试，"宝宝知道跟着妈妈的声音寻找妈妈，真棒！"

（5）反方向操作，每次根据婴儿的具体情况而定，一般可进行2~3次。

温馨提示

照护者在与婴儿互动时，切勿操之过急，并注意控制语速，及时给予婴儿回应性互动。

育儿宝典

爬行：宝宝成长的"黄金纽带"

　　婴儿一般在7~8月龄时获得爬行能力，爬行是婴儿运动发展的关键桥梁，能同步激活大脑的运动区、语言区和逻辑区。首先，爬行锻炼了婴儿四肢肌肉的力量和身体协调能力，促进了空间认知能力的发展。其次，爬行给婴儿提供了一个全新的探索环境的方式，扩展了探索空间，使其获得更多新奇有趣的体验。婴儿一旦学会爬行，看到自己感兴趣的事物，可以立即爬过去拿到，不必再依赖或等待照护者。再次，婴儿学会爬行后，可以自己爬到照护者跟前，照护者往往会拍手或张开手臂迎接婴儿。这种亲密互动为婴儿增加了一种独特的探索社会环境的方式，增加了婴儿获得积极社会互动经验的机会。

　　照护者应多鼓励和帮助婴儿学会并练习爬行。例如，可以将婴儿喜欢的玩具放在其前方但触及不到的地方，或在前面拍手呼唤婴儿，逗引其向前爬行。此外，照护者还可以与婴儿面对面爬行，模仿彼此的动作，借此培养婴儿的社交模仿能力。同时，照护者还可以利用不同的爬行游戏，如"追影子"游戏，让婴儿追逐照护者在墙上的手影或脚影，增加爬行的趣味性。通过这些方法，照护者不仅能有效促进婴儿的爬行能力发展，还能加深与婴儿之间的情感联系。

任务思考

1. 简述1~3月龄、4~6月龄、7~9月龄、10~12月龄四个阶段婴儿发展的核心特点。
2. 观察一个乳儿班婴儿的早期发展活动片段，尝试记录、分享和评价该婴儿的发展特点。

---

① 图片由博博宝贝托育提供。

3. 婴儿保教活动案例分析：

童童6月龄大了，经常在不适当的时间和场合表现出哭泣的行为。父母有时会尝试将其抱起并进行安抚，而童童在这些情况下通常会迅速停止哭泣。然而，在其他情况下，此类安抚措施似乎并不奏效，甚至可能加剧童童的哭泣。面对这一状况，家长感到困惑并束手无策，亟须了解如何有效地安抚童童。

请思考并组织小组讨论，探讨"婴儿哭泣的原因"以及"应对婴儿哭泣的策略"。

实训 实践

实训实践任务

任务情境：乳儿班的乔乔，10月龄，刚入托1个月时间，近期出现不断啃咬玩教具，流口水的现场。家长出于卫生考虑在家中制止婴儿啃咬，并要求保育师支持自己的教养行为。

你作为该乳儿班的保育师，请撰写一份乔乔的行为观察记录，见表4-3-6；针对该月龄婴儿的啃咬需求，制定科学的养育支持指导方案。

表4-3-6 行为观察记录表

观察对象		观察时间	
性别		月龄	
观察地点		观察者	
情况记录			
行为分析			

赛证 链接

一、单选题

1. 0~1岁为言语的发生期，依次包括（　　）三个阶段。

A. 咿呀学语—自己说词—开始听懂别人讲话

B. 咿呀学语—开始听懂别人讲话—自己说词

C. 开始听懂别人讲话—咿呀学语—自己说词

D. 开始听懂别人讲话—自己说词—咿呀学语

2. 辅食添加的原则包括（　　）。

A. 从一种到多种　　　B. 从少量到多量　　　C. 从稀到稠　　　D. 以上都是

3. 根据婴幼儿辅食添加的原则，鼓励婴幼儿尝试新的食物，每次只引入（　　）种。

A. 1　　　　　　　B. 2　　　　　　　C. 3　　　　　　　D. 4

4. 高热惊厥的错误急救措施：（　　）。

A. 保持镇静

B. 撬开牙关，以免咬伤舌头

C. 不能喂水、喂食

D. 将患儿头偏向一侧

二、判断题

1. 发热的患儿穿衣不宜过厚，特别是婴幼儿裹得不可过紧，否则会影响散热，使体温降不下来。

在线练习

(　　)

　　2. 婴儿从 3 个月开始就可以添加辅食了。(　　)

三、案例分析题

练习走路的学步车

　　案例材料:7 个月的朵朵长得胖乎乎的,非常壮实可爱。朵朵妈觉得她长得比同龄的婴儿大,可以提前带婴儿练习走路,于是便准备了学步车。自从有了学步车,朵朵大部分时间都在学步车里玩耍,刚开始朵朵还不适应,只能坐在学步车里,完全靠学步车支撑,慢慢地学会了用脚蹬地行走。妈妈觉得学步车非常好,不仅能帮朵朵练习行走,还能帮助自己解放双手。虽然学步车偶尔会倾倒,但只要在平坦的地方,有家长的保护,朵朵就能自己走来走去。在别的婴儿还在爬的时候,朵朵在学步车的支撑下已经可以行走了,大家都觉得朵朵很棒。过了两个月,朵朵妈认为练习了这么久,朵朵应该可以独自行走了。撤掉学步车后,发现朵朵还是东倒西歪的,且没有力气,只能靠成人搀扶,妈妈还发现朵朵的双脚有些内八,双腿也站不直。

　　问题:请从家庭教养和婴幼儿生长发育的角度,分析朵朵妈妈的照护行为是否恰当? 并说明原因。

　　　　　　　　　　　　　　　　　　　　(中国—东盟教育交流周职业院校技能大赛婴幼儿保教技能竞赛题)

项目五 具备 1～2 岁幼儿期保教能力

项目导读

　　1～2 岁幼儿在自如爬行、独自站立、行走自如基础上开始大胆主动探索周围环境,"独立""主动"是此阶段最显著特征。本项目围绕 1～2 岁幼儿的回应性照护理念展开,涵盖三大领域的保教要领。其中,生活照料任务围绕幼儿的健康饮食习惯和良好生活习惯展开;健康照护任务涵盖了常见疾病(如龋齿、急性支气管炎、便秘)的护理方法及意外伤害(如触电、口服中毒)的预防与处理措施;早期发展任务立足动作促进、认知探索、语言沟通和情绪情感与社会交往四个领域,提炼不同领域发展的阶段特征以及照料支持要点。通过本项目学习,学习者将掌握 1～2 岁幼儿的科学保教方法,提升照护技能,树立科学的育儿观,为培养健康、快乐的下一代贡献力量。

学习目标

　　1. 掌握 1～2 岁幼儿期生活照料、健康照护、早期发展支持的保教要领。

　　2. 能够在进餐、睡眠、如厕、常见疾病护理、意外伤害防护以及早期发展等领域为幼儿提供回应性照护。

　　3. 树立责任意识与职业道德,践行关爱与尊重幼儿的理念。

知识导图

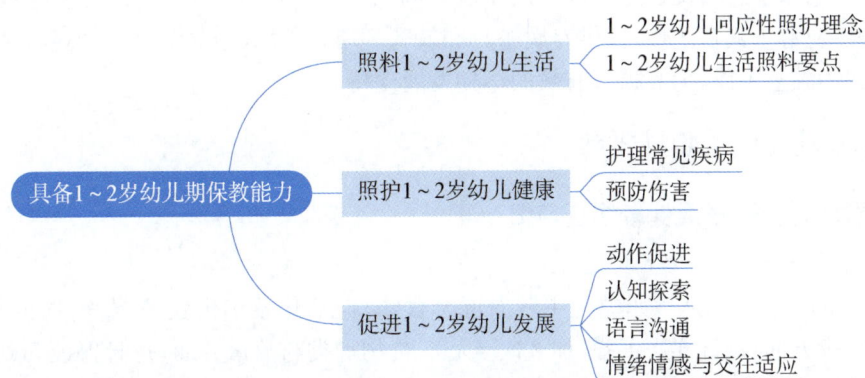

任务一 **照料 1~2 岁幼儿生活**

案例导入

　　明明快 2 岁了，却依旧依赖着纸尿裤。随着夏季的到来，天气变得越来越热，明明的臀部开始频繁出现红疹。妈妈意识到这是一个帮助明明戒掉白天使用纸尿裤的好机会。但是，一旦脱掉纸尿裤，明明似乎感到很不自在，他在需要排泄时总是呆立不动。不幸的是，妈妈没有注意到明明这些行为的暗示，每当明明不小心弄脏裤子时，她总是生气地责备他："怎么这么笨，要上厕所为什么不提前说？"然后带着不耐烦的态度为他更换衣物。随着时间的推移，明明在上厕所前变得更加紧张，弄脏裤子的次数也越来越多。妈妈感到每天为明明更换脏衣服非常麻烦，最终不得不让明明重新穿上了纸尿裤。

　　❓ 你觉得明明妈妈的行为适宜吗？如何正确引导 1~2 岁幼儿戒掉纸尿裤？

一、1~2 岁幼儿回应性照护理念

（一）敏锐观察幼儿，准确识别需求和情绪体验

1~2 岁幼儿的口语表达能力虽有所发展，但仍难以完整表达需求。照护者需通过观察幼儿的动作、表情、声音等信号，准确判断其需求和情绪体验，识别其对环境刺激的反应和压力，并及时发现疾病征兆，妥善处理。

（二）用心陪伴幼儿，构建良好依恋和社会关系

照护者与幼儿之间的亲密、安全、信任关系是在日复一日的互动中逐渐建立起来的。在如厕训练中，强迫或责骂会增加幼儿的心理负担，反而不利于习惯养成。照护者应尊重幼儿的独特性，用心陪伴，及时回应，让他们感受到关爱，从而构建良好的依恋和社会关系。

（三）恰当回应幼儿，提供有效的早期发展支持

回应性照护不仅要求及时性，还须具备适宜性。照护者应关注幼儿的体格、生活习惯，同时支持其动作、认知、语言、情绪情感与交往适应能力的发展。例如，当 1 岁多的幼儿尝试自己吃饭时，尽管可能弄洒食物，照护者应尊重其自主性，提供专属餐具和就餐环境，鼓励其独立尝试。通过日常实践，照护者应始终将幼儿视为独立个体，为其提供有效的早期发展支持。

二、1~2 岁幼儿生活照料要点

（一）注重饮食搭配，形成健康饮食习惯

1. 餐次餐量要合理，烹饪方式要适宜

1 岁后，幼儿的饮食逐渐从以奶类为主转向混合食物，但消化系统仍较薄弱，需根据其生理特点安排饮食。餐次安排方面，每日 3 次正餐，加 2 次点心。食物种类与数量方面，每日保证 500 毫升奶制品，1 个鸡蛋，50~100 克谷薯类（饭、面条、土豆等），50~75 克肉类（肉、鱼、禽类），50~150 克蔬菜水果，食盐不超 1.5 克，油脂低于 15 克。食物种类每日不少于 4 种，包括动物性食物、蔬菜和谷薯类，同类食物可轮流选用，做到膳食多样化。烹饪方式上，口味清淡，食物应细、软、碎、烂，如软饭、稠粥、蛋羹等，便于咀嚼和消化。注意色香味俱全，变换花样，避免偏食、厌食。

2. 进餐环境要宽松，进餐指导要科学

创设安静、愉快的进餐环境，提前让幼儿坐好，戴上围兜，避免边吃边玩或看电视，进餐时间控制在

视频
1~3 岁幼儿
期生活照料

半小时内。鼓励幼儿自主进食,1 岁后可让幼儿尝试自己进食,照护者引导其一手扶碗、一手拿勺,逐步培养自我服务能力。遵循"饿了才吃,渴了才喝"的原则,不强迫进食。照护者应把握契机,引导并协助幼儿学习一手扶碗,一手拿勺自己进餐,促进幼儿在养成健康饮食习惯的同时提升自我服务能力。

(二) 学习生活技能,养成良好生活习惯

1. 鼓励表达二便需求,形成一定排便规律

如厕是幼儿成长中的重要一步,是幼儿开始认识自己身体并学会控制自己身体的关键期。1 岁半到 2 岁是如厕训练最佳时期,需因时因人而异,以幼儿为主体逐步引导。排便规律方面,1～2 岁幼儿每天大便 1～2 次,排尿约 12 次。照护者可观察其情绪变化(如脸红、发呆),及时引导使用便盆,配合口语提示(如"嗯嗯""尿尿")形成条件反射。

在入托、入园前,照护者可以循序渐进培养幼儿的如厕习惯。先培养幼儿养成主动坐便盆的习惯,接着引导幼儿用语言表达排便需求。需要注意的是,便盆应放在固定位置,如卫生间里面或卫生间门口。便盆选择幼儿喜欢的颜色或款式,消除恐惧感。若幼儿抗拒,需暂停训练,避免产生厌烦心理。

2. 引导协助日常盥洗,养成良好卫生习惯

(1) 清洗双手

1 岁左右幼儿可学习洗手,照护者可从旁示范并协助。饭前、如厕后及户外活动后需洗手,2 岁后,幼儿可尝试用肥皂搓洗。

(2) 修剪指甲

幼儿指甲易藏污垢,需用专用指甲剪定期修剪。照护者要给他们准备个人的专用指甲剪,要经常修剪指甲,注意指甲不要剪得过短,否则容易引起不适,甚至发炎,修剪完后仔细检查是否有突出的尖角,有需要的话打磨成圆弧形。

(3) 洗澡洗头

幼儿新陈代谢快,夏季需每天洗澡,冬季每周 2～3 次。日常也要注意清洁皮肤,尤其是排便后。

(4) 漱口刷牙

漱口和刷牙是保持口腔清洁卫生的重要措施,幼儿应做到早晚刷牙、饭后漱口、少吃甜食。1 岁左右幼儿应学习漱口,1 岁半后在照护者的协助下学习刷牙。照护者可为幼儿选择适合的牙膏和牙刷,结合儿歌(如"小牙刷,手中拿,左刷刷,右刷刷,上刷刷,下刷刷,天天刷牙牙齿好")引导其正确刷牙,刷完后检查是否干净。

育儿宝典

培养良好的如厕习惯

独立如厕不仅可以帮助幼儿养成良好的卫生习惯,更重要的是帮助幼儿建立自信心,增强自尊心,对以后的生理发育和成长有很大影响。依据婴幼儿排泄规律的指导表,7 至 12 月龄阶段,婴儿可开始学习使用便盆进行排泄;而 18～24 月龄的幼儿,在有排泄需求时能够主动表达并请求使用便盆。因此,18～24 月龄是幼儿接受如厕训练的适宜时期。1 至 2 岁幼儿如厕训练的核心在于培养他们主动使用便盆的习惯。在幼儿约 18 月龄时,应开始引导他们用语言表达排泄需求,例如学会表达"我要大便"或"我要小便"。

如厕训练主要要领包括:悉心观察及时回应,把握间隔时间,提供干净卫生坐便器,逐步引导幼儿学会自己排便,定时排便并清洁护理,适度延长纸尿裤时间等。具体方法包括以下六个方面。

(1) 照护者应示范正确的动作,并密切观察幼儿的排泄信号,及时给予适当的回应。

(2) 避免反复和频繁地询问幼儿是否需要排便,而应掌握适当的间隔时间,并在适当的时候提前进行提醒。

(3) 在家庭中设定一个固定的区域,适时提供干净且卫生的坐便器供幼儿使用。

(4) 逐步引导幼儿通过动作或语言表达排泄需求,帮助他们逐渐学会自主排便。

（5）培养幼儿定时排便的习惯,并确保排便后进行适当的清洁护理。

（6）适度延长纸尿裤的使用时间,以适应幼儿的如厕训练进程。

任务思考

1. 1～2岁幼儿的回应性照护理念的具体内涵是什么?

2. 结合现实状况,探讨如何培养1～2岁幼儿形成良好的饮食习惯。

3. 结合现实状况,探讨如何培养1～2岁幼儿养成良好的卫生习惯。

任务二　照护1～2岁幼儿健康

案例导入

　　1岁半的涵涵大多数时间都由奶奶照顾。最近,妈妈注意到涵涵的牙齿开始泛黄,且有些地方出现了缺口。经过询问,她才得知涵涵从未刷过牙。因此,妈妈决定将刷牙加入涵涵的日常生活流程中。然而,涵涵对刷牙表现出强烈的抗拒,每到早、晚刷牙的时刻,无论怎样劝说,他都不愿意张开嘴巴,甚至会哭闹,哄劝也无济于事。每当听到涵涵的哭声,奶奶总是心痛不已,她会立刻出现,抱走涵涵,并安慰道:"宝贝不想刷就不刷了,现在的牙齿不是挺好的吗? 我们以前也没刷牙,不也过得好好的? 而且,后面的牙齿将来会换新的。"最终,妈妈在无奈之下放弃了坚持,早、晚刷牙的事情也就此搁置。

　　❓ 从幼儿健康护理的角度来看,奶奶认为涵涵不刷牙也无妨的观点是否正确? 在日常照护中,照护者应该如何引导幼儿学习刷牙,预防龋齿?

一、护理常见疾病

（一）龋齿

1. 识别症状

龋齿,又称"蛀牙""虫牙",是细菌感染等多因素引发牙体硬组织的慢性的、进行性、破坏性的疾病。1岁左右幼儿的上门牙易龋,2岁时磨牙咬合面易积食致龋。龋齿病变的进行一般都很缓慢。初期为牙釉质受损,牙面灰暗无光泽,牙色由白到黑,无痛感。进展期为龋蚀至牙本质,遇冷热酸甜刺激酸痛。重度期为龋洞深达牙髓,剧烈疼痛伴食物嵌塞腐败异味。晚期为牙冠崩解,仅留残根。

2. 预防与护理

（1）养成健康的饮食习惯

首先提倡母乳喂养,牙齿萌出后规律喂养,逐渐减少夜奶频次。人工喂养应避免奶瓶压迫其上下颌,建议18月龄后戒除奶瓶,避免含奶(奶瓶和乳头)入睡。其次合理搭配饮食,控制高糖饮食,如蛋糕、糖果、碳酸饮料等,增加洋葱、芹菜等有清洁牙齿作用的食物。

（2）保持良好的口腔卫生

预防龋齿关键是要注意口腔卫生,尽早进行口腔卫生保健,帮助此阶段幼儿养成餐后正确漱口、刷牙的好习惯。0～3岁婴幼儿口腔卫生行为指导,详见表5－2－1。

表 5-2-1　0～3 岁婴幼儿口腔卫生行为指导[①]

年龄	建　议
乳牙萌出前	母乳喂养时母亲需注意清洗乳头
	人工喂养需消毒器具
	在清洁的手指上包绕清洁柔软的纱布,蘸温水轻轻擦洗婴儿的牙床、腭部和舌背,每天至少一次。
乳前牙萌出后	使用纱布、指套牙刷或儿童牙刷为婴幼儿刷牙
	每天至少使用一次牙线
乳磨牙萌出后	由家长使用儿童牙刷帮助刷牙,方法为圆弧刷牙法
	每天至少使用一次牙线

（3）保持定期的口腔检查

在婴儿第一颗乳牙萌出到 1 周岁之前,进行第一次口腔检查和患龋齿的风险评估,之后每 3～6 个月定期检查。让医生查看婴幼儿牙齿及颌面部的发育情况,提供有针对性的口腔保健指导,如给乳牙涂氟和窝沟封闭。一旦发现牙齿有颜色、质地及形态的改变建议及时就诊。

（二）急性支气管炎

1. 识别症状

急性支气管炎先有上呼吸道感染的症状,如发热、鼻塞、打喷嚏等症状,随后出现干咳,或逐渐加重出现痰音,剧烈咳嗽可引发呕吐,或伴随食欲减退、腹胀等消化道症状。一般来说无全身症状,局部症状常持续 7～10 天,部分迁延 2～3 周。如出现呼吸困难、口唇发绀、持续高热（≥40℃）提示病情进展,需立即就医。

2. 致病原因

病原为各种病毒或细菌,或为混合感染。免疫功能低下、特应性体质（如过敏体质）、营养障碍、佝偻病等也是本病的危险因素。

3. 预防与护理

（1）改善环境,注意卫生

幼儿生活的室内每日开窗通风≥2 次,湿度维持在 50%～60%。避免烟雾、粉尘、香水等对呼吸道的刺激。餐具、玩具每日消毒,接触分泌物后及时洗手。

（2）预防感冒,增强体质

根据气温"分层穿衣",及时增脱衣物。同时鼓励幼儿每日户外活动 1～2 小时,适当增加富含 VC 果蔬（如猕猴桃、橙子）、蛋白质（如鱼肉、鸡蛋）摄入,保障足够的睡眠时间。

（3）症状护理,疾病管理

生病期间,饮食上应营养均衡且易于消化,少量多餐;适当增加温开水的摄入,有利于痰液稀释排出。当幼儿咳痰时,照护者可拍背排痰,方法是让幼儿半卧位或侧卧,头略低于胸部,操作者空心掌由下向上轻拍背部,每侧 2～3 分钟/次,每日 3～4 次。此外,患病期间幼儿要注意休息,减少跑跳,以阅读绘本、搭积木等静态活动为主,恢复期逐步增加活动量,仍要避免剧烈运动。

（三）便秘

1. 识别症状

幼儿便秘表现为排便次数减少（每周≤3 次）、量少、干硬、呈卵石样（即使每天仍有排便现象）,排便哭闹抗拒,伴随腹胀、食欲下降等。需区分功能性便秘（占 90%）与器质性便秘（需医疗干预）。

2. 致病原因

饮食问题:进食量少、纤维素或水分摄入不足（如只吃精米面、少吃蔬果）等。

[①] 成都市卫生健康委员会.成都市家庭婴幼儿照护指南（试行）[Z].2021-10-26.成卫健发〔2021〕24 号.

习惯改变:如厕训练压力、环境变化引发焦虑、抑郁等,从而抑制排便。

活动不足:久坐少动导致肠蠕动减缓。

若出现肛裂渗血、反复腹胀伴发育迟缓、呕吐或腹部包块,须警惕器质性病变,及时就医进一步检查。

3. 预防与护理

（1）均衡营养,健康饮食

幼儿应合理膳食,适量饮水,少量多次、逐渐增加富含膳食纤维的食物摄入,如水果、蔬菜、粗粮、豆类。照护者可经常变换食物搭配,提高幼儿进食兴趣,纠正幼儿偏食、挑食的习惯。

（2）定时排便,养成习惯

照护者可以给幼儿准备可爱的专属小坐便,定时提醒其去排便,建立大便的条件反射。一般选择饭后,这时候幼儿精神相对放松,肠胃反射增强,可以让幼儿去小坐便器上坐 5～10 分钟。不管幼儿是否真正排便,都给予小小的夸奖和奖励。若是如厕训练期间出现便秘,照护者应暂停如厕训练,缓解幼儿的焦虑情绪,2～3 个月后再重新开始如厕训练。

（3）适当运动,帮助排便

照护者应经常带幼儿到户外玩耍,增加运动量。也可以在幼儿进食前半小时或进食后一小时,以其肚脐为中心自右向左按顺时针方向按摩其腹部,适当的运动能促进幼儿的肠蠕动,帮助排便,缓解便秘。

二、预防伤害

（一）触电

1. 主要原因

触电也称"电击伤"。幼儿发生触电,大多数是由于其好奇心重,将手指或者金属器具如钥匙、镊子等插入插座或排插孔。部分则是由于防触电意识薄弱,随意摆弄电器、插头或洗手后未擦干就去接触电源插头或开关电器。此外,机构或家庭中电器漏电、线路老化也是诱因。

触电对人体的伤害可分为两种:第一种是局部症状,轻者感到发麻,重者可能出现烧伤。第二种是全身症状,若电流通过心脏,可引起心室颤动,致使心脏停搏,呼吸骤然停止。

2. 预防措施

（1）重视安全用电的教育:照护者可结合各种用电安全、触电事故绘本等,向幼儿展示家庭或机构中的带电危险物品,明确告知不能触碰;还可以和幼儿一起将带电警示标识贴纸贴在带电的物品上,起到随时提醒的作用。

（2）安全用电定期排查:家庭或机构中不私接电线、改电路,以防短路引发危险。定期仔细检查家庭或机构中的电线、电器是否漏电,及时消除安全隐患。电吹风、烧水壶、排插等电器使用完毕后及时断电,并收纳在幼儿无法触及的地方。

（3）完善插座安全防护:选择带有安全挡板的插座,安装位置不宜过低,还可给所有插座安装安全保护罩,杜绝幼儿插入手指或金属物品的可能。接近水源的插座,务必安装防水盖。

（4）远离危险带电设施:照护者带幼儿在户外活动时,要格外留意周边环境,远离变压器等危险的带电设施。留意活动场所周围是否有裸露的电线,如有,要远远避开,并打电话给相关部门的工作人员,请求处理。

3. 紧急处理

（1）切断电源:面对幼儿触电,照护者需保持冷静,在确保自身安全的情况下,第一时间切断电源。如果找不到电源开关,可利用干燥的木棍、竹竿等绝缘工具,在不接触幼儿的情况下,帮助其脱离电源。

（2）判断生命体征:幼儿脱离电源后,让其就地平躺,观察幼儿的意识、呼吸、脉搏及瞳孔等重要生命体征,同时检查触电部位有无皮肤灼伤。如被灼伤,用干净的毛巾或纱布包妥善覆盖,并拨打 120。

（3）实施心肺复苏：如果幼儿没有意识、心跳、呼吸，立即现场进行急救，实施心肺复苏，持续进行胸外心脏按压和人工呼吸，直至其清醒或急救人员到达。

（二）口服中毒

1. 主要原因

1~3岁幼儿缺乏安全意识和辨别能力，常常拿到东西就放进嘴中，这使得口服中毒成为幼儿最常见的中毒形式。现以食物中毒、药物中毒举例说明。

食物中毒是指由于进食有毒食物引发的中毒，是幼儿中毒最常见的类型之一。食物中毒的分类及表现见表5-2-2。

表5-2-2　食物中毒分类及表现

类型	常见毒源	核心症状
细菌性	未熟肉类、生水、污染食物	呕吐、水样腹泻、低热（6~12小时潜伏期）
真菌性	霉变花生、红心甘蔗	抽搐、意识障碍（神经毒性）
化学性	农药果蔬、亚硝酸盐	口唇发绀、呼吸困难（高铁血红蛋白血症）
动植物性	毒蘑菇、发芽土豆	幻觉、肝肾损伤（延迟性中毒）

药物中毒是指幼儿摄入达到中毒剂量的药物，影响身体器官和组织的正常功能，包括误服、服药过量，如退烧药（如布洛芬过量）、强酸强碱（洁厕剂）等。中毒症状可能因药物的种类和摄入量而有所不同。幼儿常见的症状包括：呕吐或腹泻、嗜睡、昏厥、四肢无力、瞳孔异常、呼吸急促或呼吸抑制、抽搐或痉挛。

2. 预防措施

（1）预防食物中毒

① 教育幼儿不随便乱吃东西。

② 培养幼儿良好的卫生习惯，做到饭前便后洗手，不喝生水等。

③ 选购食物时，查验食品"三证"（生产日期、保质期、存储条件），果蔬清洗采用浸泡—流水冲洗—去皮三步法，肉类鱼类要充分煮熟才可食用。

④ 幼儿的食物尽量现做现吃。

⑤ 定期清洁消毒厨具、餐具。

（2）预防药物中毒

① 正确引导与规范用药：告诉幼儿药是生病时才能吃的，未经允许不可偷吃。照护者平时喂药时，也不能将药说成是糖果哄其吃药。生病用药严格遵医嘱，不擅自调整剂量和频次，喂药时确保幼儿在视线范围内。

② 妥善收纳药品：每次用药后，将剩余药物放回安全位置，拧紧瓶盖。分开存放幼儿和成人药品，及时清理过期药品，并放在幼儿够不着的地方。

③ 注意行为示范：照护者避免在幼儿面前服药，若有药物洒落，及时清理干净，防止幼儿误服。

3. 紧急处理

（1）食物中毒紧急处理：若幼儿进食未超4小时且意识清楚、体征正常，迅速催吐。照护者用无菌纱布缠指，压住舌根刺激呕吐，带上呕吐物样本，立刻送医。若进食已超过4个小时，立即禁食，然后送医。若幼儿出现意识障碍、昏迷等情况，马上拨打120急救电话。

（2）药物中毒紧急处理：照护者先保持冷静，安抚幼儿情绪，确认药物种类与剂量（寻找残留药瓶、包装），再拨打急救电话，并说明药物名称、摄入量、时间。幼儿意识清醒时保持侧卧位防误吸。注意强酸、强碱中毒禁止直接催吐，可加重食管灼伤，可口服牛奶、蛋清保护黏膜。不明药物中毒勿盲目喂水，可加速药物溶解吸收。

育儿宝典

科学用药与服药技巧

幼儿生病后,医生通常会根据他们的症状表现、月龄、体重等多项指标给其开药。照护者需要与医生充分沟通,详细了解药物的使用方法、保存条件以及可能引起的不良反应及处理措施。

一、科学用药

在给幼儿用药前,照护者需明确每日服药次数、每次服用剂量,以及适宜的服药时间(饭前或饭后),同时确认药物能否与食物混合服用。若药品包装说明与医嘱存在差异,要及时与医生核实确认,避免用药错误。为确保用药剂量的准确性,建议选用带有精确刻度的专用喂药勺或滴管进行药物取用。此外,用药过程中需严格遵循足量、足疗程的原则,不能因症状稍有缓解就擅自停药,否则可能导致病情反复,影响治疗效果。在完成服药或涂药操作后,照护者应密切观察幼儿的病情变化,并做好详细记录。若按照医嘱规范用药后,病情仍未得到改善,照护者应立即带幼儿前往医院复诊。

二、喂药技巧

由于大多数幼儿对服药存在抵触情绪,照护者掌握有效的喂药技巧至关重要。具体可以参考以下几种喂药技巧。

(1)在药物特性允许的情况下(若药品说明书明确禁止与食物同服,则不可操作)。可将碾碎的药物混入喜爱的零食,或少量牛奶中,以降低幼儿对药物味道的敏感度。

(2)尝试与幼儿共同参与其感兴趣的游戏,在其全神贯注投入游戏时,巧妙抓住时机完成喂药。

(3)合理借助专业喂药工具,如针筒式喂药器,通过轻按下巴引导幼儿张嘴,再将药物平稳送入口中。

(4)每次成功喂药后,及时给予幼儿适当奖励,如给予拥抱、积极的语言鼓励等。

任务思考

一、简答题

1. 1~2岁幼儿哪些疾病较为常见?应如何采取预防措施?

2. 1~2岁幼儿哪些意外事故较为频发?一旦发生,应如何妥善处理?

二、案例分析

18个月大的豆豆最近出现咳嗽、呼吸急促,夜间咳嗽加重的症状,伴有低烧(37.8℃)。照护者起初以为是普通感冒,但3天后症状未缓解,且豆豆呼吸时能听到"呼噜呼噜"的声音。就医后,医生诊断为急性支气管炎,建议居家护理观察。

请结合具体案例,深入探讨急性支气管炎的具体症状表现,并分析照护者应采取的预防措施及相应的护理方法。

任务三　促进1~2岁幼儿发展

案例导入

生完花花后,妈妈便辞去了工作,全心投入成了一位全职妈妈。妈妈对花花的日常事务投入了极大的关注,同时也容易表现出紧张情绪。通常情况下,家中只有妈妈和花花两人,妈妈每天都要投入大量时间做家务,这使得花花大部分时间只能独自玩耍。在与花花的互动中,妈妈对花花的需求响应地非常及时,往往一个眼神就能让她准确地领会花花的意图。例如,花花只需瞥一眼水杯,妈妈便会立刻递上水杯并喂她喝水。然而,花花快要1岁半了,她却几乎未曾开口说话,各项发展指标也显得相对滞后,这让妈妈感到十分焦虑,不知道如何是好。

❓ 正常1岁半幼儿的语言发展有什么样的规律?案例中妈妈的养育方式存在什么问题?如何引导花花语言能力的发展呢?

一、动作促进

(一) 发展要点

1～2岁幼儿大运动发展主要围绕行走、蹲起、跑步、攀爬、跳跃、上下楼梯、踢球、抛掷等核心动作展开(表5-3-1)。

1. 13～24月龄粗大动作核心能力

幼儿生命的第二年的大肌肉动作发展主要经历独立行走—稳定蹲起—跑步跳跃—投掷攀登—平衡控制五个阶段。

(1) 13～18月龄

13～18月龄,照护者应重点引导幼儿练习行走、蹲起、扶物上下楼梯、踢球、投掷物品等动作。

行走:1岁左右,幼儿从扶物行走迈向独立行走。行走时会张开双臂保持平衡,但因重心不稳容易摔倒。15月龄左右,能独自走稳,较灵活地改变行走方向,遇到小障碍物会尝试跨越。18月龄时,行走能力显著提高,能在多种地面(如平面、一定坡度的地面)稳定行走,还能掌握后退走、侧着走、拉物走等多种走路形式。

蹲起:1岁左右,幼儿需借助外力支撑尝试缓慢下蹲,起身时容易因腿部力量不足失去平衡而跌坐;15月龄时,能独立蹲下并捡起地上的物品且保持身体的稳定;18月龄时,蹲起动作连贯流畅且能根据场合需要自主蹲下并站起。

踢:13～14月龄,幼儿可扶物站立并尝试抬脚轻踢静止的小球;15～16月龄时,能独立站立踢静止的球,但方向控制较弱;17～18月龄时,能边走边踢滚动的球。

投掷:13～14月龄,幼儿可单手抓物随意向前投掷;15～16月龄时,能初步尝试控制投掷方向;17～18月龄时,可双手持物过肩向前投掷。

攀爬:13～15月龄,幼儿开始尝试跪爬或手膝并用的方式爬上低矮物体(台阶、矮柜等),下来时常采用倒退或滑落的方式;16～18月龄时,能尝试攀爬滑滑梯和儿童攀爬架,下来时容易失去平衡,需要照护者在旁看护(图5-3-1、图5-3-2)。

图5-3-1　练习攀爬①

图5-3-2　练习攀爬

---

① 图片由博博宝贝托育提供。

扶物上下楼梯:13月龄,大部分幼儿开始练习用四肢向上爬楼梯。18月龄,幼儿可以自己爬楼梯,只是前后脚朝同一级台阶前进,还需要拉着照护者的手或自己扶着楼梯的扶手上楼。

图 5-3-3　扶栏上楼梯[1]

（2）19~24月龄

2岁左右幼儿已掌握基本的大动作。19~24月龄,照护者除了继续引导幼儿开展行走、蹲起、踢、投掷等动作锻炼之外,应重点引导幼儿练习跑、跳、上下楼梯、攀爬等动作。

跑:1岁半以后,幼儿开始学习跑,跑步是身体灵活性和平衡性的综合考察。最初幼儿跑得不太稳,常常会摔倒。22月龄时,幼儿在跑的过程中能绕开障碍物,较好地调整或控制跑步的方向;24月龄时,跑步动作灵活、协调,能自如地控制跑步的速度,在跑步时,还可以进行简单的游戏,如和同伴玩追逐跑。

跳:19月龄,幼儿能尝试双脚微微离地跳;21月龄左右,能双脚离地跳,具备初步的方向控制能力;24月龄左右,跳的动作更加协调,能跳过5厘米左右的小障碍物,双脚离地连续跳,最多可连跳10次。

上下楼梯:20月龄,幼儿能较熟练地扶着栏杆连续迈步上楼梯,下楼梯时,双手扶着栏杆,身体侧倾将脚伸向下方台阶,每下一级台阶要停顿一会再继续;22月龄时,上楼梯时能较熟练地扶着栏杆交替迈步,下楼梯时开始尝试正面朝下;24月龄时,能够独自交替迈步上楼梯,能自己扶栏杆,交替步下楼梯。

表 5-3-1　1~2岁幼儿粗大动作核心能力

月龄		粗大动作核心能力
13~18月龄	行走	12月龄扶物行走 15月龄能独自走稳,较灵活地改变行走方向,遇到小障碍物会尝试跨越 18月龄时,能进行多种形式的走(在不同地面上走、掌握后退走、侧着走、拉物走等)
	蹲起	12月龄能借助外力支撑缓慢下蹲 15月龄能独立蹲下捡起地上的物品且保持身体的稳定 18月龄蹲起动作连贯流畅且能根据场合需要自主蹲下并站起
	踢	13~14月龄可扶物站立并尝试抬脚轻踢静止的小球 15~16月龄时,能独立站立踢静止的球,但方向控制较弱 17~18月龄时,能边走边踢滚动的球
	投掷	13~14月龄能单手抓物随意向前投掷 15~16月龄能尝试控制投掷方向 17~18月龄能双手持物过肩向前投掷
	攀爬	13~15月龄能跪爬或以手膝并用的方式爬上低矮物体(台阶、矮柜等),下来时常采用倒退或滑落的方式 16~18月龄能攀爬滑滑梯和儿童攀爬架
	扶物上下楼梯	13月龄时能练习用四肢向上爬楼梯 18月龄时能扶着扶手前后脚朝同一级台阶前进爬楼梯
19~24月龄	跑	19月龄开始学习跑,跑得不太稳,常常会摔倒 22月龄时,在跑的过程中能绕开障碍物,调整或控制跑步的方向 24月龄时能自如地控制跑步的速度,还可以进行简单的游戏
	跳	19月龄能尝试双脚微微离地跳 21月龄能双脚离地跳,具备初步的方向控制能力 24月龄能跳过5厘米左右的小障碍物,双脚离地连续跳,最多可连跳10次

---

[1] 图片由博博宝贝托育提供。

月龄	粗大动作核心能力
上下楼梯	20 月龄能较熟练地扶着栏杆连续迈步上楼梯,下楼梯时,双手扶着栏杆,身体侧倾将脚伸向下方台阶,每下一级台阶要停顿一会儿再继续 22 月龄上楼梯时能较熟练地扶着栏杆交替迈步,下楼梯时开始尝试正面朝下 24 月龄时,能够独自交替迈步上楼梯,能自己扶栏杆,交替步下楼梯

2. 13~24 月龄精细动作核心能力

1~2 岁幼儿的精细动作发展主要围绕捏取投放,工具使用(握勺吃饭、握笔涂鸦),双手协作等核心动作展开。

(1) 13~18 月龄

13~18 月龄,照护者应重点引导幼儿练习捏取投放(如捏取物体、放入容器),工具使用(如握笔、握勺)和双手协作(如翻书)等能力。13 月龄时,幼儿能用拇指和食指捏取(钳式抓握)小物品(如葡萄干),尝试将物品放入容器时容易放偏或掉落(图 5 - 3 - 4);14 月龄时,幼儿能双手捧杯喝水,用手指抠、拉盒盖并尝试打开,能用笔涂鸦画出不规则的线条;15 月龄左右,幼儿能一次多页地翻书;16 月龄时,幼儿能够叠起 3~4 块积木,对拼图感兴趣,能完成 2~3 块的简单拼图,掌握舀取的动作,能自己握勺吃饭,但舀时会有食物洒落;18 月龄时,幼儿能三指捏取相应形状的小部分并放入相同形状的孔中。

(2) 19~24 月龄

19~24 月龄,照护者应继续引导幼儿练习工具的使用,锻炼双手协作能力。

19~20 月龄,幼儿手腕控制力度增强,能用勺子自主进食,尝试使用小锤子敲击,能搭 5~7 块积木,能双手配合撕纸;会用转、拧等方式玩玩具;21~22 月龄,幼儿开始能用绳穿过大珠子,尝试拉拉链或扣大的纽扣,拉开魔术贴鞋带,能一页一页翻书;23~24 月龄,幼儿能用搓、揉、压等动作玩橡皮泥(图 5 - 3 - 5);能握笔模仿画直线或圆,使用叉子、夹子取块状食物(图 5 - 3 - 6),模仿使用毛巾洗脸。

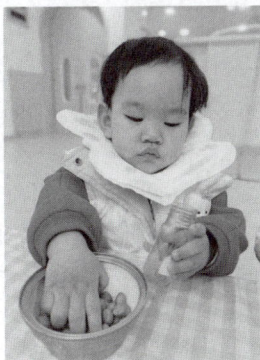

图 5 - 3 - 4　捏物入瓶①　　　　图 5 - 3 - 5　按压橡皮泥②　　　　图 5 - 3 - 6　使用工具
练习"夹"

表 5 - 3 - 2　1~2 岁幼儿精细动作核心能力

月龄	内容	精细动作核心能力
13~18 月龄	捏取投放	13 月龄时,能用拇指和食指捏取小物品,练习将物品放入容器 18 月龄时,能捏取相应形状的小部分并放入相同形状的孔中
	工具使用	14 月龄时,双手能捧杯喝水,能用笔涂鸦画出不规则的线条 16 月龄时,能握勺吃饭,但舀时会有食物洒落

①② 图片博博宝贝托育提供。

续 表

月龄	内容	精细动作核心能力
	双手协作	15月龄时,能一次多页地翻书 16月龄时,能够叠起3～4块积木,能完成2～3块的简单拼图 18月龄时,能三指捏取相应形状的小部分并放入孔中
19～24月龄	工具使用	19～20月龄时,能使用勺子、小锤子等工具 23～24月龄时,能用蜡笔模仿画直线或圆、使用叉子或夹子取块状食物、使用毛巾洗脸
	双手协作	19～20月龄时,双手可配合撕纸 21～22月龄时,能穿珠,尝试拉拉链,扣大的纽扣,拉魔术贴鞋带,一页页翻书 23～24月龄时,能用搓、揉、压等动作玩橡皮泥,能模仿画直线或圆

(二) 支持策略

1. 创设安全适宜的环境,提供独立行走、跑、跳的机会

1～2岁幼儿已经是一个会走路、会说话、爱发问、好探索的小家伙。独立自如的行走扩大了幼儿的探索范围,他们认识的事物越来越多。动作的发展体现在13～18个月龄阶段的独立行走能力的获得,进而发展至19～24个月龄阶段的动作能力显著提高。然而,这一进步也伴随着安全风险的增加。因此,照护者需要注意以下两方面的内容,为幼儿创设适宜的环境。

首先,创设安全的环境。幼儿缺乏安全意识,无法辨别安全隐患。照护者要尽量排除环境中安全隐患,如活动场所地面是否平整,操作材料表面是否光滑平整、材质是否无害等。在保证安全前提下,照护者应给予幼儿自由活动的机会,降低焦虑,适当放手。

其次,遵循动作发展规律。照护者应循序渐进训练幼儿独立行走的能力,遵循移步行走、扶东西走、推小车走、跨越障碍走、用脚尖走等步骤。1岁半以后开始学习跑,照护者可以分步骤进行,如抱着跑—牵手跑—追逐跑—放手跑—自动停稳跑。跳的动作方面,可遵循从扶着跳到直立跳再到向前跳的顺序。

2. 提供游戏互动和练习机会,发展双手协调和手眼协调能力

一方面,提供科学适宜的操作材料。照护者提供适合双手拿、取、抓、敲、撕、拍、舀等动作的操作材料,锻炼幼儿双手配合的能力,如撕纸条、折纸、拧瓶盖、拼积木、串珠等。还可以提供大串珠、简单拼图、涂鸦、翻书等操作活动,促进手眼协调能力发展。

另一方面,结合日常生活进行训练。如,双手抱物练习,如喝牛奶时让幼儿自己两手握住奶瓶喝奶。捏取练习,在给幼儿添加固体食物时,可以把饼干、烤馒头片掰成小块,放在干净的盘子里,让幼儿自己捏着吃。总之,结合日常生活进行的训练,过程要尽量生活化、游戏化,时间不宜太久,同时注意手部卫生。

(三) 活动方案

活动名称一:追泡泡(19月龄以上)

活动目标

(1) 锻炼走、跑、跳等粗大动作能力,提升身体的灵活性和协调性。

(2) 体验追泡泡游戏的乐趣。

活动准备

宽敞、平坦且无障碍物的户外场地,轻松欢快的音乐,泡泡枪,自制泡泡液若干。

活动过程

(1) 热身导入,激发幼儿兴趣

播放轻松欢快的背景音乐,照护者引导幼儿伸展手臂,左右转动,模仿泡泡飞舞的动作,为接下来的活动做好热身准备。

引导语:"宝贝们,今天泡泡要和我们一起玩游戏,让我们变成小泡泡,一起动一动、飞一飞吧。"

（2）制造泡泡，引导幼儿观察

照护者拿出泡泡枪，制造泡泡，引导幼儿观察泡泡的形状和颜色，鼓励幼儿用小手触摸泡泡，感受泡泡轻轻破裂的触感。

（3）制造更多泡泡，引导幼儿追泡泡

照护者继续制造出更多泡泡，引导幼儿自由追逐泡泡："泡泡飞走啦！宝贝们快追上去抓住它们！"

（4）放松环节，活动自然结束

照护者与幼儿席地而坐，说："泡泡玩累了，我们也坐下来休息一下吧。"播放舒缓的音乐，引导幼儿捏捏小手，拍拍小腿，结束本次活动。

温馨提示

① 泡泡液的成分必须安全无毒。投放不同大小、形状的泡泡工具，鼓励幼儿尝试自己制造泡泡。

② 在引导幼儿追逐泡泡环节，照护者需注意把握泡泡与幼儿的距离：从近到远逐渐拉开，帮助幼儿获得成功的体验感。

③ 活动中，照护者要分工配合，时刻关注幼儿的活动状态，避免因兴奋出现摔倒、碰撞等情况。

④ 追逐泡泡时，照护者应及时给予幼儿鼓励："你追上泡泡了，你真棒。""加油，马上就要追上泡泡了。"对于年龄较小、步态不稳的幼儿，照护者可在旁牵手保护，引导其慢慢追逐；对于能力较强的幼儿，可以适当增加泡泡的距离和速度，提高追逐难度（图5-3-7）。

图5-3-7　追泡泡

活动名称二：小豆豆找家（12月龄以上）

活动目标

（1）感知红豆与扁豆的颜色特征。

（2）能用二指捏拣豆豆，并根据颜色进行配对，发展手指灵活性。

活动准备

红豆、扁豆若干；红色、黄色包装的盒子若干。

活动过程

（1）创设情境，导入活动

引导语："老师这里有好多好看的豆豆，我们一起来看看吧。这是红豆，这是扁豆，这是红色的房子，这是黄色的房子。今天红豆宝宝和扁豆宝宝找不到自己的家了，我们来帮它们找到家吧。"

（2）操作示范，观察学习

照护者示范拇指食指配合捏起红豆放入红色包装的盒子里并说出"红色"；拇指和食指配合捏起扁豆放入黄色包装的盒子里并说出"黄色"。

（3）幼儿操作，照护者观察指导

（4）结束活动，收拾材料

引导语："豆豆在宝贝们的帮助下都找到了自己的家，谢谢你们。现在我们一起收拾整理下材料吧。"

温馨提示

① 游戏过程中，照护者要注意勿让幼儿将豆子放入口中。幼儿手部精细动作的发展有快有慢，若无法较好地通过二指捏豆时，照护者不要强迫，允许幼儿用三指捏进行操作。同时照护者要注意在活动过程中辅以适当的语言互动。如："宝宝现在拿的是什么颜色的豆子？""送到什么颜色的家？"

② 日常生活中，照护者可以为幼儿投放更多颜色的豆子和盒子，进一步巩固幼儿按颜色分类的能力，发展幼儿的手部精细动作。

二、认知探索

(一) 发展要点

1～2 岁幼儿认知发展的特点主要表现为主动地多感官探索和象征性思维的初步萌芽。他们通过操作,探究事物的因果关系,发展客体永久性概念和延迟模仿能力。

1. 13～18 月龄认知探索核心能力

(1) 感知觉

13～15 月龄幼儿能专注地观察缓慢移动的物体,如会转的风车;能区分物体明显的外部特征,如形状、颜色。此时幼儿探究物体的方式从口腔探究转向了手部探究,他们喜欢用手扣、拍、抓等方式感受物体的特点。16～18 月龄幼儿观察的细致性有所提升,能看到较小的物体,如可以识别绘本中人物哭和笑的不同表情;能理解上、下、里、外等空间方位,如能按照护者的要求将玩具放到桌子上,放在盒子里等。

(2) 注意

13～18 月龄幼儿的注意力以无意注意为主,易被新奇、鲜艳、移动或有声的刺激吸引;有意注意开始萌芽,能在照护者引导或对特别感兴趣的活动上保持短暂专注。

(3) 记忆

13～15 月龄幼儿会主动寻找刚刚被藏起来的玩具;16～18 月龄幼儿记忆能力显著提升,可以再认几小时甚至几天前教过的动作、语言等。

(4) 思维

13～15 月龄幼儿能够发现简单动作能引发结果:如拍手会有声音;开始将物品与其功能建立联系如用水杯喝水。16～18 月龄幼儿开始出现有意识地探究行为,常常通过反复地推、拉、扔等动作进行探索:如反复地按收音机的开关键感受声音的出现和消失。18 个月左右开始出现模仿游戏,如用玩具杯子假装喝水。

2. 19～24 月龄认知探索核心能力

(1) 感知觉

19～21 月龄开始区分红、黄、蓝等基础颜色,能粗略区别音调不同的声音,如小猫和小狗的叫声;22～24 月龄能感知、区分简单图形,如三角形和圆形。

(2) 注意

19～24 月龄幼儿注意力不断增强,开始能够集中注意看图片、看电影、看电视、玩玩具、听故事等。但是集中注意的时间一般在 5～10 分钟左右。

(3) 记忆

19～24 月龄幼儿的记忆力也在增长,能认出几个月前见过的亲人,能记住日常用品的名称和自己感兴趣的东西,能够回忆起某些特殊事件发生的细节,以及当初自己的感受等。

(4) 思维

19～21 月龄幼儿能将物体按照某一特征分类,具备一定的分类能力,如把红色的积木放在一起,黄色的积木另外放在一起;开始感知数量,会模仿照护者进行简单的点数;能够借助工具解决遇到的问题,如踩在椅子上去够高处的物体。22～24 月龄抽象思维开始萌芽,能根据事物的特征进行简单推理:如看到有人拿雨伞,会说要下雨了。

综上,13～24 月龄幼儿的认知探索核心能力见表 5-3-3。

表 5-3-3　1～2 岁幼儿认知探索核心能力

月龄		认知探索核心能力
13～18 月龄	感知觉	13～15 月龄能专注地观察缓慢移动的物体,能区分物体明显的外部特征,开始将物品与其功能建立联系 16～18 月龄能看到较小的物体,能理解上、下、里、外等空间方位

月龄		认知探索核心能力
	注意	13～18 月龄以无意注意为主,易被新奇、鲜艳、移动或有声的刺激吸引 有意注意开始萌芽,能在照护者引导下或对特别感兴趣的活动保持短暂专注
	记忆	13～15 月龄幼儿会主动寻找刚刚被藏起来的玩具 16～18 月龄幼儿记忆能力显著提升,可以再认几小时甚至几天前教过的动作、语言
	思维	13～15 月龄能够发现简单动作能引发结果,开始将物品与其功能建立联系 16～18 月龄开始出现有意识地探究行为 18 个月左右开始出现模仿游戏
19～24 月龄	感知觉	19～21 月龄开始区分红、黄、蓝等基础颜色,能粗略区别音调不同的声音 22～24 月龄能感知、区分简单图形
	注意	19～24 月龄开始能够集中注意看图片、看电影、看电视、玩玩具、听故事等,集中注意的时间一般在 5～10 分钟
	记忆	19～24 月龄能认出几个月前见过的亲人,能记住日常用品的名称和自己感兴趣的东西,能够回忆起某些特殊事件发生的细节,以及当初自己的感受等
	思维	19～21 月龄幼儿能将物体按照某一特征分类,开始感知数量,会模仿大人点数;能够借助工具解决遇到的问题 22～24 月龄抽象思维开始萌芽,能根据事物的特征进行简单推理

(二) 支持策略

1. 密切联系生活,开展多感官探索与认知游戏

照护者应创设多感官探索环境,提供不同材质的触觉板(如毛毡、丝绸、砂纸等),鼓励幼儿触摸感受;准备摇铃、音乐盒等听觉玩具,引导幼儿辨别声音方向;利用水果、香料等生活材料,发展幼儿的嗅觉辨别能力。搭建软质隧道,让幼儿爬行穿越,并在玩"躲猫猫"游戏时改变出现方位,帮助幼儿建立空间方位概念。设置"感官探索箱",内装可发出声响的各类物品(如铃铛、挤压玩具),鼓励幼儿同时运用触觉和听觉进行探索。

照护者日常应多开展注意力培养和提升的游戏活动,采用多通道引导注意的发展。例如,照护者边说"看这个红色小球"边用手指向目标,将语言提示与手势指向相结合。在堆积木的同时进行数数(1～3以内),逐步延长幼儿的专注时间至 8～10 分钟。开展记忆强化游戏,如发出两步指令的游戏:"请先把球给妈妈,再去拿小汽车";使用图片卡片玩"记忆翻翻乐"(每次 3～4 张)。通过形状匹配游戏促进幼儿的思维发展,例如,使用大孔形状盒,先示范圆形积木的投放,鼓励幼儿尝试匹配。还可以准备不同颜色和形状的塑料水果,先按单一特征(如颜色)进行分类,再过渡到双重特征(如颜色、形状)的分类。

2. 支持探究行为,正确应对"破坏性"探究行为

在确保安全的前提下,照护者应巧妙利用生活场景和素材,为幼儿营造一个随时随地均可探索的适宜环境。例如,穿衣服时可以谈论衣服的颜色和上面的花纹;洗澡时先让幼儿玩水,感受水流动的特性;户外散步时,引导幼儿观察和认识不同颜色、形状的植物。幼儿常常会模仿照护者的行为,如扫地、抹桌子等。由于自身发展水平的限制,幼儿在探究事物时可能会出现意料之外的玩法,甚至可能出现"破坏性行为",如撕纸、扔东西等。照护者须理解这些行为与幼儿发展的关联,切不可采用简单、粗暴的方式加以制止。须强调的是,照护者应在幼儿充分探究后给予正向积极的反馈。例如:"宝宝力气变大了哦,不仅扔得更远,还能朝不同方向扔,如果扔完能放回玩具筐里就更棒了!""宝宝这次涂的颜色很丰富哦,如果能涂在纸上就更好了!"

（三）活动方案

活动名称：好玩的面团（13月龄以上）

活动目标

（1）学习用双手揉、捏面团，感知面团的特征。

（2）锻炼手部肌肉力量，促进触觉的发展。

活动准备

面粉、水和盘子若干。

活动过程

（1）展示装满面粉的盘子，帮助幼儿初步了解面粉的特性

引导语："宝贝们，大家快来看一看，这是什么呢？（出示一袋面粉）让我们一起来探索一下这个神奇的食材吧！首先，我们可以用眼睛仔细观察它的颜色和质地，看看它是什么样子。可以用手轻轻地触摸一下，感受一下它的细腻和柔软。最后，我们还可以用鼻子轻轻地嗅一嗅，闻一闻它的气味，看看它有什么特别的味道。"

（2）示范制作面团

引导语：（出示水）"这是什么？我们将少量水倒入面粉中，观察加水后的面粉会发生哪些变化。"

（3）幼儿操作，教师巡回指导

① 引导幼儿在制作面团的过程中，轻轻地加入少量的水到面粉中。过程中引导幼儿控制水量，避免一次性加太多水，以免面团变得过于湿软，影响后续的制作过程。

② 引导幼儿学习如何用双手揉捏面团。首先，让幼儿用手指轻轻地搓一搓面团，感受面团的细腻和柔软。然后，再让他们用手指压一压面团，感受面团的弹性和韧性。

（4）活动结束，整理材料

温馨提示

通过细致的观察、轻柔的触摸和敏锐的嗅闻，幼儿能够更全面地感知面粉的独特性。面粉是一种洁白的粉末，质地细腻而柔软，散发着淡淡的麦香气息。作为日常生活中不可或缺的食材，面粉广泛应用于制作各种美味的面食，如面包、饼干、面条等。在玩面团活动中，还可以结合以下的方式提升游戏的趣味性。

① 结合玩具，引导幼儿动手探索，尝试扣一扣、找一找隐藏在面粉中的玩具，激发他们的好奇心。

② 提供色彩缤纷的蔬菜汁，让幼儿亲身体验加入蔬菜汁后面粉颜色的奇妙变化，增强感官体验。

③ 活动前，请幼儿洗净双手，穿戴好罩衣，确保卫生。照护者可准备一些适合幼儿使用的工具，如易于抓握的筛子、造型多样的磨具等，以满足不同幼儿动手能力的需求。

三、语言沟通

（一）发展要点

1～2岁幼儿能够理解日常生活中的用语和指令，并做出相应的行为反应。他们能借助手势和表情来辅助表达，并开始认识到书的概念，喜欢翻阅图书。

1. 13～18月龄语言沟通核心能力

幼儿的语言能力表现出先听懂后学说的发展特点。13～18月龄幼儿理解的词比说出的词要多很多。其语言处于从"理解和模仿"阶段向"语言表达"阶段发展的关键期[1]。

（1）倾听理解能力

13～15月龄幼儿语言发育还处在对语言的理解阶段，他们理解的词比说出的词要多很多。能听懂一些常见日用品的名称。当照护者说出某个事物的名称时，他能从周围环境中或图画中认出来。还能

---

① 郭力平,吴龙英.早期教育环境创设[M].上海:华东师范大学出版社.2019:62.

执行某些简单的指令,如"把水杯拿给我""把衣服放在沙发上"等。16~18 月龄,主要是幼儿理解语言即被动语言阶段,这时期的幼儿对语言的理解能力在不断发展,能听懂别人说的话,并能进一步地将语言和具体事物结合起来,还能用动作或表情对照护者的语言作出反应。

（2）口语表达能力

13~15 月龄幼儿只能说出一个一个的单词,而且词汇量还不够丰富,一般能掌握 10~20 个单词。他们会用一个单词表达多种意思,照护者需要结合具体的情境来分析。16~18 月龄幼儿会对日常生活中一些常见的事物进行命名,会把狗叫作"汪汪"、把猫叫作"喵喵"等。但是在对事物进行命名时会出现"泛化"现象,比如,他会把所有圆形的物体都叫作"球"。同时,幼儿的概括能力也增强了,懂得了"一名多物",如知道不同的女性都可以叫"阿姨";也懂得了"一物多名",如一个女孩除了知道自己的名字以外,也知道"宝宝""乖乖"等都是指自己。

（3）阅读兴趣与习惯

13~15 月龄幼儿能自己拿书并翻页,看到熟悉的内容时,会边看边用手指着相应画面。16~18 月龄幼儿在阅读时会根据故事内容模仿简单动作或发出声音。

2. 19~24 月龄语言沟通核心能力

（1）倾听理解能力

19~21 月龄幼儿语言理解能力显著提升,不仅能听懂描述日常生活中基本动作的词语,如坐、看、吃、睡、打开、关上等,还可以听懂很多描述事物特征的形容词,如热、漂亮、脏等。这一阶段幼儿开始脱离情景理解照护者的语言,如即使照护者不拿毛巾,他也能理解洗脸的意思。22~24 月龄幼儿能听懂连续两个动作的简单指令,如先洗手再吃饭。能听懂并正确回答"这是什么""在哪儿"等问题。

（2）口语表达能力

19~21 月龄幼儿的口语表达能力发生了一个质的飞跃,他们掌握新词速度猛然加快,我们把这一表现称为"词语爆炸"现象。一个显著的变化在于,幼儿开始将单独的词汇按照自己的理解组合起来,形成具有特定意义的词组,我们称之为"电报句",例如"妈妈走""兔兔跑""杯杯拿"等。到了 23 月龄时,幼儿能够表达结构较为复杂的句子,能够使用包含主语、谓语和宾语的完整句子,并能与照护者进行包含两到三个短语的对话。

（3）阅读兴趣与习惯

19~21 月龄幼儿能主动要求与照护者一起看书,喜欢并反复地翻阅同一本书;22~24 月龄,在照护者的引导下,幼儿能说出熟悉的画面内容。

综上,1~2 岁幼儿的语言沟通核心能力见表 5-3-4。

表 5-3-4　1~2 岁幼儿语言沟通核心能力

月龄		语言沟通核心能力
13~18 月龄	倾听理解	13~15 月龄能听懂一些常见日用品的名称,还能执行某些简单的指令 16~18 月龄能把语言和具体事物结合起来,还能用动作或表情对照护者的语言做出反应
	口语表达	13~15 月龄只能说出一个一个的单词 16~18 月龄会对日常生活中一些常见的事物进行命名,会出现"泛化"现象
	阅读兴趣与习惯	13~15 月龄能自己拿书并翻页,看到熟悉的内容时,会边看边用手指着相应画面 16~18 月龄在阅读时会根据故事内容模仿简单动作或发出声音
19~24 月龄	倾听理解	19~21 月龄不仅能听懂描述日常生活基本动作的词语,还可以听懂很多描述事物特征的形容词,开始脱离情境理解照护者的语言 22~24 月龄能听懂连续两个动作的简单指令,能听懂并正确回答"这是什么""在哪儿"等问题
	口语表达	19~21 月龄出现"词语爆炸"现象,开始把单个的词按他们自己的方式进行组合,出现"电报句" 23 个月能说出结构比较复杂的句子,会说主、谓、宾语齐全的句子

续　表

月龄	语言沟通核心能力
阅读兴趣与习惯	19～21月龄能主动要求与照护者一起看书,喜欢并反复地翻阅同一本书 22～24月龄在照护者引导下,能说出熟悉的画面上的内容

（二）支持策略

1. 结合日常生活和游戏情境,丰富幼儿词汇量

1～2岁幼儿能听懂生活中常用的语言和指令,有时表达时会辅以动作、表情。表现为从13～18月龄的"开始说话"到19～24月龄的"喋喋不休学说话"。1.5岁左右是幼儿语言发展第一个爆发期,名词积累是这个阶段语言教育的重点。扩大词汇量和幼儿的语言发展紧密联系。"大自然、大社会都是活教材"。照护者要引导幼儿认识与日常生活紧密相关的物品,如花草树木、交通工具、各种动物,鼓励其说出事物名称。此外,照护者还可以通过念儿歌、童谣、手指游戏等方式丰富幼儿的词汇量,但不要强制背诵记忆,可让其在反复跟读、念唱中自然习得更多词汇。

2. 提供丰富语言刺激,鼓励幼儿大胆模仿与表达

照护者要为幼儿提供丰富语言刺激的环境,将日常见到的人、经历的事、看到的动作表情等用语言进行描述,鼓励其模仿和表达,但对表达形式不做限制,可以是肢体动作,可以是短句。照护者要耐心地倾听和积极地回应,必要时可以适当重复并示范。此阶段照护者尤其要注意培养幼儿的正确发音,千万不要在幼儿1.5岁以后再说儿语(如"吃饭饭"),要用完整而规范的词汇和句子进行示范,为幼儿提供规范的语言环境和提升空间。

3. 选择适宜阅读材料,在亲子阅读中培养阅读兴趣

看图书、讲故事是促进13～24月龄幼儿语言学习的有效途径。照护者应为幼儿创设适宜阅读的环境,如独立、舒适、光线充足的阅读角,准备适合的阅读材料,如洞洞书、机关书、翻翻书、纸版书等,同时阅读材料大小合适,便于翻阅。每天固定时间和场所,与幼儿一起亲子阅读。照护者可以边指图边绘声绘色地讲故事,也可以互动交流,如"这是什么呀? 在哪里呢?",引导幼儿观察画面,锻炼看图说话能力。过程中留意幼儿是否有阅读兴趣,帮助其获得愉快阅读体验,培养早期阅读习惯。

（三）活动方案

活动名称:"小熊宝宝绘本"《你好》(19月龄以上)

活动目标

(1) 理解小熊与小动物相互打招呼的简单故事情节。

(2) 愿意尝试模仿绘本中的"你好"等礼貌用语和角色动作。

(3) 体验集体共读绘本的乐趣。

活动准备

一本用于集体共读的放大版"小熊宝宝绘本"《你好》、小熊手偶。

活动过程

(1) 出示小熊手偶,吸引幼儿注意

引导语:"宝贝们,你们看,这是谁? 哇,原来是可爱的小熊,今天它给我们带来了一个好听的故事,故事就藏在书里,我们一起来看看吧。"

(2) 出示绘本,引导幼儿观察封面

照护者拿出放大版的《你好》,展示封面:"宝贝们,封面上有谁呀? 它们在做什么?"引导幼儿观察小熊和小老鼠的表情、动作,鼓励幼儿用简单词汇回答。

(3) 逐页讲述,理解绘本内容

照护者缓慢翻页,引导幼儿观察画面变化,配合肢体动作,用生动夸张的语气讲述故事内容。每讲完一个小动物打招呼的情节,照护者进行提问:"小熊和谁打招呼啦?""它们是怎么说的?"鼓励幼儿说

"你好"并模仿小动物做挥手、点头等打招呼的动作。

（4）结束活动，延伸生活

引导语："今天我们和小熊在森林里认识了好多好朋友，它们是怎么打招呼的呀？宝贝们，在托育园见到老师和小伙伴也要和小熊一样，主动打招呼哦。"

温馨提示

① 在一日生活中，引导幼儿主动与同伴、家人、邻居等打招呼。阅读区投放"小熊宝宝绘本"《你好》及系列绘本，鼓励幼儿自主阅读。

② 活动中照护者要关注幼儿的反应，若出现注意力分散的情况，可通过提问、互动游戏等方式及时吸引他们的注意力。

③ 在学说"你好"，模仿动物打招呼的动作环节，对于表达能力较弱的幼儿，照护者可采用一对一引导、重复示范等方式帮助其参与活动.

④ 对于不敢表达的幼儿，照护者可通过鼓励、陪伴，逐步引导其融入集体互动；对于表现活跃的幼儿，可适当提出更高要求，如引导其帮助其他同伴。

四、情绪情感与交往适应

（一）发展要点

1. 13~18 月龄情绪情感与交往适应核心能力

（1）情绪调节能力

13~14 月龄时，幼儿面部表情日益丰富，能够表达开心、难过、愤怒等多种情绪，情绪转换迅速，并开始出现认生现象；15~16 月龄时，幼儿能够辨识生气、开心等情绪，并开始出现简单的自我安抚行为；17~18 月龄时，幼儿逐渐进入执拗期，表现为毫无理由地说"不"、拒绝照护者的任何要求等行为。总体而言，13~18 月龄时，幼儿开始表现出害羞等自我意识的情绪，能够从他人的行为中辨别不同的情绪，情绪易受他人影响，短时间内可能出现多种情绪变化。

（2）社会交往能力

13~14 月龄时，随着户外活动时间增加，幼儿开始对同龄幼儿表现出兴趣，尽管尚不能共同游戏，但会通过微笑、手势等非语言方式表达情感。15~16 月龄时，幼儿逐渐参与社交聚会，并通过观察模仿学习基本社交技巧，如看到他人轻拍哭闹的幼儿后，会在类似情境中尝试对其他有幼儿采用同样的安慰行为。此时，他们对同伴虽有亲近感，但仍以平行游戏（各自独立玩耍，交流较少）为主，这并非缺乏兴趣，而是尚未掌握分享与合作的能力。17~18 月龄时，部分幼儿开始喜欢与同伴共同游戏，但多数仍以自我为中心，表现出不愿分享玩具或食物等行为，这是自我意识萌芽阶段的典型特征。

13~18 月龄时，幼儿与主要照护者的紧密稳定的依恋关系为社交探索提供安全基础。他们会主动迎接回家的照护者，用拥抱表达依恋；在入睡、身体不适或陌生环境中，会通过寻求照护者获得安全感。虽然愿意与照护者分享食物，但对其他人仍保持警惕。此外，当照护者忙于家务（如收拾碗筷）时，幼儿已能短暂独立玩耍，体现出安全型依恋下的自主性发展。

（3）社会适应能力

13~14 月龄时，幼儿依赖熟悉的环境和生活流程，面对环境变化时，会表现出不安的情绪；他们对规则的理解较为模糊，但在照护者的引导下，能够进行简单的活动，例如配合穿衣。15 月龄时。幼儿开始对陌生环境产生探究兴趣，并在视线能触及照护者的范围内走动；他们能够理解一些简单的规则，比如不能乱丢东西。17~18 月龄时，幼儿能够主动尝试自我服务，例如自己用杯子喝水、自己脱袜子等。

2. 19~24 月龄情绪情感与交往适应核心能力

（1）情绪调节能力

19~24 月龄时，幼儿的情绪表达和调节能力逐步提升，情绪变化渐趋稳定。其中，19~21 月龄幼儿已能识别他人情绪，并表现出自发的亲社会行为，例如看到其他幼儿在哭泣时，会主动走过去，伸出手模仿照护者的动作，轻轻拍拍哭泣的幼儿，也会因受到夸奖而流露开心情绪；他们还能根据照护者的反应

视频

如何从孩子的
情绪中读懂
孩子的需求

调整自身行为。22~24月龄幼儿则能够理解情绪产生的原因,并通过语言表达情绪,比如会说:"积木倒了,我很生气。"

（2）社会交往能力

19~21月龄是幼儿社会交往能力快速发展的重要阶段。在此期间,幼儿逐渐开始喜欢与同龄幼儿一起游戏,但仍然表现出强烈的"我的"意识,不仅对自己的物品紧握不放,还可能对幼儿发起攻击或抢夺对方手中的东西。21~22月龄时,幼儿能够叫出熟悉的幼儿的名字,随着对周围同伴的逐渐熟悉,他们开始慢慢融入幼儿社会。同时,自我意识的完善使得他们不再将所有物品视为己有,如果被告知某物属于其他幼儿,他们可能会主动归还。23~24月龄,幼儿更倾向于与比自己大的幼儿玩耍,但通常还不会主动与年长的幼儿交流。

与此同时,19~24月龄阶段的幼儿在陌生环境中与照护者分离时,仍会表现出恐惧情绪和抵触行为,需要一定时间适应新环境。他们通常只接受主要照护者的照顾,并对其表现出特别的亲昵行为。当照护者在身边时,幼儿可以安静地玩耍,对陌生人的害怕程度有所降低。这表明,尽管他们的社交范围在逐步扩大,但主要照护者仍是其安全感和情感依赖的核心来源。

（3）社会适应能力

19~21月龄时,幼儿能够理解并执行简单的生活规则。例如,在照护者的提醒下,能将大部分玩具归位;展现出一定的生活自理能力,开始尝试自己吃饭、穿鞋、剥鸡蛋（图5-3-8）。22~24月龄时,幼儿适应新环境的能力显著提升,能够适应与照护者的短暂分离;开始尝试与同伴合作,如共同拉动彩虹伞;在游戏中能够模仿角色的典型行为,例如模仿医生为病人诊治;在照护者的协助下,能够模仿刷牙、漱口。

图5-3-8　双手配合剥鸡蛋

综上,1~2岁幼儿情绪情感与交往适应核心能力发展见表5-3-5。

表5-3-5　1~2岁幼儿情绪情感与交往适应核心能力

月龄		情绪调节与交往适应核心能力
13~18月龄	情绪调节	13~14月龄能够表达开心、难过、愤怒等情绪,情绪转移极快,出现认生现象 15~16月龄能辨别生气、开心等情绪,开始出现简单的自我安抚行为 17~18月龄开始向执拗期迈进 13~18月龄开始出现害羞情绪,情绪易受他人影响
	社会交往	13~14月龄开始对同龄幼儿表现出兴趣 15~16月龄观察模仿学习基本社交技巧,以平行游戏为主 17~18月龄部分幼儿喜欢与同伴共同游戏,多数仍以自我为中心 13~18月龄与主要照护者的情感连接紧密,能主动迎接回家的照护者,陌生环境中寻求照护者获得安全感,体现出安全性依恋下的自主性发展
	社会适应	13~14月龄依赖熟悉的环境和生活流程,面对环境改变表现出不安情绪;对规则的理解较模糊,在照护者引导下进行简单的活动,如配合穿衣 15月龄开始对陌生环境产生探究兴趣,在视线能看到照护者的范围内走动;能理解简单的规则 17~18月龄能主动尝试自我服务,如自己用杯子喝水
19~24月龄	情绪调节	19~21月龄幼儿能识别他人的情绪,表现出自发的亲社会行为,会轻拍哭泣的幼儿,会因受到夸奖流露开心情绪,能根据照护者的反应调整自身行为 22~24月龄能理解情绪产生的原因并通过语言表达情绪
	社会交往	19~21月龄逐渐喜欢与同龄幼儿一起游戏,表现出强烈的"我的"意识 21~22月龄能够叫出熟悉的幼儿的名字,不再把所有物品视为己有,如被告知可能会主动归还 23~24月龄更喜欢与比自己大的幼儿玩耍,但通常不会主动与比自己大的幼儿交流

月龄		情绪调节与交往适应核心能力
		19~24 月龄幼儿在陌生环境中与照护者分离时,仍会表现出恐惧情绪和抵触行为,需要一定时间适应新环境,但对陌生人的害怕程度有所降低
	社会适应	19~21 月龄能理解并执行简单生活规则,展现出一定的生活自理能力,开始自己吃饭、穿鞋 22~24 月龄适应新环境能力显著增强,能够适应与照护者的短暂分离;尝试和同伴合作;游戏中能模仿角色的典型行为;能在照护者的帮助下模仿刷牙、漱口

(二) 支持策略

1. 营造和谐照护环境,构建安全型依恋关系

不管是在家庭还是婴幼儿照护机构,照护者都要注重为幼儿营造和谐的照护环境。首先,幼儿的照护环境要温馨、安全、有序,提供适合 1~2 岁幼儿发展水平的用具:如便器、水杯和餐具等,同时提供适宜的玩具、图书等,满足其自主活动的需要。其次,照护者要敏锐、细心、耐心地注意并理解幼儿的哭闹、语言、表情和动作所传达的不同线索,并尝试根据其年龄、发育水平和气质特点及场景进行适当的互动回应,让幼儿感受到照护者的关爱和支持,形成安全型的依恋关系。最后,照护者与其他成员之间关系要和睦,充分沟通,保持一致的养育观念和态度。正确处理矛盾,避免忽视幼儿,杜绝虐待幼儿和一切形式的暴力。

2. 提供良好榜样示范,妥善处理和回应幼儿情绪

0~3 岁婴幼儿好模仿,照护者要以身作则,保持健康的心理和良好情绪调控能力,为幼儿树立良好的学习榜样。面对幼儿的良好行为,照护者要采用积极的回应方式,如朝幼儿微笑、抱一抱幼儿和用语言具体表扬等方式进行强化。2 岁幼儿一方面对主要照护者有着强烈的依赖性;另一方面又越来越喜欢用语言或动作表示"不",想要自己做一些决定,尝试摆脱控制,自我意识越来越强。幼儿想自己吃饭,独立完成简单衣物的穿脱,并与同伴进行互动游戏。由于幼儿在生活自理能力方面仍处于成长阶段,因此在实际操作过程中可能会出现多种问题。当面对幼儿不当的行为或者情绪反应时,照护者应及时、温和、平静地进行引导或者制止,而不是大声呵斥抑或暴跳如雷。

3. 扩大社会交往范围,提高对陌生情境适应能力

1 岁以后幼儿与照护者的互动更加主动,同时开始出现最初的社交意愿,对同伴产生一定兴趣。照护者要有意识、循序渐进地拓宽幼儿的社会生活范围,走出家庭,走进公园、社区、托幼机构等,提高对陌生环境的适应能力。同时,照护者也可以带着幼儿一起走亲访友,共同参加一些集体活动,创造更多机会与其他幼儿一起交往、游戏,扩大社交范围,提高对陌生人的适应能力。若幼儿表现出强烈的反抗或拒绝,照护者不要急于求成,待其适应后再进行鼓励和引导。

(三) 活动方案

活动名称一:我会拉拉链(19 月龄以上)

活动目标
(1) 了解拉链的结构和使用方法。
(2) 尝试用拉、握等方式进行拉拉链的练习。
(3) 愿意参与拉拉链的游戏。

活动准备
(1) 物质准备:拉链衣服、拉链玩具、拉链收纳包若干。
(2) 经验准备:幼儿有二指捏的操作经验。

活动过程
(1) 情境导入,引出主题

照护者出示拉链收纳包:"这个包里藏了很多宝贝,可是它们被盒子里的一条拉链锁住了,我们要解开拉链才能拿到宝贝,我们一起来试试好不好?"

(2)出示材料,认识拉链

照护者拿出带拉链的衣服,向幼儿介绍拉链的各个部位:"这个小小的、可以拉的是拉链头,一排一排的小牙齿是拉链齿,它们能紧紧咬在一起;旁边的布带就是它们的小轨道。"

(3)示范操作,了解方法

照护者示范拉开拉链的方法,引发幼儿观察:"先把衣服放平整,用拇指和食指捏住拉链头,然后慢慢向下拉,注意要轻轻的,不要太快哦。"

照护者示范拉拉链的方法,引发幼儿观察:"现在我们要把拉链关起来,还是用两个手指捏住拉链头,慢慢向上拉。"

(4)幼儿操作,巡回指导

照护者分发材料:"宝贝们,现在轮到你们自己来玩拉链啦,看看谁能把拉链拉开和关上。"

指导重点:对于操作困难的幼儿,照护者可以帮助幼儿调整握拉链头的姿势;对于能力较强的幼儿,鼓励他们尝试不同类型的拉链。

温馨提示

① 在日常生活中,鼓励家长为幼儿提供自己拉拉链的机会,如穿脱外套、整理书包等。考虑到幼儿的手部精细动作发展存在差异,照护者在准备拉链的操作材料时要有难度差异:如不同大小的拉链头、容易拉动和不太容易拉动的拉链。

② 活动前,照护者要认真检查所有拉链物品,确保拉链头牢固、无尖锐边角,拉链齿无损坏;活动中,照护者要密切关注幼儿的动作,提醒幼儿注意下巴和小手的位置,防止被拉链夹到;活动结束后,引导幼儿一起整理归类拉链操作材料。

育儿宝典

亲子阅读小技巧

若婴幼儿在1岁半之前培养起对书籍和阅读的兴趣,他们极有可能在未来的生活中持续保持对阅读的热爱。因此,照护者务必把握这一时机,多陪伴幼儿阅读,切莫错过这一关键阶段。以下将介绍几项亲子阅读的小技巧。

(1)准备色彩鲜艳、内容生动的图书

照护者可为幼儿挑选图画书、玩具书及布书等,这些图书应具备色彩鲜艳、内容生动的特点。例如,《大卫·不可以》《猜猜我有多爱你》和《是谁嗯嗯在我的头上》等绘本故事均适合讲述给幼儿听。照护者可在讲述过程中,引导幼儿用小手指认图画,借此锻炼他们对语言、节奏和色彩的认知能力。

(2)照护者搂抱幼儿进行阅读

幼儿普遍喜爱被照护者拥抱着听故事、翻弄书籍。照护者可以让幼儿坐在自己腿上,用臂弯轻柔环绕,为其讲述故事。需注意,图画书与幼儿眼睛的距离应保持在约33厘米,避免幼儿养成趴着、躺着或歪身看书的不良习惯。

(3)合理安排阅读时间和频率

照护者应优先选择少量优质图书反复阅读,让幼儿在熟悉的内容中建立自信、深化理解。同时,此阶段幼儿注意力集中时间短暂,照护者应遵循短时高频的原则,每次阅读时长宜短(几分钟至十几分钟),重在专注与互动质量,一天内可灵活安排多次阅读时段(如睡前、晨起、游戏间隙)。

任务思考

1. 2岁的贝贝最近说话常常出现"我……我……我想要",突然变成了"小结巴"。面对幼儿说话结巴,照护者应该怎么办?

2. 14月龄的东东走路还不太稳当,作为照护者,请设计一个粗大动作游戏活动,以支持东东的动作发展,要求包括活动名称、活动目标、活动准备、活动过程、温馨提示。

实训实践

实训任务:幼儿刷牙指导

情境案例:23月龄的东东,在每次刷牙时,几秒钟就刷好了,漱口杯和牙刷也被随意地放置在一旁。近期观察发现其乳牙表面已出现黑斑。

作为照护者,请针对东东的情况开展有效的口腔清洁指导,并结合表5-3-6演示出来。

表5-3-6　19~24月龄幼儿实训实践任务书

实训名称		19~24月龄幼儿刷牙指导
实训目标		通过实训,掌握帮助19~24月龄幼儿正确的刷牙方法
实训准备	物质准备	洗手液、擦手纸、垃圾桶、牙膏、牙刷、漱口杯、小毛巾、温开水、抹布
	环境准备	干燥、整洁的洗手台;温湿度适宜
	自身准备	照护者束起头发,摘去饰物,修剪指甲,身穿工作服且穿戴整洁。对幼儿语言柔和恰当,态度和蔼可亲
实训步骤		1. 刷牙准备 (1) 照护者先用洗手液搓洗双手起泡,冲洗干净后,用擦手纸擦干;为幼儿准备好温开水 (2) 引导幼儿取出牙刷和漱口杯,将漱口杯装上适宜的温开水 (3) 引导幼儿手拿牙刷,挤出豆粒大小的牙膏到牙刷上 2. 帮助刷牙 (1) 引导幼儿先含一口温开水,漱口湿润口腔后吐出 (2) 刷后牙外侧面:从左侧的最后一颗牙齿与牙龈的交界处开始,刷毛从上牙牙龈画圈下牙,右侧重复相同的动作 (3) 刷前牙外侧面:上下门牙相对,继续连续的圆弧形画圈 (4) 刷后牙内侧面:引导幼儿张口刷毛朝左后牙内侧面,前后往复短距离震颤,以同样的方法刷右下后牙内侧面、右上后牙内侧面、左上后牙内侧面 (5) 刷前牙内侧面:将牙刷竖起上下往复震颤数次,慢慢移动短距离刷上前牙内侧面,从一侧到另一侧,以同样的方法刷下前牙内侧 (6) 刷牙齿咀嚼面:将刷毛放在左上牙面上,来来回回刷。以同样的方法刷左下、右上、右上后牙咀嚼面 3. 漱口整理 (1) 引导幼儿在刷完牙后多漱几次口,并将牙刷、漱口杯清洗干净 (2) 牙刷头朝上,放入漱口杯中放回原位 (3) 用毛巾擦干嘴部并放回原位 (4) 照护者用抹布擦拭洗手台,抹布洗净拧干后归位
注意事项		(1) 耐心与细心:照护者要保持耐心和细心,对幼儿的每一个尝试都给予关注和鼓励 (2) 逐步引导:1~2岁幼儿还无法很好地独立完成刷牙任务,照护者在帮助其刷牙的过程中,可以根据婴幼儿的发展水平,引导自主尝试刷牙,但避免过度期望或强迫 (3) 积极互动:与幼儿保持积极的互动和沟通,用鼓励和引导的方式帮助其逐渐掌握正确刷牙的方法

赛证链接

一、单选题

1. 下列与预防龋齿无直接关系的为(　　　)。

A. 注意口腔卫生   B. 母乳喂养

C. 多晒太阳,注意营养   D. 用含氟牙膏

2. 培养良好饮食习惯的注意事项:(　　)。

A. 进食的环境不太嘈杂,以免影响进食情绪

B. 进食最好一次性喂饱,一次时间不要太长,不要让其含在嘴儿玩

C. 进食的位置要固定,不边走路边进食

D. 以上都是

3. 0～3岁婴幼儿盥洗前调兑水温的顺序是(　　)。

A. 先加凉水再加热水   B. 先加热水再加凉水

C. 凉水和热水同时加   D. 以上顺序都可以

(以上选自中国—东盟教育交流周职业院校技能大赛婴幼儿保教技能竞赛)

4. 帮助1～2岁幼儿增加词汇,指导时要(　　),多说几遍,并且鼓励婴幼儿把听懂的话说出来。

A. 生动的语言、温柔的声音   B. 用复杂的语言、生硬的声音

C. 加重语气,突出每次新出现的词汇   D. 优美的语言、柔和的声音

(全国职业院校技能大赛高职组婴幼儿照护赛)

二、判断题

1. 对触电伤情严重,出现呼吸心跳骤停者,立即送往医院紧急抢救。(　　)

2. 19～24个月幼儿会走路、投掷、上下楼梯,但肌肉活动不协调,平衡能力差,会搭积木。(　　)

3. 在情绪情感的发展方面,一岁半左右的幼儿会害怕陌生人也会向熟悉的人表达喜爱之情,他们也开始会发脾气,这些是幼儿心理发展不正常的表现。(　　)

(全国职业院校技能大赛高职组婴幼儿照护赛)

三、活动设计题

18月龄的男宝宝,名字叫动动,最近很喜欢玩桌面玩具,例如他喜欢把盒子里的玩具倒出去,再装进来;喜欢玩拉拉链的玩具;喜欢玩夹物分类的玩具等。

请你为动动设计一份促进精细动作发展的综合游戏活动并展示。

游戏应满足以下要求:

1. 促进婴幼儿的身心发展,如动作发展、认知发展、情感表达、语言发展等。

2. 游戏内容有趣且富有创意,能够吸引婴幼儿的注意力。

3. 游戏过程安全,符合卫生标准,确保婴幼儿的身心健康。

考核内容:

1. 游戏活动设计:撰写一份游戏活动方案,包含活动名称、活动目标、活动准备、活动过程。

2. 游戏活动展示:现场进行游戏活动展示,展示时间15分钟以内。

[全国托育职业技能竞赛—育婴员(职工组)婴幼儿托育综合技能(卷二)]

项目六 具备2~3岁幼儿期保教能力

项目导读

　　2~3岁阶段是幼儿从家庭走向托幼园所的关键转折点。这一阶段,幼儿自我意识迅猛增长,步入人生的第一个反抗期,语言表达能力显著增强,情绪起伏不定,频繁使用"不"字,自我意识愈来愈强。照护者需精心设计丰富的活动,并给予耐心的引导,以满足幼儿在潜能发展、心智发育等方面的发展需求。本项目围绕生活照料、健康照护和早期发展三项任务展开。生活照料任务包括均衡饮食、科学喂养和培养初步的生活自理能力;健康照护任务包括急性上呼吸道感染、鼻出血的识别与护理,以及烧烫伤、道路交通事故等意外伤害的预防与处理;早期发展任务涵盖动作促进、认知探索、语言沟通和情绪情感与社会交往四个维度。通过本项目学习,学习者将掌握2~3岁幼儿的科学保教方法,提升照护技能:具备照料生活的精湛技能、护理常见疾病和预防伤害的能力,促进幼儿动作、认知、语言、情感社会等领域的全面发展。

学习目标

1. 掌握2~3岁幼儿期生活照料和健康照护的核心保教要领。
2. 初步把握早期发展四大领域发展要点和支持性策略,为幼儿提供回应性照护。
3. 树立科学养育的专业态度、培养积极回应幼儿的职业情怀。

知识导图

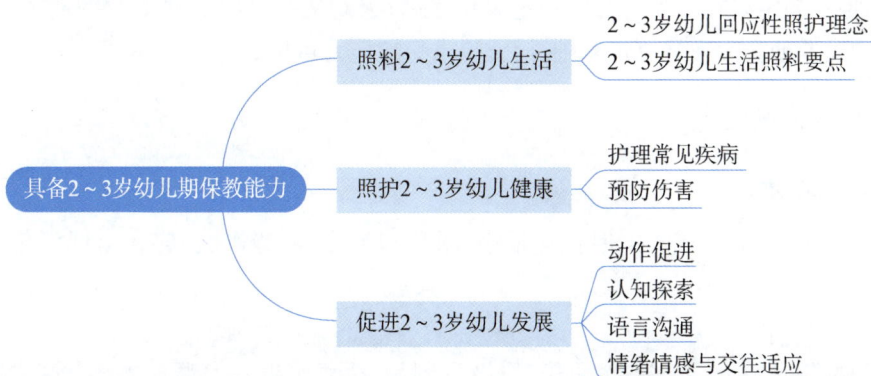

任务一　照料 2～3 岁幼儿生活

案例导入

洋洋出生时体重为 4 千克,自出生起一直母乳喂养至 2 岁。在此期间,由于妈妈奶水充足,洋洋几乎未摄入多少辅食。2 岁后,洋洋由奶奶照顾,每日饮用一杯酸奶(乳酸饮料类),偶尔食用鸡蛋蛋白(不食用蛋黄),偏好零食和汤泡饭,水果摄入量较少。3 岁时进行体检,医生告知家长,洋洋的体检结果未达标,不仅身高、体重未达标,还存在轻度贫血现象。

❓ 请从均衡营养和合理膳食的角度出发,分析洋洋的饮食问题并提出改善的建议。

一、2～3 岁幼儿回应性照护理念

(一) 尊重幼儿,遵循其生长发育自然规律

照护者应遵循幼儿生长发育的自然规律,创设良好的养育环境,积累科学育儿经验。幼儿的抬头、翻身、坐、爬行和站立行走等能力是其生理发展程序的自然展现。照护者须甄别社会上的育儿理念,回归日常照护实践,注重科学依据和实践基础。成熟规律强调发展内容和顺序,而非具体时间,因为每个幼儿都有自己的发展节奏。

(二) 关注幼儿,了解其个体生长发育差异

每个幼儿都是独特的个体,其成长轨迹和发育速度各不相同。虽然大多数幼儿会经历相似的发育阶段,但具体表现和时间存在差异,如说话、走路、吃饭、穿衣、自己大小便等能力的形成受遗传、环境和实践经验的影响。早期发展的重点不是知识灌输,而是提供丰富、适宜的环境,促进幼儿大脑的全面成熟。

(三) 回应幼儿,观察其经验机会和发展潜能

回应性照护的核心在于"回应"。照护者应营造接纳、关爱的环境,敏锐观察幼儿的语言、表情和动作,捕捉其生理和心理信号,理解需求并及时给予积极回应。例如,为让幼儿获得跳的经验,为幼儿提供诱其跳跃的高低悬挂物,但不规定要在多少时间内一定要跳多高;为幼儿提供跳的绳子,不强求能跳多少个。回应性照护旨在为幼儿的全面发展奠定基础,而非追求短期能力目标。

二、2～3 岁幼儿生活照料要点

(一) 均衡饮食,做好平衡膳食

2～3 岁幼儿的营养标准已经接近成人。但胃容量小,咀嚼和消化能力较弱。容易出现消化不良现象。

1. 饮食品种多样化

幼儿的每日膳食应包括谷薯类、肉类、蛋类、豆类、乳及乳制品、蔬菜水果六大类食物。烹调方法应多样化,注重色、香、味,刺激幼儿食欲,调味宜清淡。一日食谱做到饮食调配合理化,如荤素搭配、粗细搭配、干稀搭配和甜咸搭配。

2. 选择制作安全化

选择当地、当季或储藏期短的干净、无污染、无腐烂的新鲜食物,学会查看食品标签,避免高糖、高盐的加工食品。烹饪时用醋、柠檬汁、姜、香料等替代盐和酱油,尽量保留原味,多采用蒸、煮、炖、煨等方

法,少用油炸、熏制、卤制等方式。食物制作过程必须注意清洁、卫生,制作前要洗手,生熟分开,避免交叉感染。

3. 比例搭配适当化

每日三餐两点,主食、副食并重。加餐以奶类、水果为主,配以少量松软面点。晚间不宜安排甜食,以预防龋齿。全日能量分配为:早餐占 20%～25%,午餐 30%～35%,晚餐 25%～30%,点心 10% 左右,遵循早餐吃好、中餐吃饱、晚餐吃少的原则。其中不同食物的品种以及摄入量参考表 6-1-1。最理想的方法为,以一周为单位均衡挑选各种食物制订菜单,配合幼儿食欲和爱好,合理调整一周食谱,每日各种营养素不一定都要满足,但在一周食谱表内应相互补充,亦能达到均衡营养的要求。

表 6-1-1　2～3 岁幼儿各类食物每天建议摄入量

食物种类	食物量(g/d)
谷类	85～100
薯类	适量
蔬菜	200～250
水果	100～150
畜禽肉类	50～70
蛋类	
水产品	
大豆	5～15
乳制品	500
食用油	15～20
食盐	<2

注:表格来源于成都市卫生健康委员会关于印发《成都市托育机构婴幼儿照护服务指南(试行)》的通知。

(二) 科学喂养,养成良好习惯

积极应对幼儿早期营养的双重挑战,即营养不足和营养过剩。高度重视幼儿早期运动,遵循"吃动并重"的原则。

1. 控制零食,饮食定时定量

零食是指非正餐时间食用的各种少量的食物(不包括水)。它是合理膳食的一部分。照护者合理安排吃零食的时间,餐前不吃零食,零食和正餐间隔至少 1.5 小时。照护者把零食放在幼儿看不到的地方,耐心培养他们吃零食的自控能力。进餐时关掉电视和其他电子设备,固定就餐座位,定时定量专注进餐。

2. 自主进餐,适时给予帮助

幼儿 2 岁后可在照护者协助下独立进食,2～3 岁幼儿基本可以自主进餐。2 岁时幼儿能够双手捧杯喝水、饭后自己用毛巾或纸巾擦嘴。照护者要多引导并适时引导幼儿学习自己使用勺子、杯子、碗筷等餐具,鼓励幼儿自主进餐。如果照护者担心幼儿把饭吃得满地都是,可以在幼儿椅子下面铺几张报纸,吃完饭后,收拾一下弄脏的报纸就行了。

(三) 鼓励尝试,培养生活自助能力

1. 鼓励尝试,避免包办代替

自己穿、脱衣服鞋子是幼儿生活自助能力的一项重要内容。幼儿在学习穿脱衣服和鞋袜时,可能会出现裤子穿反、两条腿伸进一条裤腿等情况。此时,照护者应耐心鼓励幼儿自主尝试,避免直接代劳。可以从夏季的简单衣物开始练习,逐步增加难度,帮助幼儿循序渐进地掌握技能。

2. 趣味引导,运用辅助方法

选择带有前后标记的衣物(如上衣胸前有小动物图案、裤子前面有口袋或膝盖处有装饰),帮助幼儿识别正反。此外,可通过游戏、儿歌等趣味方式引导幼儿学习穿衣、穿鞋技巧,增强学习的趣味性和积极性。

育儿宝典

巧妙控制幼儿过度吃零食

2~3 岁孩子通常喜欢吃零食,零食可作为正餐补充。家长担心孩子一旦开始吃零食就停不下来,影响正餐食欲,还担心零食会导致健康问题,如龋齿和肥胖。零食对幼儿饮食有利有弊,可补充营养,也可能导致体重增加和食欲缺乏。因此,掌握零食摄入的适度原则很重要。

原则 1:选择营养丰富的食品

新鲜、多样、天然、易消化且营养、卫生的零食最为适宜。如奶类、果蔬类和坚果类食物,这些零食不仅美味,而且对幼儿成长有益。应减少高盐、高糖、高脂肪零食的摄入,多饮用白开水,少喝或不喝含糖饮料。选择零食时,照护者需牢记六字口诀——"三少两无一低",即少糖、少盐、少添加,无反式脂肪酸、无过敏成分,低脂肪。此外,果冻类和坚果类零食也不适宜给 3 岁以下的婴幼儿食用。

原则 2:科学安排零食摄入时间

在遵循"三餐两点"或"三餐一点"饮食结构的基础上,合理规划零食摄入时间,如上午 9~10 点或下午 3~4 点。晚餐后,除少量水果外,应避免幼儿食用其他零食,尤其是甜食。鉴于幼儿新陈代谢较成人迅速,适量提供零食,既能有效缓解饥饿、补充营养,又不会干扰正餐的正常摄入,但要严格控制零食摄入量。

原则 3:合理控制零食摄入量

频繁的零食摄入会干扰幼儿对正餐的摄入,导致食欲缺乏,对正餐失去兴趣。因此,建议照护者应确保幼儿已吃好正餐,后适当安排加餐,并控制零食的摄入量。参照《中国儿童青少年零食指南(2018)》的建议,2~5 岁幼儿每日通过零食摄入的能量不应超过单日总摄入能量的 10%。以 2 岁幼儿为例,其每日所需总能量约为 1100 千卡,因此零食提供的能量应控制在 110 千卡以内。合理的零食搭配可以是:50 克苹果(约 25 千卡)、50 毫升酸奶(约 35 千卡)、50 克火龙果(约 25 千卡)以及 4 颗磨碎的榛子(约 24 千卡)。

原则 4:避免将零食用作奖励品

照护者不应将零食作为奖励、惩罚、安慰或讨好幼儿的手段,以免幼儿养成以吃零食作为"交换条件"的不良习惯。长此以往,幼儿可能会产生一种错觉,认为被奖励的物品都是好东西,从而在心理上形成一种认知,认为这些食物是应该吃的,并且非常美味。此外,食用零食时还需注意口腔卫生,频繁摄入含糖零食容易引发龋齿,因此务必及时引导幼儿漱口,保持口腔清洁。

任务思考

1. 简述 2~3 岁幼儿回应性照护理念。
2. 简述科学喂养,养成幼儿良好饮食习惯的策略。
3. 简述日常生活中,如何培养幼儿的生活自理能力?

任务二　照护 2~3 岁幼儿健康

案例导入

　　两岁半的乐乐在厨房玩耍时,不慎碰倒了桌上刚烧开的热水壶,热水溅洒在他的右手臂和胸口,导致皮肤红肿并出现水泡。乐乐痛得大哭不止,妈妈立即用冷水冲洗烫伤部位约 10 分钟,随后用干净的毛巾轻轻覆盖伤口,并迅速将他送往医院。医生诊断为二度烫伤,进行了清创和包扎处理,并开具了抗生素药膏以预防感染。

　　❓ 案例中,乐乐妈妈的烫伤急救处理有哪些科学依据? 如果你是早期教育工作者,如何向照护者科普烫伤急救的正确步骤?

一、护理常见疾病

(一) 呼吸系统疾病——急性上呼吸道感染(一般类型)

　　急性上呼吸道感染,简称"上感",是指鼻腔、咽或喉咙部急性炎症的总称,是幼儿最常见的急性感染性疾病,90% 由病毒感染引发。6 月龄~3 岁婴幼儿年均发病 4~7 次,病程呈自限性(急性期 4~5 天,完全恢复需 7~10 天)。

视频

1~3 岁前幼儿期健康保护

1. 识别症状

　　急性上呼吸道感染典型症状呈现阶段性发展。其中,初期(1~2 天)典型症状为:突发发热(37.8℃~40.0℃)、喷嚏、清涕、咽痛。进展期(3~5 天)典型症状为:流涕转白(黄)稠状,干咳转有痰,可能伴随呕吐、腹泻。后期典型症状为:症状逐渐消退好转,警惕如发热 >3 天、呼吸急促(>50 次/分)、血氧饱和度 <95%、尿量减少等,提示可能进展为下呼吸道感染,或需进一步检查。

2. 预防与护理

　　急性上呼吸道感染大部分是自愈性的疾病,照护者护理的目的是减轻幼儿的不适感。急性上呼吸道感染的预防与护理要点主要包括以下两方面。

　　(1) 预防体系

　　①环境方面:提供舒适的环境,保持室内清洁,每天开窗通风换气不少于 2 次,每次 30 分钟左右(雾霾天除外),湿度维持在 50%~60% 可缓解鼻塞。流感季节避免去人员聚集、空气流动差的场所。②增强体质:加强锻炼,保证充足户外活动时间,多接触阳光和新鲜空气;建立规律作息制度。③接触防护:家庭成员做好手卫生,避免与呼吸道感染者密切接触。

　　(2) 护理要点

　　幼儿生病期间可少量多次喂饮温水、母乳,避免油炸、辛辣食物,但不要盲目"忌口荤腥",只吃营养单一的米粥、面条,应该"有欲则刚",良好的食欲和营养有助于幼儿快速恢复。选择食物的原则是营养全面、富含液体、容易消化,如给幼儿提供蔬菜鸡蛋面条、肉末豆腐羹、五色蔬菜等营养丰富的食物,并持续监测体温、精神状态等变化。

(二) 五官常见病——鼻出血

1. 识别症状

　　鼻出血多因鼻腔毛细血管破裂引发,常见单侧出血,偶见双侧。多数幼儿都会发生一次或数次的鼻出血,鼻血多从前鼻孔流出,量少色鲜红;少数后鼻腔出血会流到咽部后再被吐出,可混有血块;或进入胃里,与胃酸混合后被呕出,呈深咖啡色液体和暗红色血块。

2. 常见原因

① 鼻腔结构特点：幼儿鼻腔黏膜薄，毛细血管丰富且表浅，轻微刺激易破裂。

② 物理损伤：挖鼻、擤鼻过猛、外力碰撞或鼻腔异物（如塞入小玩具）。

③ 环境干燥：空气湿度低（如冬季取暖）致黏膜干燥结痂，脱落时引发出血。

④ 炎症刺激：过敏性鼻炎、感冒等导致黏膜充血肿胀，血管脆性增加。

⑤ 全身因素：凝血功能异常（如血小板减少）、维生素 K 缺乏、血液病等（占少数）。

3. 预防与护理

照护者要纠正幼儿挖鼻、擤鼻、塞异物入鼻等不良习惯。及时湿化幼儿居住的房间的空气，尤其在冬季使用取暖器时，必要时可使用生理盐水滴鼻液保持鼻腔黏膜湿润。同时须积极治疗原发病。

幼儿鼻出血后，照护者引导幼儿或者帮助幼儿用拇指和食指持续按压双侧鼻翼 10 分钟，也可以用食指将出血侧鼻翼压紧 10 分钟，其间张口呼吸，略低头，保持情绪镇定。10 分钟后松手观察出血是否停止，未止血可重复按压 10 分钟。多数鼻黏膜出血经过上述处理可停止。如果是凝血功能障碍、息肉或小血管破裂性出血，出血量较大，不易止血，或者鼻出血频繁出现，需要到医院寻求专科医生的帮助。

二、预防伤害

调查发现，婴幼儿大多数伤害发生在家中或住所附近。也就是说，婴幼儿大多数伤害可以预防和避免。所以照护者需要积极预防，以预防为主。2～3 岁年龄段，要注意预防烧烫伤、气管异物、交通事故等伤害。

（一）烧烫伤

由热力（火焰、热液、热蒸汽、热金属等）引起的组织（皮肤、皮下组织、黏膜等，甚至肌肉、骨骼等深层组织）损伤（局部损伤和全身损伤）称为烧烫伤。

1. 主要原因

2～3 岁幼儿活泼好动，好奇心强，喜欢跑来跑去，对风险的认识及自我保护能力有限。烧伤烫伤是这一年龄段幼儿常见的伤害类型，80％烧烫伤发生在家中。

烧烫伤中，因热粥、热水、热汤引起的烫伤占首位，火焰烧伤次之，电器烧烫伤也时有发生。多数幼儿烫伤是因照护者责任心不强、警惕性不高、照顾不周。比如做饭时，照护者端着热饭锅、热烫碗或者提开水时，幼儿在旁边跑动时撞翻，洒到身上而被烫伤。此外，玩火是幼儿由于好奇引发的危险行为，无论是火炉，燃烧的木材、蜡烛、火柴，还是打火机，幼儿都想用手摸一摸，由此引起的烧伤和火灾也时有发生。

2. 预防措施

① 冬季取暖安全：冬季使用热水袋时，需确认无漏水等问题后再放入包被内，不与幼儿身体接触并定时更换。在暖气和火炉周围设置围栏，阻挡幼儿靠近。

② 把控饮食温度：给幼儿准备的水和饭菜要提前备好，确保温度适宜，避免幼儿因着急拿取或食用而烫伤。

③ 规范洗澡流程：给幼儿洗澡时，应先放凉水再兑热水，用掌根测试水温。切勿将幼儿单独留在盛有热水的浴盆旁去打冷水。

④ 限制活动区域：不让幼儿轻易进入厨房，避免其单独进入。照护者炒菜做饭时，不要让幼儿靠近。

⑤ 妥善放置物品：将热水瓶、热杯、热锅、热粥等危险品放在幼儿够不到的地方，避免放在桌子边沿。地面也不要放置热水壶、热锅等加热物体。

⑥ 开展安全教育：照护者要对幼儿进行适当的安全教育，例如，用真实照片或玩具模型展示"热的东西"：水壶、电饭锅、火炉等，让他们区分危险物品和安全物品，学会自我防烫伤。

3. 紧急处理

幼儿被烫伤或烧伤后，照护者要保持冷静，迅速清除致伤物品，快速抱离现场，并进行紧急处理。烫伤后的急救护理措施概括为冲—脱—泡—盖—送。具体措施如下所示。

① 冲：立即用流动清水轻轻冲或浸泡伤口至少 20～30 分钟，不可用冰水、冰块(加重冻伤)。

② 脱：充分冲洗和浸泡后，用剪刀剪开衣物，暴露烫伤部位，切勿强行剥脱。

③ 泡：疼痛明显者，可继续在清水中浸泡 15～30 分钟，直到肿胀和灼痛感明显缓解(对于伤口大、烫伤程度较深、皮肤破坏较严重者不能泡，避免感染)。

④ 盖：浅表烫伤(无水泡)可用清洁纱布轻盖，严重烫伤、水疱破损可用无菌纱布覆盖固定，以减少外界污染和刺激。

⑤ 送：严重烫伤，特别是头面部、颈部烫伤，快速降温之后应尽快送医院救治。

照护者需切记，幼儿烧烫伤后一定不能"暴力"脱衣破坏水泡完整性，也绝不能用牙膏、酱油、食盐、精油等物涂在伤口上，以免引起感染或使症状恶化。

(二) 道路交通事故

1. 主要原因

(1) 幼儿自身发育特点

① 运动与认知不匹配：虽然已具备跑跳能力，但缺乏危险判断力，无法预估车辆速度和距离，反应时间比成人慢 5～6 倍。

② 身高限制：幼儿身高普遍低于 1 米，正好处于车辆后视镜盲区范围。

③ 注意力分散：易被路边玩具、动物等吸引而突然改变行进方向。

(2) 环境因素

① 居住区隐患：开放式小区、未封闭车库等区域人车混行。

② 道路设计缺陷：人行道缺失或中断，迫使幼儿进入车行道。

(3) 监护相关因素

① 看护疏忽：75％事故发生在监护人短暂分心(如看手机、取物品)的 5 秒内。

② 防护不当：未使用安全座椅或使用错误(如反向安装不足、安全带过松)。

③ 危险行为：照护者抱坐副驾驶、电动车载幼儿未佩戴头盔等。

④ 安全教育缺失：仅简单禁止而不解释原因，幼儿难以理解危险本质。

2. 预防措施

做好出行照顾，乘车时遵守乘车安全规则。开车前，把幼儿安置在后排安装正确的儿童安全座椅中。使用六点式安全带(固定肩、髋、胯部)，把幼儿牢牢固定在座位上，提高综合保护力。开车过程中，禁止抱坐、独坐副驾驶或中途解绑。电动自行车注意车速，照护者和幼儿均佩戴安全头盔，避让机动车道。

户外玩耍时，照护者应教育幼儿在街上走路时注意力要集中，注意看路面障碍，不东张西望，不跨越街道的护栏和隔离墩。过马路时，遵守交通规则，教幼儿认识红绿灯、人行横道线及其他各种路标。由照护者带领幼儿过马路，不在马路上逗留玩耍。车库、停车场设围栏，禁止幼儿独自进入。幼儿骑行区域避开坡道、障碍物，选择封闭安全场所。

3. 紧急处理

(1) 现场评估与安全防护

① 确保环境安全：立即将幼儿移至安全区域(如路边)，避免二次事故。

② 检查意识状态：轻拍呼唤，观察是否有反应。若无意识、无呼吸，立即开始心肺复苏(CPR)，并拨打 120。

(2) 关键伤情判断与处理

① 头部外伤(最常见危险伤)：若出现呕吐、嗜睡、抽搐、耳鼻流血，提示颅脑损伤，禁止移动颈部，用毛巾固定头部，等待专业救援。即使表面无伤，也需就医观察 24 小时(警惕迟发性颅内出血)。

② 出血处理：对于浅表伤口，用干净纱布直接按压止血 10 分钟。对于大出血，需用绷带加压包扎，抬高伤肢(骨折除外)。

③ 骨折/脊柱损伤：若肢体变形、无法活动，勿强行复位，用硬板(如书本)固定后送医。禁止抱起摇

晃！怀疑脊柱伤时,保持头颈躯干成直线。

（3）特殊情况应对

① 内伤警示:腹痛、面色苍白、血尿,可能显示肝脾破裂,须禁食禁水,平卧送医。

② 窒息风险:口鼻出血或呕吐时,将头偏向一侧,清理呼吸道防窒息。

（4）送医原则

① 必须立即送医的情况:意识不清、呼吸困难、抽搐、大出血、高空坠落或车速＞40 km/h 的撞击。

② 送医姿势:昏迷者侧卧(复苏体位),脊柱伤者平板固定,避免颠簸。

育儿宝典

培养幼儿良好的卫生习惯

良好的卫生习惯不仅有助于幼儿抵御外界侵害,还能提升其关注自身清洁的意识,帮助其学会自我健康保护。幼儿良好卫生习惯的养成,离不开照护者正确的引导和以身作则。照护者保持良好的卫生习惯,也能在一定程度上保障幼儿的健康。

（1）培养幼儿身体清洁的习惯

每天至少早晚各清洁一次面部,每晚洗脚、洗澡或采用其他方式清洁身体。如不能每日洗澡,至少每隔 2~3 天洗一次。

（2）养成正确洗手的习惯

洗手时间需约 30 秒,照护者应示范正确的洗手方法,并通过儿歌等方式强化幼儿的记忆。还可以制定洗手记录表,及时表扬幼儿。若幼儿尚不会洗手,照护者应在吃东西前帮助其清洁双手。

（3）养成正确刷牙的习惯

婴儿萌出第一颗乳牙时即应开始清洁牙齿。照护者可根据月龄选择纱布、指套牙刷或幼儿常规牙刷为幼儿早晚清洁牙齿。2~3 岁幼儿建议使用儿童含氟牙膏,牙膏用量为米粒大小。

任务思考

1. 2 岁的小明最近出现发热、咳嗽、流鼻涕等症状,照护者怀疑是急性上呼吸道感染。请结合急性上呼吸道感染的常见症状及处理方式梳理归纳应对的照护方法。

2. 简述幼儿鼻出血的常见原因以及应急处理措施。

3. 幼儿被热水烫伤,请模拟并演示正确的应急处理方法。

4. 幼儿道路交通事故的常见原因有哪些? 如何预防?

任务三 促进 2~3 岁幼儿发展

案例导入

2 岁半的果果近期表现出典型的"第一反抗期"特征:频繁说"不,我就不!",情绪波动剧烈。在商场被拒绝买玩具时,她会尖叫、打滚甚至憋气哭闹;在家特别爱和父母"对着干",故意不听指令,如拒穿外套、踢乱玩具;在托育园的"反抗"行为也很明显,比如抗拒穿鞋、午睡时扔东西,被制止后大哭大闹。这些行为让照护者倍感困扰。

? 请结合案例思考 2 岁半的果果为何从"顺从"突然变得"叛逆"? 她的"不"背后可能有哪些心理需求? 照护者如何通过日常互动减少果果的反抗行为?

2 岁幼儿的自我意识开始逐渐形成,他们开始频繁使用"我"字,并试图挑战照护者的权威。他们常常以"不好"和"不要"作为回应,表现出与照护者对立的行为,这标志着他们进入了心理发展的"第一反抗期"。许多人对此表示困扰,称之为"可怕的两岁"。然而,这一阶段是幼儿心理发展的一个自然过程,虽然无法彻底避免,但通过适当的方法可以促进其更快速、更平稳地度过。首先,照护者应当培养他们基本的生活技能;其次,在拒绝他们的要求时,同时提供适当的安慰;最后,不应期望幼儿能够进行自我反思。

一、动作促进

(一) 发展要点

1. 25~36 月龄粗大动作核心能力

25~36 月龄幼儿粗大动作发展核心能力表现为跑、跳、攀爬、平衡、上下楼梯等动作的具体发展情况见表 6-3-1。

视频
1~3 岁幼儿
期早期发展
(动作、认知)

表 6-3-1　2~3 岁幼儿粗大动作核心能力

月龄		粗大动作核心能力
25~30 月龄	跑	25 月龄能连续跑 5~6 米 30 月龄跑得更稳,半分钟能跑 25~35 米
	跳	25 月龄双脚同时离地跳;从双脚原地跳到双脚向前跳 30 月龄双脚连续向前跳 1~2 米,从大约 25 厘米高处跳下
	攀爬	25 月龄能独自上、下高 75 厘米左右的攀登架 30 月龄能翻过高 130 厘米左右的攀登架;能迈过低矮障碍物,手脚基本协调攀爬
	平衡	25 月龄能够小跑但易摔倒,踮脚站立 1~2 秒 29 月龄边走边踢球,能从 20 cm 高台阶或矮凳双脚跳下 30 月龄单脚站立熟练,维持 3~5 秒,能短暂单脚跳跃,在宽约 15 cm 平衡木上行走,能协调转身(如旋转 180 度)
	上、下楼梯	2 岁左右前后脚上同一层台阶,随时停下并转身 30 月龄可两步一级、双脚交替独自上楼梯
31~36 月龄	跑	36 月龄半分钟能跑 35~40 米,且能较灵活地边跑边躲避障碍物
	跳	30 月龄时双脚向前跳出一段距离 36 月龄能连续向前跳 3~4 米,双脚离地连续跳跃 2~3 次,双脚并拢从 10 厘米左右的台阶往下跳
	攀爬	36 月龄攀爬高 130 厘米左右的攀登架和梯子
	平衡	31 月龄能较稳定双脚交替上下楼梯,需扶栏杆 33 月龄能在宽 10~15 cm 低矮平衡木上独走几步;从 30 cm 高台阶跳下能屈膝缓冲 34 月龄能连续单脚跳 1~2 次(离地约 5 cm),可侧向走、踮脚走 3~4 米 36 月龄能熟练单脚站立 5 秒以上,甚至单脚跳 3~4 次
	上、下楼梯	36 月龄能扶栏杆双脚交替上下楼梯,一步一个台阶上楼,两步一个台阶下楼

(1) 25~30 月龄

跑:25 月龄时能连续跑 5~6 米;30 月龄时,跑得较稳,动作较协调,起跑时手的姿势正确,但不能保持到最后,半分钟能跑 25~35 米。

跳:2 岁左右开始学习跳,先是双脚原地跳,陆续学会双脚模仿小兔子向前跳,最多可连续跳 10 次;30 月龄能双脚连续向前跳 1~2 米,能从大约 25 厘米的高处跳下。

攀爬:2 岁左右能独自上、下高 75 厘米左右的攀登架,但动作不协调;30 月龄时手脚动作基本协调,能翻过高 130 厘米左右的攀登架。会迈过低矮的障碍物,会手脚基本协调进行攀爬。

平衡:25~26 月龄时能够小跑但易摔倒,可踮脚站立 1~2 秒;上下 15 cm 矮台阶能交替用脚,需扶墙;28 月龄时单脚站立延长至 2~3 秒(无需扶物),能跨过 10 cm 宽障碍物;29 月龄时可边走边踢球(球滚动距离短),能从20 cm高台阶或矮凳双脚跳下,学会屈膝缓冲落地;30月龄时单脚站立熟练,能维持3～5秒,甚至能短暂单脚跳跃,可在宽约15 cm平衡木上行走,偶尔扶墙,能协调转身(如旋转180度)不易摔倒。

上、下楼梯:能双脚交替一步一级上楼梯,2岁左右会前后脚同一台阶向上前进,不需要扶手,可以随时停下来并转身;30月龄左右慢慢能一步一级地迈上楼梯,下楼梯时两步一级,等下到最下面一阶时,喜欢并拢双脚往下跳。

(2)31～36月龄

跑:36月龄时,跑步姿态基本正确,半分钟能跑35～40米,能较灵活地边跑边躲避障碍物。

跳:36月龄时,双脚连续向前跳3～4米,双脚离地连续跳跃2～3次,能双脚并拢从距离地面约10厘米的台阶上往下跳,逐渐学会单脚跳。

攀爬:36月龄时,能先移动脚,后移动手,灵活攀爬高130厘米左右的攀登架和梯子。

图6-3-1 走平衡木

平衡:31月龄能较稳定双脚交替上下楼梯,需扶栏杆。32月龄能跨越20 cm高障碍物,开始模仿单脚跳跃(离地不明显,需扶墙)。33月龄能在宽10～15 cm低矮平衡木上独立走几步;从30 cm高台阶跳下能屈膝缓冲。34月龄能连续单脚跳1～2次(离地约5 cm),可侧向行走、踮脚走3～4米。36月龄能熟练单脚站立10秒以上,甚至单脚跳3～4次;可独立走完2米长、宽10 cm平衡木。

上、下楼梯:36月龄时能自己扶栏杆双脚交替上下楼梯,上楼一步一个台阶,下楼两步一个台阶。

2. 25～36月龄精细动作核心能力

(1)25～30月龄

25～30月龄幼儿能转动把手开门,能旋开瓶盖取物,能双手配合垒高,能用积木搭桥、搭火车等简单物体,能用蜡笔涂涂画画,能学习一页一页翻书等。能拇指、食指配合练习剥、包、拧,如将橡皮泥事先包好做成"糖果",练习包糖果、剥糖果、拧纸等动作。在照护者演示下能垒3～6块积木,连接2～4节玩具火车。30月龄时,能将纸张折叠成方块,边角基本整齐。

(2)31～36月龄

31～36月龄幼儿能使用一些工具性玩具,开始用筷子进餐。3岁时,能用玩具锤子、块状物较准确地敲击小木桩等物体。能双手配合连续穿手链。能用橡皮泥、面团等做揉、压、搓、团、捏、拉的手部动作。能双手配合堆叠8～10块积木。能初步使用安全剪刀剪纸。36个月时,能左手扶纸,模仿画气球、栏杆等,姿势较正确;能折成正方形、长方形、三角形,边角整齐。(图6-3-2、图6-3-3)

图6-3-2 穿手链

图6-3-3 舀木珠

综上,2～3岁幼儿精细动作核心能力发展见表6-3-2。

表6-3-2 2～3岁幼儿精细动作核心能力

月龄		精细动作核心能力
25～30月龄	双手配合	能转动把手开门,双手配合做拧、揉、按压、搓、捏、拉、折等动作 30月龄能将纸张折叠成方块,边角基本整齐 双手配合搭垒3～6块积木
	手指动作	拇指配合握笔,握住蜡笔涂涂画画 会临摹画直线、水平线和交叉线 用手指一页一页翻书 拇指、食指配合剥、包、拧
31～36月龄	双手配合	双手配合连续穿木珠,双手配合堆叠8～10块积木 能折纸,折成正方形、长方形、三角形、边角整齐 能初步使用安全剪刀剪纸 能拼摆图形,能将一幅图片剪成5～6块再拼成完整图片
	手指动作	36月龄能用玩具锤子较准确地敲击;能连续串珠 能左手扶纸,模仿画气球、栏杆等

(二) 支持策略

1. 融入日常生活

照护者可设计"花样行走"游戏,在地面贴"S"形、波浪形等路径引导幼儿沿线行走,提升平衡与空间感知;开展"小快递员"游戏,鼓励幼儿在不同房间之间短距离快跑送物品(如收袜子);利用矮凳或软垫设置"小桥过河"(踮脚、侧身走),可增加端水杯行走任务强化动态平衡。日常中应鼓励幼儿自主完成喝水、用勺子吃饭、剥水果等任务,提升手指灵活性;引导参与收纳整理(如"大积木放红筐,小汽车放蓝筐"),在生活情境中自然发展运动能力。

2. 借助游戏材料

照护者可利用床垫、毯子、玩具箱、皮球等材料,发展幼儿跑、跳、攀爬、翻滚等动作能力。例如,通过数字口令游戏("开始跑,1、2、3、4、5,停下来")训练幼儿听指令运动。还可提供三轮童车、滑板车、球类等运动器械,鼓励幼儿骑车、攀爬等。同时,开展搭建积木、拼插雪花片、撕纸等游戏,须选择安全无毒的材料,游戏结束后引导幼儿一起收纳,练习数数能力。

3. 利用户外游戏活动

在借助户外游戏活动发展2～3岁幼儿运动能力时,活动设计需兼顾粗大动作与精细动作发展及感知觉整合。粗大动作方面,可在草地设置趣味跑道,放置软质障碍物,让幼儿绕障碍物跑,提升身体协调与平衡能力;选择坡度平缓的自然坡地,引导幼儿上下坡,锻炼腿部力量与重心控制;摆放软质小跨栏,鼓励幼儿双脚跳或跨步,发展下肢爆发力与协调性。精细动作培养上,在沙池提供铲子、小桶等工具,让幼儿自由挖沙、装桶、塑形,强化手部抓握与手腕转动;带幼儿在落叶季捡拾树叶、草地上找石子,用拇指和食指捏取放入篮子,提升精准抓握与触觉感知。此外,可组织草地打滚、雨后踩水坑等活动,刺激前庭觉与本体觉,促进感知觉整合。

(三) 活动方案

活动名称一:放豆入瓶(25～30月龄)

活动目标

(1)锻炼拇指、食指相互配合拿取物体的能力。
(2)提高手指灵活性及手眼协调能力。

活动准备

豆子若干、矿泉水瓶一个,托盘一个。

活动过程

① 教师以游戏口吻询问："大家摸一摸小肚子,早饭是不是吃得饱饱的? 今天,瓶宝宝要和大家交朋友,可是它的肚子还饿得咕咕叫呢,我们做个勤劳的小厨师,来喂瓶宝宝吃饭吧!"

② 教师出示操作教具——托盘和10粒左右的豆子,然后示范放豆子的方法,拇指、食指、中指配合捏起豆子,30秒钟内将豆子一粒一粒放入矿泉水瓶里面。

图6-3-4 拇指食指捏豆入瓶

③ 幼儿取材料和照护者一起动手操作。照护者注意引导幼儿将豆子一粒一粒地放进瓶中,锻炼幼儿在30秒钟内将全部豆子放入瓶中。同时引导幼儿在捏取豆子的过程中,尝试数一数豆子的数量。(图6-3-4)

温馨提示

照护者可以根据幼儿实际情况,增加或降低此精细动作训练的难易。如果幼儿手部精细动作发展较好,可提供长柄镊子、短柄小镊子和木质夹子,以及大小不同的物体,如毛绒球、莲子、蚕豆等鼓励幼儿继续进行夹、放的练习,提高手腕控制力量。

活动名称二:打保龄球(31~36月龄)

活动目标

(1)培养手眼协调能力、视觉追踪能力、手臂投掷球的粗大动作技能。

(2)初步进行手口一致的点数。

活动准备

瓶子若干,皮球人手一个。

活动过程

① 教师示范游戏玩法:与幼儿一起将瓶子摆好,数数共几个瓶子。放置时瓶子和瓶子之间要有一定距离。

② 在距离瓶子一米远的地方拿好皮球,进行抛球和滚球运动。击中瓶子后,一起数数倒了几个瓶子。

③ 引导亲子一起将瓶子排好队,一起或分组击球。如果幼儿滚球方法不正确,照护者应及时示范并进行指导。(图6-3-5)

温馨提示

待大部分幼儿掌握游戏玩法后,可适时增加游戏难度,如缩小瓶与瓶之间的距离,继续练习抛球、滚球游戏。

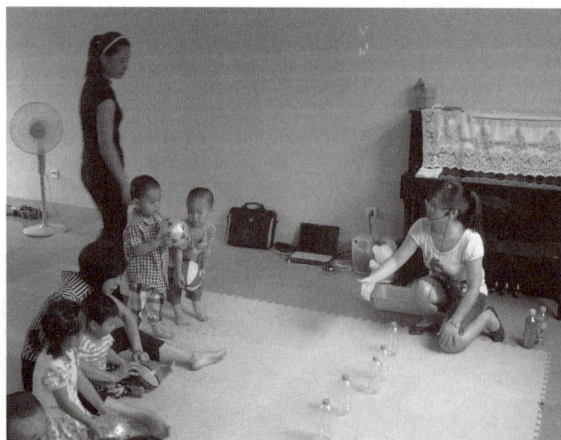

图6-3-5 抱球击中瓶子

二、认知探索

（一）发展要点

1. 25～30月龄认知探索核心能力

24～30月龄幼儿认知发展由感知运动阶向前运算阶段过渡。记忆发展迅速，能主动回忆几个指令，能复述较长的童话故事；能记住自己姓名、性别和喜欢的玩具了。整体来看，2～3岁幼儿认知发展核心能力包含感知觉能力和思维能力两大方面。

感知觉能力：2岁幼儿能感知物体软硬、冷热等属性，此阶段幼儿更多通过最直接的视觉、听觉、嗅觉、味觉和触觉五种感觉器官开展认知探索活动。

思维能力：2～3岁幼儿处于直观行动思维阶段，思维发展带有极大的情境性和直观行动性，25～30月龄幼儿的思维能力更多依赖于直观和动作。具体包括形状认知、大小认知、方位认知、分类能力、想象能力。

形状认知：能逐渐辨认圆形、三角形、正方形这三个基本图形；能用积木搭建桥、火车，会折长方形。

大小认知：能区别物体大和小、多和少。

方位认知：能辨认"上、下"方位，能说出自己五官的上、下位置，比如嘴巴在鼻子下面，能按照照护者的要求将积木放在桌椅的上面或下面。

分类能力：能观察、辨别生活中常用物品的特征和用途；能根据简单的分类标准对物体进行分类，能把衣服和鞋子分开；还可以颜色、材质、形状、用途、大小等分类标准，对生活中常见物品或玩具进行形状匹配和分类。（图6-3-6）

想象能力：开始"假装游戏"，如把一块积木当作一艘船到处推。

2. 31～36月龄认知探索核心能力

31～36月龄的思维明显表现出词的调节作用，此阶段为幼儿从直观行动思维到具体形象思维转变的关键阶段。

形状、大小、颜色认知：能够从形状、大小、颜色以及材料质地的匹配活动中获得乐趣（图6-3-7），能够正确指认红、黄、蓝色。

方位认知：知道身体各个部位的用途，按要求会指认图片中身体部位。

图6-3-6 交通工具匹配

分类能力：在照护者的示范下能对简单的颜色和形状进行分类，当别人说出一个物体用途时，能说出这个物体的名称。可引导幼儿运用学到的词汇对日常生活物品进行分类，如"吃的""用的""玩的"等（图6-3-8）。

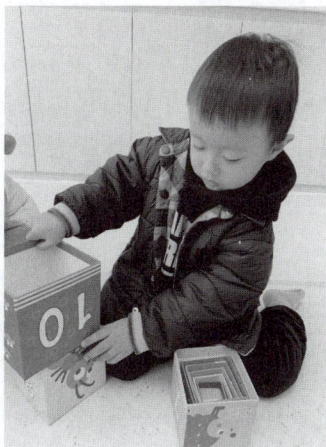

图6-3-7 比大小①

图6-3-8 颜色形状配对②

①② 图片由博博宝贝托育提供。

数概念:3岁以下幼儿数概念水平处于口头数数和按物点数两个阶段。口头数数方面,3岁幼儿能口头数10以内的数,属于顺口溜式的唱数,一般从1开始数,不会倒数,经常会漏数或多数,尝试模仿别人数数。按物点数方面,能手口一致点数2~3个物品,大部分时间点数完还不能说出积木或动物的总数。

2~3岁幼儿期认知探索核心能力见表6-3-3。

表6-3-3 2~3岁幼儿认知探索核心能力

月龄	认知探索核心能力	
25~30月龄	感知觉	2岁能感知物体软硬、冷热等属性
	形状、大小、颜色认知	逐渐辨认圆形、三角形、正方形这三个基本图形
		能区分物体大和小,多和少
	方位认知	能辨别"上下"方位,能说出自己五官的上下位置
	分类能力	能根据简单分类标准(如颜色、大小)对物体进行分类 能根据生活中常见物品的用途和特点进行分类
	想象能力	开始"假装游戏"
31~36月龄	形状、大小、颜色认知	能依据形状、大小、颜色为标准开展匹配活动 能指认红色、黄色和蓝色
	方位认知	知道身体各个部位用途,按要求会指认图片中身体部位
	分类能力	在照护者示范下能对简单的颜色和形状进行分类 听到一个物体用途时能说出这个物体的名称
	数概念	口头数数:能顺口溜式地唱数10以内的数 按物点数:能手口一致点数2~3个物品。大部分时候,点数后无法说出总数

(二) 支持策略

1. 根据"自我中心"特点,促进认知发展

2~3岁幼儿思维具有"自我中心"特点,需依托直接经验积累促进认知发展。照护者应提供丰富的感官探索机会,如引导观察自然物品(树叶、石子),参与日常生活(剥水果、收玩具),开展短距离散步及玩沙玩水等活动,支持幼儿从自身视角建构对世界的认知。通过动手操作实物(分类积木、匹配形状),帮助幼儿在"做中学"中理解物体属性与简单关系,顺应其以自我为中心的认知发展规律,逐步扩展经验范围。

2. 鼓励大胆提问,及时回应好奇心

2~3岁幼儿好奇心强,常问"为什么"。照护者应鼓励提问,并及时给予恰当回应。回答不必使用专业术语,只需满足其好奇心即可。例如,当幼儿问"太阳为什么会下山",可以回答:"因为太阳累了,要睡觉了。"若幼儿继续追问,可通过提问其他问题或转移注意力来引导。照护者切忌敷衍或否定,也不宜过度解释科学原理。

3. 注重动手操作,多感官发展

照护者应多带幼儿到公园、社区等环境中探索,积累生活经验,认识常见物品、交通工具、蔬菜水果、动植物等。认知发展蕴藏于日常生活中,例如让幼儿摆放餐具,一只碗配一把勺子,就能学习"一一对应"的数理逻辑。

在动手操作中注重多感官刺激。比如认识苹果,照护者可直接拿给幼儿一只苹果,让其摸摸苹果质感、掂掂苹果重量,把苹果切开让其看看里面的样子,或者将其切成丁一起制作水果沙拉,然后细细品尝苹果的味道。条件允许时,还可让其参与苹果树的栽培和采摘。通过多感官融合、全过程的参与,帮助幼儿获得全面的发展。

(三) 活动方案

活动名称：美丽的手帕(31～36 月龄)

活动目标

(1) 初步尝试用渐变色印染，锻炼双手协调能力。

(2) 萌发对红、黄、蓝三种色彩的探索兴趣。

活动准备

厚纸巾若干；红、黄、蓝颜料若干；湿巾和干净抹布人手各一块。

活动过程

① 教师出示并介绍游戏材料，同步介绍三种颜料的名称为红色、黄色、蓝色。

② 教师示范染纸。将纸巾对折成小三角形或者小正方形，再将各个角蘸上幼儿自己喜欢的颜色，拆开后，就变成一条美丽的手帕。

③ 幼儿和照护者一起印染手帕。活动过程中教师循环观察指导，引导照护者鼓励幼儿用自己喜欢的方式折纸，自由探索玩色，体验扎染乐趣。同时提醒幼儿蘸颜料的时间不能太长，印染后要轻轻、慢慢打开，避免撕破纸巾。

温馨提示

活动结束之后，照护者可以准备更多颜色的水粉颜料和质地多样的厚纸巾、餐巾纸引导幼儿印染，激发幼儿探索色彩的兴趣，锻炼幼儿专注力和耐心。

三、语言沟通

(一) 发展要点

1. 25～30 月龄语言沟通核心能力

(1) 倾听理解能力

25～30 月龄幼儿倾听理解能力有了显著提升，词汇量也在迅速增长。他们能够准确识别并指向日常生活中约 900 个词汇所对应的物品或图片，比如当听到"狗狗""公园"时，会看向相应的物体。此时，幼儿的语音辨别能力有所提高。虽然他们仍可能将"g、k、h"听成相近音，例如把"公园"听成"东园"，但能结合语境理解其正确含义。在指令理解方面，他们能够理解包含 2～3 个关键词的指令，像"把红色小球给妈妈""捡起地上的积木"。他们开始掌握空间方位词，能执行"把玩具放进盒子里""坐到沙发上面"等包含方位词的指令。对于形容词，他们的理解更加具体，能够依据大、小、冷、热等属性词来选择相应的物品。并且，他们能够通过日常语境理解复合句的基本逻辑关系，例如"因为下雨了，所以要打伞"。此外，他们还能理解简单的短句和复合句，如"宝宝看书""妈妈抱宝宝"。

(2) 口语表达能力

约 2 岁的幼儿开始步入人生的首个反抗期，在语言层面体现为高频使用"不"字以表达反抗与拒绝。此阶段幼儿不再处于咿呀学语状态，而是具备清晰表达能力，能够说出完整的短句与简单句，例如"两个娃娃玩积木"。在 25～27 月龄，幼儿能够说出"妈妈抱抱""爸爸走走""宝宝看书"等双词句；28～30 月龄则能够组合 3～4 个词形成电报句，如"妈妈拿球球宝宝"。语言水平发展较为迅速的幼儿在此阶段偶会运用简单连词(如"和""还""然后"等)。由于思维速度常快于语言表达，幼儿可能出现"发育性口吃"或"破句"现象，例如"谁比(跟)谁还不一样呢?"2 岁以后，照护者应使用完整且标准的语句来教导幼儿正确说话，例如见到汽车时，要说"这是一辆红色的汽车，那是一辆绿色的小轿车"等。

(3) 阅读兴趣与习惯

25～30 月龄幼儿会念简单儿歌，喜欢听照护者讲故事，能一页一页翻书，并假装"读书"。能说出图画书中的物品名称，理解简单故事的主要情节。30 月龄时能区分书中的图画和文字，愿意独自看简单的图画书。

视频

1～3 岁幼儿期早期发展(语言、情感关怀与社会性)

2. 31～36 月龄语言沟通核心能力

（1）倾听理解能力

31～36 月龄幼儿的词汇理解量超 1 000 个，能精准识别常见物品、动作及属性词（如"红色汽车"）。可执行含 2～3 步骤及修饰语的指令（如"把大积木放蓝盒"），能够理解简单故事的主要情节，并回答"谁""在哪里""做什么"等基础问题。例如，听完《小熊洗澡》故事后，能回答"小熊在干什么？"。能掌握方位词（上、下、旁）与数量词（两个、全部）的运用（如"放桌下""拿三块积木"），清晰分辨"你、我、他"所属关系（如指认"他的帽子"对应对象）。其语言理解能力显著提升，为复杂社交沟通奠定基础。

（2）口语表达能力

31～36 月龄为复合句萌芽阶段，喜欢问"这是什么，那是什么？"。31 月龄后能说出 5～6 个词的复杂句，如"我把积木搭高高"。喜欢提问"为什么？"表达更清晰流畅。句子长度和复杂性增加，在照护者引导下能使用礼貌用语，如"谢谢""不客气"。2 岁半以后，幼儿开始结合 1～2 个属性描述物体（如大黄狗），但完整的多特征描述须更长时间的发展。

（3）阅读兴趣与习惯

31～36 月龄幼儿能理解简单故事的主要情节，能"念"熟悉的图画书给自己或照护者听，表现出对阅读的浓厚兴趣（图 6-3-9、图 6-3-10）。照护者可通过讲故事、日常交流、唱儿歌等活动，帮助幼儿学会说完整的句子，积累词汇量。

图 6-3-9　阅读绘本①

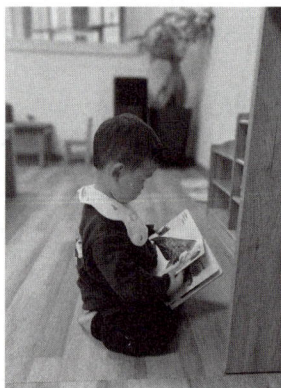

图 6-3-10　自己读绘本

综上，2～3 岁幼儿语言沟通核心能力见表 6-3-4。

表 6-3-4　2～3 岁幼儿语言沟通核心能力

月龄		语言沟通核心能力
25～30 月龄	倾听理解	词汇量迅速增加，能识别并指向约 900 个词汇对应的物品或图片 能理解包含 2～3 个关键词的指令 掌握空间方位词，能理解包含方位词的指令 能根据日常语境理解复合句的基本逻辑关系 能理解简单的短句和复合句
	口语表达	25～30 月龄为电报句阶段，会说完整短句和简单复合句 25～27 月龄能说出双词句 28～30 月龄能组合 3～4 个词的电报句 语言水平发展较快的幼儿偶尔使用简单连词
	阅读兴趣与习惯	会念简单儿歌 能一页一页翻书，并假装"读书" 能区分书中的图画和文字

---

① 图片由博博宝贝托育提供。

续　表

月龄	语言沟通核心能力	
31～36 月龄	倾听理解	能理解的词汇量超过 1000 个 能听懂并执行包含 2～3 个步骤及修饰语的指令 能理解简单故事的主要情节 能理解并执行含方位词的句子
	口语表达	31 月龄能说 5～6 个词复杂句,不限于说物体名称,还能描述物体外部特点 31～36 月龄为复合句阶段,喜欢问"这是什么,那是什么?"
	阅读兴趣与习惯	理解简单故事的主要情节 能"念"熟悉的图画书给自己或家人听

(二) 支持策略

1. 养中学,高质量言语互动

高质量的言语互动主要包括共情关注、充分交流、轮流谈话三个方面。

"共情关注"要求照护者密切留意幼儿的眼神、表情与动作,及时响应其需求。例如,在幼儿玩积木时探讨搭建方法,用餐时教授餐具名称。诸如吃饭、喝水、穿衣等日常活动均可成为开展高质量语言互动的契机。照护者应充分运用语言进行交流,例如,针对 3 岁幼儿可表述为:"今天,我们要去公园游玩,你想穿红色衣物,还是黄色衣物?"

"充分交流"要求照护者运用丰富的语言对幼儿的行为及周围事物加以描述,以提升交谈的质量。例如,观赏烟花时可说"宝贝,快看那烟花冲天而起,在空中绽放,色彩斑斓、五彩缤纷",而非仅用"好看"简单概括。在日常生活中,照护者不应以"宝贝,嘎嘎来了"这类表述与幼儿交流,而应直接告知"宝贝,小鸭子来了"。

"轮流谈话"指在与幼儿交流过程中,务必认真倾听幼儿的表述内容。唯有通过你来我往的互动,方能使交谈持续推进,进而借此洞悉幼儿的思维与想法。例如,可布置简单任务并鼓励幼儿运用语言讲述完成过程。

2. 读中学,亲子"交谈式"阅读

开展亲子阅读,应注重选适宜的绘本,可多选精装图书,这类图书纸张较厚,方便幼儿翻阅,也不容易损坏。所选绘本页数不宜过多,一般在 8～10 页,一本书一个故事,这个阶段主要是培养幼儿主动阅读的习惯。

照护者在与幼儿开展阅读活动时可开展"看、指、说"三步阅读法。这三种方法对应幼儿发展的三个阶段,即接纳、理解和表达。"看"是第一个层次。跟随幼儿的目光,说出其关注的图片名称。"指"是第二个层次。用语言引导幼儿指出图片内容,如"摸摸小兔子的耳朵"。在学会语言表达之前,幼儿可以通过"看"和"指"做出阅读回应。"说"是第三个层次。照护者提问"这是什么",引导幼儿进行语言回答。

3. 玩中学,游戏中学习语言

将语言学习与游戏、手工、音乐等活动结合。比如邀请幼儿坐下时,可以一边邀请,一边唱儿歌:"排排坐,吃果果"。幼儿坐下时一边拍手一边说重复的词汇:"欢迎! 欢迎!"日常生活中,可以拿着动物玩具,告诉幼儿这是什么动物,引导幼儿模仿动物的叫声,"这是小狗,小狗小狗汪汪叫"。

(三) 活动方案

活动名称:贪吃的毛毛虫(25～30 月龄)

活动目标

(1) 愿意在众人面前大胆说出自己的名字。
(2) 认识红色、黄色、绿色三种颜色。
(3) 能较完整说短语"红红的苹果、黄黄的香蕉、绿绿的葡萄"。

活动准备

红色、黄色、绿色小皮球各一个;红色苹果,黄色香蕉,绿色葡萄人手一份;一只头是红色、身体是黄色、屁股是绿色的毛毛虫。

活动过程

(1) 问好活动——皮球找朋友

① 家长和幼儿面向教师席地而坐围成一个半圆,教师出示不同颜色的小皮球:"红色小皮球要来找朋友啦! 红皮球,圆溜溜,找到一个好朋友!"边念儿歌边将皮球滚向某个幼儿。家长协助幼儿接到皮球,请幼儿走上前来将球还给教师。

② 教师鼓励幼儿用响亮的声音做自我介绍,包括姓名、年龄、性别等,其他家长与幼儿一边拍手说:"×××,×××,欢迎你!"

③ 教师换其他颜色的皮球继续游戏,引导其他幼儿一一做自我介绍。

(2) 聪明时间——贪吃的毛毛虫

① 教师出示用布遮住的毛毛虫,声情并茂地讲故事:"一天,一只贪吃的毛毛虫爬出了家门,看见了一个红苹果,它大口吃掉了红苹果。呀! 它的脑袋变得红红的。它继续往前爬,又看见了一只黄香蕉,它大口吃掉了黄香蕉。呀! 它的身体变得黄黄的。继续往前爬,又看见了一串绿葡萄,它大口吃掉了绿葡萄。呀! 它的屁股变得绿绿的。它变成了一只奇怪的毛毛虫,头是红色的,身体是黄色的,屁股是绿色的。"

② 故事讲完后,教师出示完整的毛毛虫,与幼儿互动问答:"毛毛虫吃了什么,头变成了什么颜色? 又吃了什么,身体变成了什么颜色? 最后吃了什么,屁股变成了什么颜色?"

③ 教师出示用布遮住的托盘和水果,以神秘语气问道:"猜猜,老师给大家带来了什么?"逐一从布下面拿出红色的苹果、黄色的香蕉和绿色的葡萄。教师边出示教具,边让家长引导幼儿说出完整句子,如"红色的苹果"等。

④ 教师:"这么多好吃的水果,闻一闻,真香呐! 嘘,毛毛虫也闻到了香味,它也想和宝宝们一起品尝水果。我们一起欢迎这位小伙伴吧!"教师出示毛毛虫和三种水果,引导幼儿自取一份操作材料,引导家长带领幼儿再次完整复述故事。

温馨提示

苹果、香蕉、葡萄是日常生活中的常见水果,幼儿对其很熟悉。通过此活动引导幼儿认识红、黄、绿三种不同颜色,依据不同颜色了解苹果、香蕉和葡萄的外形特征。此外,照护者还可在日常互动中通过模仿水果儿歌,发展幼儿倾听模仿、乐于表达的能力,如儿歌"红红的,圆圆的,苹果;黄黄的,弯弯的,香蕉;绿绿的,圆圆的,葡萄"。

四、情绪情感与交往适应

(一) 发展要点

1. 25~30 月龄情绪情感与交往适应核心能力

(1) 情绪调节能力

25 月龄幼儿开始体验复杂情绪,如自豪、羞愧等,但也可能出现嫉妒、乱发脾气等不良情绪。情绪表现不稳定,时而哭闹,时而欢笑。2 岁左右幼儿逐渐能用语言表达和控制情绪,但尚不能完全自我调节。例如,幼儿在车上摔下来流血后就医,在医院包扎时一边哭一边安慰自己"我不哭! 我勇敢!"虽然幼儿脸上还挂着眼泪继续哭,但已表现出初步的情绪调节意识。

(2) 社会交往能力

2 岁以上幼儿能理解照护者的情感和意愿,并调控自己的行为。他们能接受短暂的亲子分离,知道主要照护者离开后会返回。27~28 月龄时,幼儿独立性迅速发展,喜欢模仿照护者和同伴的行为,渴望独立活动。此阶段幼儿出现初步的同伴互动行为,模仿同伴行为,并开始遵守同伴交往规则。29~30 月龄,幼儿与同伴相处时学会让步和忍耐。

(3) 社会适应能力

这一阶段,幼儿的社会适应表现为生活自理能力的发展,25~30月龄的幼儿能自己吃饭、用杯子喝水,并逐渐学习控制大小便。并且幼儿自我意识增强,表现出"小大人"特质。他们开始区分"我想做"和"我应该做",做错事后会感到害羞。掌握梳头、刷牙等生活自理能力。能做一些力所能及的家务,如擦桌子、收拾玩具、摆放鞋子等。

2. 31~36月龄情绪情感与交往适应核心能力

(1) 情绪调节能力

31~32月龄,幼儿能用更多词语表达情绪或谈论情绪,如高兴、害怕、喜欢、讨厌等。33~34月龄,幼儿移情能力开始发展,能初步体会他人情绪。36月龄左右,幼儿能用口语表达情绪,用"快乐、高兴、害怕、难受、喜欢、讨厌"等词汇表达自己的情绪,并尝试调节情绪,如与同伴争执时说"我不喜欢你""讨厌你"之类的话。

(2) 社会交往能力

33~34月龄,幼儿表现出更强的独立性,喜欢说"不"。依赖行为和执拗行为交替出现,显示出自我意识的进一步发展。幼儿的依赖行为和执拗行为交替出现。在照护者鼓励下有分享行为,能把食物、玩具等同其他小朋友分享。

(3) 社会适应能力

社会适应方面,根据埃里克森的心理社会发展理论,2~3岁幼儿主要完成两项心理任务,即"形成良好信任感"和"建立良好自主性"。此阶段幼儿喜欢模仿照护者的活动,是学习基本生活技能的关键期,照护者可聚焦培养其良好的社会适应行为,引导幼儿自己的事情自己做,为其入托适应和托幼衔接做好全方位准备。31~32月龄,幼儿能完成一些自我服务,如用筷子吃饭、穿脱衣服和鞋袜。36月龄时,约75%的幼儿夜间不再尿床,并能主动表达如厕需求。(图6-3-11,图6-3-12)

图6-3-11　握勺舀　　　　　图6-3-12　切香蕉

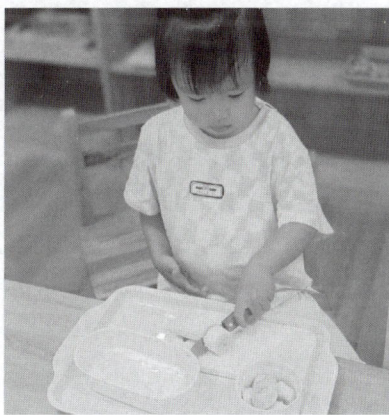

综上,2~3岁幼儿情绪情感与交往适应核心能力见表6-3-5。

表6-3-5　2~3岁幼儿情绪情感与交往适应核心能力

月龄	情绪情感与交往适应核心能力	
25~30月龄	情绪调节	25月龄左右能用语言表达和控制情绪,表现出初步的情绪调节意识 情绪表现不稳定
	社会交往	25月龄幼儿能接受短暂亲子分离 27~28月龄喜欢模仿照护者和同伴行为,渴望独立活动 开始遵守同伴交往规则 29~30月龄与同伴相处时学会让步和忍耐
	社会适应	24~30月龄能自己吃饭、用杯喝水,学会控制大小便,能做一些力所能及的家务,能够自己梳头、刷牙

月龄		情绪情感与交往适应核心能力
31～36月龄	情绪调节	31～32月龄能用更多词汇表达情绪 33～34月龄能初步体会他人情绪 36月龄幼儿能用口语表达并尝试调节情绪
	社会交往	33～34月龄,幼儿的自我意识继续发展表现出更强的独立性 依赖行为和执拗行为交替出现 在照护者鼓励下有分享行为
	社会适应	31～32月龄能完成一些自我服务,如用筷子吃饭、穿衣服 36月龄能主动表达如厕需求

(二) 支持策略

1. 科学应对第一心理反抗期,学习简单的情绪调节策略

2～3岁幼儿的自我意识逐渐增强,经常用"不"来表达独立的意愿。这一时期,"不要、不要"成为幼儿的常用语。照护者可在安全范围内,给予幼儿简单的二选一机会,如"你想用红色的勺子还是黄色的勺子吃饭?"或"你想先穿袜子还是先穿鞋子?"这种方式既能减少对抗,又能让幼儿体验自主决定的满足感。当幼儿表达"不要"时,若非原则性问题(如拒绝穿外套),可短暂允许其体验自然结果(如感到冷后再主动要求穿衣),帮助其理解选择与后果的关系。另外,照护者有意识地指导幼儿学习简单的情绪调节策略,比如用语言表达自己的情绪情感。同时,教会幼儿逐步习得转移负面情绪的方法,比如用自己喜欢的方式调整情绪,如唱歌、画画、听故事等。

2. 扩展交往范围,尝试解决同伴冲突

2～3岁幼儿进入托幼园所后,逐渐与教师建立新的依恋关系。随着幼儿认知能力的增长,同伴交往在其生活中出现的频率越来越高。照护者应引导、提醒幼儿与人打招呼,创设条件并鼓励幼儿与同伴玩耍、交往、游戏。引导幼儿努力遵守社交规则、培养社交技能。这个阶段,幼儿愿意和同伴一起玩,但容易发生冲突。照护者可引导幼儿学习具体的人际社交策略,比如合适的打招呼方式,包括点点头、抱一抱、牵牵手。当幼儿想加入其他人的游戏时,可以友好地询问:"我可以参加你们的游戏吗?""我想和大家一起玩,可以吗?"照护者让幼儿在同伴交往中体会合作带来的快乐,在矛盾冲突中提升社会交往的技能。(图6-3-13、图6-3-14)

图6-3-13　一起搭积木

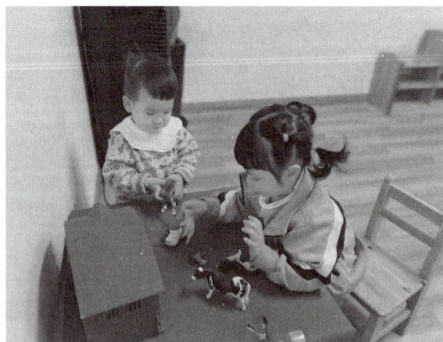

图6-3-14　角色扮演

视频

捕捉成长敏感期,科学做好婴幼衔接

3. 培养自理能力,为托幼衔接做好准备

2～3岁是幼儿生活自理能力发展的关键期,主要表现为:能独立用勺吃饭、用杯子喝水,尝试使用筷子;学会脱简单的衣物(如袜子、鞋子),并开始练习穿脱外套;逐步建立如厕意识,白天能主动表达便意,部分幼儿夜间不再尿床;能完成简单的自我清洁(如擦手、洗脸)和家务(如收拾玩具、摆放鞋子)。培养自理能力需遵循"渐进式放手"原则:提供适龄工具(如小号筷子、易穿脱的魔术贴鞋子),将任务拆解为小步骤

（如"先拉袖子再伸手"），通过游戏化练习（如"给娃娃穿衣服"比赛）激发兴趣；允许幼儿在安全范围内体验"自然结果"（如饭菜洒了自己擦），避免包办代替；及时给予具体表扬（如"你自己扣好了纽扣，真细心！"），增强成功体验。关键是在轻松愉快的互动中，帮助幼儿建立"我能行"的自信，为入园适应奠定基础。

（三）活动方案

活动名称：趣味表情变变变（31~36月龄）①

视频

情绪与社会
领域：趣味表情
变变变
（31~36月龄）

活动目标
(1) 说出生活中的常见表情，知道表达情绪的简单办法。
(2) 识别绘本中的不同情绪并能匹配相应的颜色卡片。
(3) 喜欢唱儿歌，体验亲子音乐游戏快乐。

活动材料
沙滩排球一个；小怪兽手偶一个；黄色、蓝色、红色、黑色的心情卡片每组一套；小篮子和小罐子每人一份；儿歌《我的表情变变变》音乐；"找朋友"音乐；各种动物毛绒玩具；笑脸贴纸等。

活动过程
1. 亲亲热热——沙滩排球找朋友

创设"球球找朋友"情境，引导幼儿向教师和同伴挥挥小手问好，学习做自我介绍。

2. 听听说说——我的情绪小怪兽

(1) 教师出示手偶，梳理颜色对应情绪。

教师：新的一天开始啦，天啊，小怪兽又把情绪混在一起弄得一团乱啦。心里怪怪的，心情乱乱的。请大家帮助他认识下情绪吧。

(2) 借助心情卡片，示范整理情绪。

教师：现在，老师拿出为情绪小怪兽准备的心情卡片和心情罐子，一起帮它整理情绪吧。

3. 儿歌唱游——我的表情变变变

(1) 欣赏音乐，激发兴趣。

教师：小怪兽带来一首儿歌《我的表情变变变》。

"我的表情变变变，高兴，哈哈；

我的表情变变变，伤心，唉；

我的表情变变变，生气，哼；

我的表情变变变，害怕"。

(2) 跟随音乐，快乐游戏。

教师：来，请宝宝和家长们一起动起来吧。

(3) 自然结束，家长指导。

教师：继续感知情绪，并感受音乐节奏带来的情绪变化。生活中可以和幼儿一起照照镜子、做做不同的表情，感受表情变化带来的乐趣。

温馨提示
家长可以结合不同的场景，继续与幼儿玩情绪识别和表情匹配的游戏。家长先利用镜子让幼儿观察自己笑、哭、生气、难过的表情，等幼儿熟悉后，家长发布表情口令，幼儿做出相应的表情。家长和幼儿可以交换角色。

育儿宝典

家有好奇宝宝，如何办？

许多家长反映，家中宝贝满2岁时，每天不停地问"这是什么，那是什么？"。即使家长回答

---

① 2023年中国—东盟教育交流周职业院校技能大赛婴幼儿保教技能（甲组）比赛线上初赛活动方案。

后，宝贝仍会继续追问，让家长感觉自己仿佛成了永不停歇的应答机器。

通常情况下，6个月以内的婴儿正处于好奇心被唤醒的阶段。随着婴儿手部精细动作的发展，他们的探索空间得以扩大，能够主动抓取感兴趣的事物，并通过触摸、咬、拍等动作来探索物体的特征。到了2岁之后，幼儿的思维取得了显著进步，开始学会借助语言进行思考，表达自己的好奇心，例如会经常向大人提问："这是什么？那是什么？他们在做什么？"

家长在面对幼儿"这是什么，那是什么"的提问时，可参考以下建议：尊重天性，保持耐心，用简洁形象的语言解释，并与幼儿一同寻找答案。2岁左右的幼儿爱问"这是什么？那是什么"，这是其典型的发展表现，体现了宝贵的好奇心。家长可以回应："你问得真好"，以示鼓励。此外，应用简洁明了、具体形象的语言解释问题，注意提供的信息不必过分精准，关键是用幼儿能理解的答案来回应。同时，这个阶段的幼儿好奇心旺盛，喜欢提问各种问题。每个问题都是他们思考的结果，家长应重视并及时给予恰当的回应。若一时无法解答，可反问幼儿的想法，或提议："我们一起去寻找答案吧！"切忌嘲笑、指责或糊弄幼儿。

任务思考

1. 简述2～3岁幼儿生活照料的重要内容及实施策略。
2. 简述2～3岁幼儿急性上呼吸道感染和鼻出血的护理要领。
3. 简述2～3岁幼儿烧烫伤与道路交通伤害的预防与处理措施。
4. 分析2～3岁幼儿出现"第一心理反抗期"的原因是什么？照护者如何科学应对？

实训实践

2岁3月龄的果果在超市里，妈妈拒绝给她购买糖果。果果随即躺在地上大声哭闹，边踢腿边喊道："不要！就要糖糖！"妈妈试图将她抱起，但果果奋力挣扎，导致妈妈手中的购物袋被打翻在地。

考核内容：

1. 请观察并记录果果在上述场景中的典型行为反应。
2. 请分析2岁3月龄的果果出现这些行为背后的原因。
3. 请针对上述情境设计具体的活动方案。

赛证链接

一、单选题

1. 婴幼儿指的是(   )岁的儿童。
   A. 1～3   B. 0～3   C. 3～6   D. 0～6
2. 关于1～3岁科学喂养实施原则不正确的是(   )。
   A. 进食规律与成人一致
   B. 选择易消化、质地适宜的食物，食物里可少量添加盐和油
   C. 进食行为能力由家长包办代办，无需训练
   D. 培养良好的进餐习惯
3. 均衡膳食可以(   )。
   A. 引起婴幼儿更好的食欲   B. 满足婴幼儿感官的需要
   C. 发挥各种食物的营养效能   D. 满足婴幼儿心理需要
4. 选择与改编婴幼儿认知游戏的内容要符合婴幼儿(   )的水平。
   A. 语言发展   B. 动作发展
   C. 认知发展   D. 行为发展

5. 培养良好饮食习惯的注意事项:(　　)。

A. 进食的环境不太嘈杂,以免影响进食情绪

B. 进食最好一次性喂饱,一次时间不要太长,不要让其含着嘴儿玩

C. 进食的位置要固定,不边走路边进食

D. 以上都是

二、判断题

1. 提高婴幼儿睡眠质量要创造良好的睡眠环境和保持正确的睡眠姿势。(　　)

2. 婴幼儿很多心理活动不能用语言表达出来,照护者要有耐心,通过相应的锻炼,帮助婴幼儿表达。(　　)

3. 眼睛用药时,一手轻挤药瓶将药水滴入眼睛,让药液滴落到眼球与眼睑之间。(　　)

4. 上呼吸道感染是由细菌或病毒感染引起的上呼吸道炎症,俗称流行性感冒,具有流行性特征。(　　)

三、案例分析题

做对了吗?

案例材料:欣欣 2 岁了,爸爸妈妈把她送到家附近的贝贝托育中心。在中心的第一天,欣欣和小朋友见面特别高兴,一上午都在游戏中度过了。要吃午饭了,王老师让欣欣和小朋友去洗了手,坐在小桌子旁等着开饭。食堂阿姨端着热气腾腾的鸡汤面进教室后放在欣欣吃饭的小桌子上,王老师开始给小朋友舀面。闻着香喷喷的面,欣欣有点着急了,她伸出小手就去抓面,结果只见欣欣大哭起来,王老师立即把欣欣抱起来,只见右手食指明显发红,她立即跑到食堂找到酱油给欣欣涂抹起来,又吩咐其他教师去找来牙膏给欣欣涂抹。

问题:请从托幼机构安全和婴幼儿意外伤害急救处理原则角度分析,指出托幼机构存在的安全问题和婴幼儿轻度烫伤的处理原则。

(中国—东盟教育交流周职业院校技能大赛婴幼儿保教技能竞赛题)

项目七 指导婴幼儿家托社合作共育

项目导读

在育儿观念与社会需求持续变迁的当下,学习婴幼儿家庭照护基本理论,推动婴幼儿阶段家托社合作共育,有着极为重要的意义。婴幼儿时期是成长的关键阶段,科学的家庭养育照护能为婴幼儿的未来筑牢根基。但多数家长缺乏系统的照护知识,急需专业指导。同时,家庭、托育机构、社区三方协同共育,既能整合多方资源,为婴幼儿打造更优质的成长环境,还能减轻家长育儿负担。本项目深入剖析家庭照护的基础理论,帮助家长掌握科学育儿方法,创设适宜婴幼儿成长的家庭环境。同时分享国内婴幼儿家托社合作共育的典型模式,从运营机制、服务内容等角度,为多方合作提供思路,助力家长与托育机构、社区构建和谐、高效的共育体系,全方位呵护婴幼儿健康成长。

学习目标

1. 了解婴幼儿家庭照护基本理论和婴幼儿家托社合作共育的典型模式。
2. 创设适宜婴幼儿的家庭照护环境,服务家长助力构建和谐家托社合作共育。
3. 重视钻研家庭照护理念及婴幼儿家托社合作共育对策,提高婴幼儿照护服务意识。

知识导图

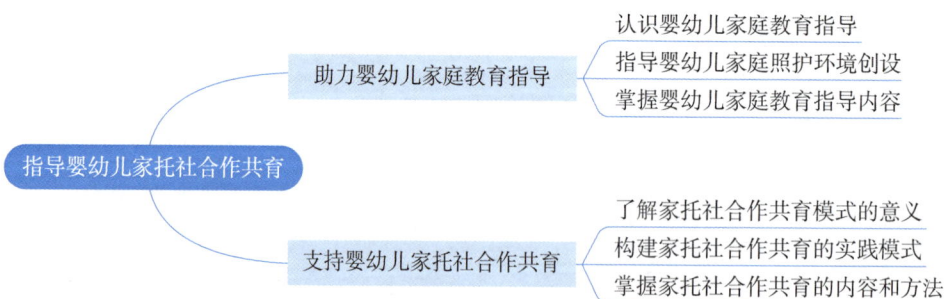

任务一　助力婴幼儿家庭教育指导

案例导入

　　小明刚满 2 岁,但性格较为胆小,适应新环境的能力较弱。小明父母意识到自身育儿经验有限,于是主动寻求婴幼儿照护机构的专业指导。经过与教师沟通,共同为小明制定了一份个性化的家庭教育指导计划,比如调整生活节奏,确保每天至少有一位家长能陪伴小明进行亲子互动;注重情感沟通,当小明尝试新事物遇到困难时,父母不急于代劳,而是耐心鼓励;坚持亲子共读,父母每天在睡前给小明讲故事,增进亲子关系,促进语言和认知发展。经过一段时间的坚持,小明的适应能力、探索精神和社交表现都有了显著提升。

　　❓ 结合本案例,你认为在开展婴幼儿家庭教育指导时应重点关注哪些方面? 如何帮助不同家庭制定个性化的育儿指导方案?

　　家长是婴幼儿第一任"教师",实际上很多家长没有经过专门系统的学习、缺乏专业的育儿知识,面对婴幼儿纷繁复杂的成长问题常常感到困惑和迷惑。因此,加大对家庭婴幼儿照护的支持和指导,为家长提供专业理念、专业知识、专业能力的全方位指导,助力家庭提升婴幼儿教养水平成为婴幼儿照护服务机构工作的重要组成部分。

一、认识婴幼儿家庭教育指导

(一)婴幼儿家庭教育指导的概念

　　我国对婴幼儿家庭教育的重视持续升温,相关政策不断更新。2019 年,国务院办公厅印发《关于促进 3 岁以下婴幼儿照护服务发展的指导意见》,提出支持家庭育儿并提升家长科学育儿能力。2021 年,国家卫生健康委发布《托育机构保育指导大纲(试行)》,助力家庭与托育机构教育衔接。2022 年,《中华人民共和国家庭教育促进法》施行,家庭教育被纳入法治轨道。同年 8 月 16 日,国家卫生健康委员会等十七部门发布《关于进一步完善和落实积极生育支持措施的指导意见》,强调为家庭育儿提供更多支持。2025 年 6 月 1 日起施行的《中华人民共和国学前教育法》明确提出"父母或者其他监护人应当尊重学前儿童身心发展规律和年龄特点,创造良好家庭环境,促进学前儿童健康成长"。2025 年 1 月 20 日,国家卫生健康委员会表明将推进普惠性托育建设。我国婴幼儿教育政策从"重保育"迈向"保教结合",家庭教育指导愈发规范,旨在提升家长教养能力,促进婴幼儿全面发展。

　　0~3 岁婴幼儿家庭教育指导是指社会和婴幼儿早期教养照护服务机构面向 0~3 岁婴幼儿家庭,以家长面临的养、教、医问题的解决为主要指导内容,通过线上、线下多元化方式和手段,帮助照护者了解婴幼儿身心发展规律,掌握养、教、医等领域的专业知识,提升科学育儿能力的系列活动。它涉及婴幼儿家庭教育的各个方面和环节。通过科学的家庭教育指导,家长能够更好地理解和满足婴幼儿的发展需求,为其未来的学习和生活打下坚实的基础。同时,婴幼儿家庭教育指导也是促进亲子关系、预防行为问题、实现婴幼儿全面发展的重要手段。

(二)婴幼儿家庭教育指导的意义

1. 促进婴幼儿身心健康发展

　　生理发展方面,通过普及婴幼儿营养、睡眠、抚触、疾病护理、意外伤害预防等知识,帮助家长规避传统育儿误区(如过度喂养、不当用药),降低发育迟缓或肥胖等问题的发生率。例如,指导家长根据月龄调整辅食添加顺序,可促进婴幼儿消化系统健康。当家长了解到新生儿的粗大动作发展遵循"二抬(头)

视频

婴幼儿家庭
保教概述

四翻(身)六坐八爬十站周会走"的基本规律,就能确保婴幼儿在适宜的阶段接受恰当的锻炼,为身体健康发育奠定基础。(图7-1-1、图7-1-2)

图7-1-1 "医育结合"活动1①

图7-1-2 "医育结合"活动2

婴幼儿心理发展具有鲜明的阶段性特征,家庭教育指导需帮助家长精准把握不同年龄的心理需求差异。以哭闹为例:3月龄婴儿多因生理需求(饥饿、困倦)引发,需及时满足并建立规律作息;3岁幼儿则可能因自主性受挫(如被阻止探索)而情绪爆发,需给予有限选择权并通过共情引导表达。在开展家庭指导时,可重点梳理育儿过程中的典型问题,进行针对性的分析和指导。例如,可提供符合婴幼儿认知规律的亲子互动方案。

2. 提升家庭照护者育儿水平

(1)打破传统育儿局限

许多家庭依赖祖辈经验或网络碎片化信息育儿,易陷入"过度保护"或"揠苗助长"的困境。家庭教育指导通过系统化培训(如家长学校课程、线上讲座),帮助家长理解婴幼儿发展里程碑,掌握分龄教养策略。例如,在喂养方面,了解不同月龄婴幼儿的营养需求,学会科学地添加辅食,避免因喂养不当导致婴幼儿营养不良或肥胖等问题。

(2)优化教育方法

针对育儿知识匮乏—教养行为失当—亲子关系紧张的恶性循环,提供科学的教育方法支持。例如,教会家长使用"积极倾听""有限选择"等沟通技巧,减少养育冲突。指导家长掌握如何通过亲子互动游戏激发婴幼儿的运动能力、认知能力、语言能力和社交能力。例如,通过简单的绘本阅读,引导婴幼儿认识颜色、形状,培养他们的观察力和想象力。

3. 完善婴幼儿照护服务机构职能

(1)推进个性化照护服务

重视家庭教育指导,能使婴幼儿托育服务机构深入了解家长的需求和关注点。通过问卷调查、家长座谈会、公益家庭教育讲座等方式收集家长对婴幼儿早期发展、生活习惯培养、情绪管理等方面的困惑,机构可以据此设计更贴合实际的课程和服务。(图7-1-3、图7-1-4)比如,针对家长关心的婴幼儿语言发展问题,机构可以开设专门的语言启蒙课程,从儿歌、故事、日常对话等多方面入手,为婴幼儿提供丰富的语言环境,满足家长对婴幼儿语言能力提升的期望。

(2)加强家托合作

家庭教育指导促进托育机构与家庭建立更紧密的合作关系。机构定期举办家长培训讲座,邀请专家讲解科学育儿知识,分享先进的教育理念和方法,让家长在参与中提升教育素养。同时,开展亲子活动,如亲子运动会、手工制作等,增进亲子间的感情,也让家长更好地了解婴幼儿在托育机构的生活和学

---

① 项目七任务一所有图片由漳州悦芽托育提供。

习情况。这种合作使家长成为托育服务的积极参与者和支持者,共同促进婴幼儿的全面发展。

图7-1-3 公益家庭教育讲座1

图7-1-4 公益家庭教育讲座2

（3）提升行业标准与服务专业性

《中华人民共和国家庭教育促进法》要求托育机构配备家庭教育指导师,推动从业人员从"保育员"向"复合型教育者"转型,促进服务质量标准化。为了给家长提供有效的指导,工作人员需要深入学习婴幼儿心理学、教育学、营养学等多方面知识,了解最新的教育研究成果和实践经验。例如,在面对家长咨询婴幼儿的饮食问题时,工作人员不仅能给出合理的饮食建议,还能解释背后的营养原理,为家长提供科学的育儿指导,从而提升机构整体的服务专业性,树立良好口碑。

4. 形成教育合力及资源共享

家庭教育指导能够将家庭、婴幼儿照护服务机构以及其他社会教育资源紧密联系起来,形成强大的教育合力。家庭作为婴幼儿成长的第一环境,拥有丰富的生活教育资源;照护服务机构具备专业的教育设施和师资力量;而社会教育资源如儿童图书馆、科技馆等则能提供更广阔的学习空间。通过家庭教育指导,这些资源可以实现共享与整合(图7-1-5、图7-1-6)。例如,家长在指导下了解到社区图书馆有适合婴幼儿的绘本阅读活动,便可以带婴幼儿参加,同时,照护服务机构也可以组织亲子活动,如到科技馆参观,拓宽婴幼儿的视野。这种资源共享不仅丰富了婴幼儿的学习体验,也让各方在教育过程中相互学习、相互促进。

图7-1-5 向日葵亲子小屋社区行活动

图7-1-6 漳州悦芽医养教结合活动

（三）婴幼儿家庭教养指导的形式

1. 线下交流互动

（1）线下集体交流:群体智慧与资源共享

家长会:家长会是婴幼儿照护服务机构与家长沟通的常见形式。通过家长会,机构可以向家长传达重要信息,如近期的教育计划、卫生保健措施等。同时,也能了解家长对机构服务的期望和建议。例如,在新学期开始前,机构可以召开家长会,介绍本学期的课程安排、师资配备以及安全管理措施,让家长对婴幼儿在托育机构的生活和学习有清晰的了解。家长也可以借此机会提出自己的疑问和需求。例如，北京某托育中心每月举办"科学育儿圆桌会"，设置"家长经验分享"环节，推动案例式学习。

家长开放活动：家长开放日包括亲子活动、教学观摩等。亲子活动如亲子运动会、亲子手工制作等，不仅能增进亲子间的感情，还能让家长直观地看到婴幼儿在集体活动中的表现，了解婴幼儿的社交能力和团队协作能力。教学观摩活动则让家长走进课堂，观察婴幼儿的学习过程，了解机构的教学方法和教育理念。例如，上海某早教园开展"半日观察日"，家长可记录婴幼儿的互动表现，与教师共同分析发展需求。

家长沙龙：家长沙龙是一个家长之间、家长与专家之间交流育儿经验和心得的平台。机构可以邀请育儿专家、教育学者等，就家长关心的热点问题，如婴幼儿的早期阅读、情绪管理等进行专题讲座和讨论。家长们也可以分享自己在育儿过程中的成功经验和困难，互相学习，共同成长（见图7-1-7）。例如，在一次关于"如何培养婴幼儿良好的睡眠习惯"的家长沙龙中，家长们分享了各自的哄睡方法，专家也给出了科学的建议，帮助家长解决了睡眠困扰。

图7-1-7　家长主题沙龙活动

（2）线下个别交流：精准支持与个性化解惑

入托离托个别交流：在婴幼儿入托和离托时，是家长与机构工作人员进行个别交流的好时机。入托时，工作人员可以了解婴幼儿的生活习惯、兴趣爱好、过敏史等信息，为婴幼儿制订个性化的照护计划（见图7-1-8）。例如，刚入托时，家长告知工作人员婴幼儿对牛奶过敏，工作人员就能在饮食安排上格外注意，避免婴幼儿接触到过敏原。离托时，工作人员可以向家长反馈婴幼儿当天在托育机构的表现，如饮食、睡眠、情绪等情况，让家长对婴幼儿的一天有全面的了解。

家访：机构工作人员定期到婴幼儿家中进行家访，深入了解家庭环境、家庭教养方式等。通过家访，工作人员可以为家长提供更有针对性的育儿指导，并根据家庭环境为家长推荐适合婴幼儿的亲子游戏，帮助家长改善家庭教养方式。例如，工作人员在家访中发现婴幼儿在家庭中比较依赖长辈，缺乏独立性，便可以为家长提供培养婴幼儿自理能力的方法和建议。

入户指导：针对有特殊需求的家庭，如婴幼儿有发育迟缓等问题，托育机构可以安排专业人员进行入户指导。专业人员会根据婴幼儿的具体情况，制订个性化的康复训练计划，并指导家长如何在家中进行训练。

2. 线上沟通指导

公众号：婴幼儿照护服务机构可以通过公众号定期推送育儿知识、机构动态、活动通知等内容。推

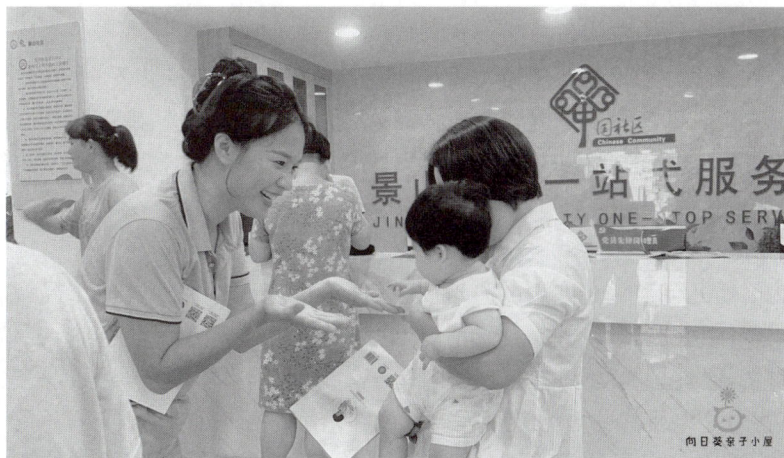

图 7-1-8　入托环节个性化交流

送形式可丰富多样,包括文字、影像等。例如,发布关于婴幼儿营养搭配的文章,配以生动的图片和视频,让家长更直观地了解如何为婴幼儿准备健康的饮食。同时,公众号还可以设置互动板块,如家长留言咨询、在线答疑等,方便家长与机构进行沟通。

微信、QQ:家长和机构工作人员可以通过微信、QQ 建立沟通群组,方便随时交流。工作人员可以在群里分享婴幼儿在托育机构的日常照片、视频,让家长实时了解婴幼儿的情况。此外,还可以通过一对一的聊天方式,进行更私密的沟通,如家长向工作人员了解婴幼儿在托育机构的具体表现,工作人员为家长提供个性化的育儿指导。

机构智能化管理系统:部分先进的婴幼儿照护服务机构引入了智能化管理系统,家长可通过手机 APP 实时监控婴幼儿在托育机构的动态,包括饮食记录、睡眠状况及活动照片等。此外,家长还能在系统中反馈婴幼儿在家的表现,如身体状况和情绪变化等。机构工作人员将依据家长的反馈,适时调整照护计划。

婴幼儿照护服务机构在选择线下交流互动和线上沟通指导时,要不断优化家托沟通服务,需要考虑以下四点:①集体活动侧重普适性知识传播,个别指导聚焦深度问题解决,需根据家庭育儿痛点灵活组合形式。②对机构教师进行沟通技巧培训(如非暴力沟通、积极倾听),避免线上沟通流于形式。③开发"线下活动线上化"混合模式,如家访后通过小程序生成整改清单,或沙龙活动同步直播。④线上群组需制定规则(如禁止广告、限定讨论时段),保护家庭隐私的同时维持交流秩序。

线下交流的"温度"与线上指导的"效率"相辅相成,共同构建了家庭与婴幼儿照护服务机构的协同育人生态。未来,随着人工智能、大数据技术的深入应用,家庭教养指导将向更精准化、个性化方向发展,但"以儿童为中心,以家庭为本位"的核心原则始终不变。

二、指导婴幼儿家庭照护环境创设

正如陶行知所言,"生活即教育,环境是最真实的铺垫",蒙特梭利也强调"要为儿童提供一个满足他们需求的环境,必须深入了解儿童的需要";杜威则提出"要改变一个人,先改变他的环境"。这些教育专家的观点共同强调了创设优质的环境对于家庭照护婴幼儿的重要性。对于婴幼儿而言,家庭是他们出生后接受养育和早期发展的首要环境。一个优质的家庭养育环境,对于促进婴幼儿早期动作、认知、语言、情绪情感与交往适应的发展至关重要。

(一)物质环境:安全·游戏·探索

1. 安全防护:确保家庭空间环境安全,移除尖锐、易碎和危险物品

2022 年国家卫生健康委办公厅印发的《3 岁以下婴幼儿健康养育照护指南(试行)》强调为婴幼儿营造安全成长环境的重要性。建议家长定期对家庭环境开展安全巡查,及时消除安全隐患,重点排查以下

视频

婴幼儿家庭
保教环境

131

四大类安全隐患。

(1) 电器安全:为电源插座安装防护罩、为加热设备配备防护装置。

(2) 防跌落、砸伤:将橱柜、花架、衣帽架等固定墙面,为柜子、冰箱安装安全锁。

(3) 窒息预防:移除或妥善固定窗帘等悬挂物、移除玩具储存箱盖子、确保床垫与围栏之间无缝隙。

(4) 误食规范:药品、清洁剂存放于高处,移除导致过敏和中毒的食物,定期检查并清除破碎受损的小零件玩具注意玩具中可能存在的小零件(如毛绒玩具上的扣子)。

2. 游戏空间创设:在住宅空间中划分特定区域以供婴幼儿游戏

在家庭中,可为婴幼儿创设一个专属的游戏活动空间,可依据住宅的具体布局,利用两面或三面墙体以及玩具柜、图书架、中大型玩具、枕头等物品,构建一个相对独立的活动区域。在墙面适当位置张贴照片、图片等视觉材料,以促进婴幼儿的认知发展和语言能力,例如家庭成员照片、家庭庆祝活动照片、婴幼儿熟悉的建筑物图片以及常见物品图片等。建议在墙面下部安装一面抗碎的安全镜,以便与婴幼儿共同进行多种互动活动。此外,设置玩具栏、图书角、涂鸦美术材料角以及家庭自然种植区,这些精心设计的活动角落不仅为婴幼儿提供了丰富的活动机会和空间,而且在活动过程中还能够增进婴幼儿的经验积累,促进智力开发,并加强其动手及思维能力。

3. 探索材料玩法:设置多样化游戏材料,促进婴幼儿早期学习与成长

在新生儿阶段,"黑白悬挂吊饰"作为视觉刺激物,对其早期发展具有显著影响。该吊饰通过明暗对比,能够激发新生儿的好奇心和兴趣。自由旋转的黑白吊饰作为一种独特的视觉练习工具,使新生儿通过眼睛的追踪和注视活动,锻炼视觉肌肉,从而增强视力。在婴儿爬行和坐立阶段,活动区域周围放置的针织球类和圆柱状物体,能够激发婴儿向前移动。在家庭环境中,也存在大量可以利用日常物品进行教育活动的机会。例如,在家长的引导下,婴幼儿可以参与食物准备,从而培养其动手能力和生活技能。此外,为婴幼儿提供美工活动的材料,使他们在游戏过程中学习,在学习中体验乐趣,婴幼儿可在美工活动中初步感受和表达美的情感。父母和祖辈成员可以参与婴幼儿的活动,并提供布袋式图书角和小书架,这些设施制作简便,不占用过多空间,成本低廉,且便于婴幼儿自行取用图书,既实用又美观,充满趣味性。

(二) 精神环境:爱与互动·情感联结·成长支持

2024 年 12 月 5 日,国家卫生健康委发布《婴幼儿早期发展服务指南(试行)》,其中《3 岁以下婴幼儿养育风险评估表》显示,不与婴幼儿交流玩耍、养育原则不一、养育人情绪低落等会带来养育风险。《婴幼儿亲子交流与玩耍要点》则鼓励家长与婴幼儿多互动,比如每天固定时间陪婴幼儿读绘本、玩积木或开展角色扮演游戏,这对婴幼儿能力培养和亲子关系提升有益。

1. 爱与互动:构建和谐夫妻关系,营造充满爱的家庭环境

婴幼儿期的家庭氛围对其安全感、自信心等积极情绪情感的形成,以及不安、伤心、焦虑、憎恨等消极情绪情感的产生具有决定性作用。在紧张的家庭氛围中,父母关系不和谐往往导致父母双方均处于高度情绪紧张状态,表现为频繁的烦恼不安、性情暴躁、言语粗鲁,甚至对长辈缺乏孝敬或存在虐待行为。在这样的家庭环境中,婴幼儿容易出现情绪紧张,对父母关系的失调感到困惑和憎恨;同时,他们也会在忠诚于父亲还是母亲之间感到矛盾和迷茫。紧张的家庭人际关系破坏了应有的温馨氛围,使婴幼儿长期处于负面情绪之中,缺乏必要的温暖和关爱,从而容易形成孤僻、自私、暴躁等不良性格特征,对婴幼儿的心理健康产生不利影响。因此,在构建良好的亲子关系的同时,也应重视夫妻关系和亲友关系的和谐,确保家庭成员之间充分沟通,保持一致的养育观念和态度。

2. 情感连接:保证每天高频次亲子互动,涵盖多样化互动形式

在亲子互动过程中,父母应将婴幼儿视为具有平等地位的个体,尊重其个人兴趣与爱好,并赋予其一定的自主权。在某些情况下,父母可以与婴幼儿进行协商,征询其意见。例如,一位母亲在购买食材时带回了一条青虫,女儿表现出饲养的兴趣。母亲并未阻止,而是选择支持女儿,并在饲养过程中引导女儿进行观察和探索,从而帮助女儿逐渐理解青虫的生命周期及其习性。家长应增加与幼儿共处的时间,共同参与多样化的家庭活动,如手工制作、科学小实验等。在处理亲子冲突时,家长应学习并实践

"和善与坚定"并重的教育理念,其中"和善"体现了对幼儿的尊重,而"坚定"则强调家长要设立清晰的界限,并坚持执行,如"玩具是用来玩的,不是用来扔的"。此外,家长应掌握"积极暂停"的技巧,在冷静和理性恢复后,专注于问题的解决。总之,频繁地与婴幼儿进行亲子互动,包括拥抱、亲吻和陪伴游戏,能够有效地缓解家庭紧张氛围,促进亲密和谐家庭关系的建立。

3. 成长支持:给予积极回应,激发婴幼儿独立探索精神

家长可设立"探索角落",摆放婴幼儿感兴趣的物品和辅助工具,以吸引其注意力,激发好奇心。比如放置一些色彩鲜艳或形状各异的玩具、绘本、自然物品等,让婴幼儿在自由探索的过程中,逐渐发现和了解周围的世界。还可采用"动态描述法"描述婴幼儿动作,增强语言理解能力。比如,当婴儿在爬行时,家长可以说:"宝宝正在努力地向前爬,像一只勇敢的小老虎。"通过这种具体的描述,可以增强婴幼儿的语言理解能力,帮助他们更好地理解自己正在做的事情,从而促进语言和认知的发展。还可以构建"安全错误"环境,比如当婴幼儿打翻水杯后,旁边放置一块抹布,让其学会如何应对错误,培养婴幼儿成长型思维,学会应对错误,培养积极心态。

再比如,当婴幼儿坚持给玩具喂食真实果汁时,家长不再简单地说:"不可以!这样会弄脏娃娃的。"而是采用更积极的引导方式:"娃娃是不能喝真正的果汁的,但我们用这个空瓶子假装倒奶怎么样?"这样的回应不仅避免了直接否定婴幼儿的行为,还提供了一个替代方案,让婴幼儿在满足自己需求的同时,也能够保护玩具不受损害。通过这种方式,家长不仅培养了婴幼儿的独立思考能力,还教会了婴幼儿如何在现实生活中灵活应对各种情况。

三、掌握婴幼儿家庭教育指导内容

(一)科学理念:树立科学的婴幼儿家庭教养理念

1. 身心并重,强调心智和谐发展

早期教育涵盖智力与非智力因素的发展。然而,部分家长片面聚焦智力开发,忽视婴幼儿情绪管理、意志培养等非智力方面的成长。在早期教养过程中,最根本的目的不是传授系统的知识技能,而是着重培养婴幼儿全面和谐发展;满足成长需求;丰富知识和经验;在快乐的游戏中开启潜能;把婴幼儿的健康、安全和养育工作放在首位;更多地实施个别化的教育,促进每个婴幼儿富有个性地发展。

（视频）

婴幼儿家庭
保教问题

2. 全面与个性发展并重

全面与个性发展并重的教育理念,是当代早期教育的核心方向。这一理念强调在促进婴幼儿基础能力全面发展的同时,更要注重其独特个性的培养与发展。婴幼儿照护者应当基于对每个婴幼儿的兴趣爱好、能力特长和个性特征的充分了解,结合其当前发展水平和已有经验,实施因人而异的教养方式。由于先天遗传和后天环境的综合影响,每个婴幼儿都是独特的个体——有的安静内敛偏好探索,有的活泼外向热衷互动。这种差异性既体现在性格特点上,也表现在各项能力的发展轨迹中。照护者需要持续观察并灵活调整教养方法,以精准满足其发展需求。在教养过程中,应当保持科学理性的态度,避免采用单一标准进行简单评判,而要关注每个婴幼儿的进步与成长,以开放包容的心态接纳个体差异。实施科学合理的个性化教育,就是根据婴幼儿的个性特点和发展需求提供最适合的教育支持。这种既促进全面发展又尊重个性差异的教育方式,是早教工作者必须掌握的核心专业能力,也是提升教育质量的关键所在。

3. 结合日常生活,遵循游戏活动的原则

婴幼儿照护者应善用日常生活情境开展游戏化教育。外出时,可引导婴幼儿观察周围环境,在自然互动中培养注意力、想象力及社交能力。游戏是婴幼儿最主要的学习方式,照护者须提供:安全充足的活动空间与时间;丰富多样的游戏材料;自由探索的宽松氛围;适时的经验指导。通过角色扮演、探索性游戏等形式,激发婴幼儿的参与热情,促进其主动性、创造性的发展。把握"生活即教育"理念,将认知、语言、社交等发展目标自然融入日常生活和游戏中,让婴幼儿在快乐体验中获得全面发展。

视频

二孩家庭,如何
帮助家里的
大宝们

(二) 专业知识:共享多元的婴幼儿家庭教养知识

婴幼儿家庭教养绝非简单的"照顾",而是一项融合医学健康管理、科学养育方法以及早期教育引导的系统性工程。家长作为婴幼儿成长的首要责任人,必须掌握医学、养育、教育三个层面的核心知识。婴幼儿照护服务机构也应围绕上述三个层面,助力家长从"经验育儿"向"科学育儿"转变,进而实现婴幼儿的最优发展。不仅要"读懂婴幼儿的发展需求",更要"理解家长的教养困惑",提供精准的家庭教育指导,最终推动婴幼儿身心全面、健康地成长。

1. 医学健康管理:筑牢婴幼儿成长的生命根基

婴幼儿的生理发育遵循自然规律,家长需掌握科学的健康管理知识,避免过度干预或忽视关键成长信号。定期带婴幼儿测量身高、体重、头围,并对照标准生长曲线,识别发育迟缓或过快现象。掌握大运动发展规律,如"二抬(头)四翻(身)六坐八爬十站周岁会走,二岁跑三岁独立跳",避免过早训练(如跳过爬行直接学走)。同时把握精细动作发展的敏感期,从新生儿的握持反射到3岁熟练使用勺子、握笔涂鸦,家长需提供适宜的玩具。

此外,家长需掌握科学喂养与应用的知识,主要涵盖母乳或配方奶的喂养要领、辅食添加原则以及常见营养问题的处理。同时,家长还需了解疾病预防与护理措施,按时接种国家免疫规划疫苗(如乙肝、百白破、麻腮风),并了解自费疫苗(如手足口、流感疫苗)。应掌握护理婴幼儿发烧、腹泻、湿疹等疾病的方法。日常生活中,家长需做好防呛噎(切割小颗粒食物)、防坠落(设置婴儿床护栏)及急救技能(如海姆立克法)的准备,以保障婴幼儿的安全与健康。

2. 科学养育照护:构建安全依恋与健康习惯

养育不仅要满足婴幼儿的生理需求,更需关注其心理安全感和生活规律的养成。家长应密切关注婴幼儿的生理成熟时间表,熟悉不同月龄段身体发育的典型特征。逐步培养婴幼儿规律的生活作息,同时建立规律的哺乳、进食和睡眠习惯,并及时补充生长所需的营养素。根据月龄逐步引入辅助食品,逐渐形成定时喂哺的模式。适时提供各类适宜的食物,帮助婴幼儿初步适应咀嚼和吞咽固体食品,尝试使用杯子喝水和勺子进食。重视培养良好的睡眠习惯,例如0~1岁婴儿需建立昼夜节律(白天小睡不超过3小时),避免依赖奶睡和抱睡。1~3岁幼儿则可固定睡前程序(如洗澡→讲故事→关灯),逐步引导其独立入睡。

3. 早期教育引导:把握心理发展关键,促进潜能开发

早期教育并非"超前学习",而是通过游戏和互动来优化大脑神经网络的连接。新生儿诞生,开启了全新的生命历程。在接下来的三年里,婴儿的身心将发生巨大变化。这种变化不仅伴随着身体发育,心理发展更是日新月异。婴幼儿时期,不仅是众多心理现象和动作从无到有并初步发展的阶段,也是发展最为迅速的时期。发展遵循先快后慢的规律,因此年龄越小,年龄间的差异越大。月子里的乳儿每日成长,一岁内的婴儿每月变化,一岁半后的学步儿半年显现差距,3岁以后则一年一个样。跟上婴幼儿的发展步伐,及时调整养育方案,至关重要。[①]

(三) 特别技能:掌握可操作的婴幼儿家庭教养技能

科学的婴幼儿照护不仅需要理论知识,更需要可执行、易掌握、能见效的实操技能。本部分从日常照护、回应性互动、常见问题应对三个维度,为家长提供可直接运用的核心技能,助力照护者将知识转化为行动。

1. 日常照护实操技能

日常照护不仅是满足婴幼儿生理需求的基础,更是促进其动作认知、语言、运动、情绪情感与交往适应等全方位发展的重要途径。家长应通过生活化、游戏化的方式,将喂养、睡眠、如厕等常规活动转化为婴幼儿主动参与的学习契机,使照护过程充满互动与乐趣,最终达成"养育即教育"的目标。日常照护实操技能涵盖多个方面,主要包括:从哺乳到自主进食的阶梯式科学喂养指导、建立规律作息的睡眠引导、

---

① 华爱华.学前教育改革启示录[M].上海:上海社会科学院出版社,2009:9.

从信任和识别到成功如厕的训练要领,以及依托生活化游戏开展的日常照护训练等关键环节。

具体而言,照护者应熟练掌握母乳喂养和人工喂养的技巧与要领,掌握辅食添加的方法,逐步引导幼儿自主进食。同时,需掌握睡眠引导和如厕训练的实用策略。例如,0~6月龄婴儿可用包裹法和白噪声安抚入睡,6~12月龄婴儿应建立固定的睡前程序,1~3岁幼儿则需过渡到独立睡眠。如厕训练方面,照护者应能识别如厕训练的信号,通过选购儿童马桶(动物造型以增加兴趣)、固定时间坐马桶(如晨起、饭后)、示范使用(玩偶模拟排便)、成功时击掌奖励等方式,逐步开展如厕训练。照护者需明确,促进婴幼儿发展需采用生活化游戏,让日常照护成为发展契机。例如,选择宽松衣物,玩"钻山洞"游戏(将衣服领口比作山洞,让孩子伸手"探险"),练习穿衣训练;边唱《洗手歌》边搓泡泡,培养洗手兴趣;用"送玩具回家"指令引导婴幼儿参与收纳整理玩具。

2. 回应性互动实操技能

回应性互动是婴幼儿早期发展的核心动力,这要求照护者具备敏锐的观察力、及时的反应能力以及灵活的策略运用能力。照护者应掌握"观察—解读—回应"婴幼儿的完整互动步骤,将发展理论转化为日常可实践的具体技能,从而实现从"被动照顾"到"主动发展支持"的专业转变。照护者需掌握婴幼儿发展水平的观察要点,并采用阶梯式的回应策略。照护者应熟悉婴幼儿不同发展阶段的特征,灵活应用于日常教养中,以促进每个婴幼儿健康、快乐地成长。

以语言发展领域为例,在0~1岁阶段,应多与婴儿进行对话(即使婴儿无回应),使用"儿向语"(即高音调、慢速的语言),并日常多回应婴儿的发音、表情和动作。1~2岁时,应积极扩展幼儿的词汇量,例如当幼儿说"车",家长可回应"是的,红色小汽车在跑!"。在2~3岁阶段,应多进行提问引导,鼓励幼儿使用完整的句子进行表达,避免过度纠正其发音。例如,将封闭式提问"这是不是苹果?"改为开放性提问"苹果是什么颜色的呀?"。同时,积极开展丰富多样的亲子游戏,包括感官探索游戏、社会性发展游戏、认知促进互动游戏等。日常提供不同材质的玩具(如软布书、触觉球),以促进触觉和听觉的发育。对于2岁以上的婴幼儿,玩"过家家"游戏有助于培养其想象力。

3. 常见问题应对实操技能

婴幼儿成长过程中出现的行为问题,既是其发展过程中的自然现象,也是重要的教育契机。照护者需要掌握可立即操作的解决方案,帮助婴幼儿将问题与挑战转化为成长机会。例如,婴幼儿常见的打人、咬人等攻击性行为,挑食、偏食等进食问题,以及发展差异问题等。尊重婴幼儿的个体差异,减少横向比较,多采用纵向比较。须知,婴幼儿的心理发展具有不均衡性,这不仅体现在心理活动各方面发展的不平衡,也反映在个体间的差异上。例如,有的幼儿在1岁2个月时就能说话,而有的到了2岁多仍未开口。照护者需根据婴幼儿的特点因材施教,在其擅长的领域提供更多优质机会。对于在某些领域发展较晚的婴幼儿,照护者应学会耐心等待;而对于早慧型婴幼儿,则要及时创造有利条件。对于性格安静的婴幼儿,既要提供丰富的安静游戏材料,也要适当引导其走出家门,与人接触,学会社交。

总之,教育既要契合各年龄段婴幼儿的发展特点,又要兼顾个体发展特征,为婴幼儿提供适宜的早期教育。就个体而言,其发展同样存在不平衡性。照护者在观察婴幼儿行为时,一方面要区分其行为是正常还是异常,对异常行为应及时就医、及早矫正;另一方面,要辨别其行为是偶发行为(发展中正常的新行为)还是稳定行为。

育儿宝典

你家孩子爱打人吗?

从发展心理学角度看,婴幼儿打人行为是其身心发展过程中的常见现象,主要源于以下因素。

语言表达受限:0~3岁婴幼儿语言能力尚未成熟,当需求未被满足或情绪激动时,可能通过肢体动作(如拍打、推搡)表达不满。

社交技能不足:此阶段婴幼儿尚未掌握恰当的互动方式,可能误将拍打当作打招呼或引起注意的方式。

模仿学习:若周围成人或同伴存在类似行为,婴幼儿可能通过观察模仿。

探索与实验:婴幼儿通过动作探索世界,拍打可能是其感知他人反应的方式,而非恶意攻击。

情绪调节能力弱:大脑前额叶发育不完善,使其难以控制冲动,易在疲惫、饥饿或受挫时出现攻击性行为。

基于婴幼儿发展规律,建议采取以下科学的应对策略。

① 保持冷静,正确示范:避免过度反应,以平和的态度制止,并用语言帮助其表达情绪,如"你生气了,但不可以打人,可以告诉妈妈你想要什么"。

② 引导替代行为:教授恰当的互动方式,如轻轻摸、挥手或语言表达,并通过角色扮演进行强化练习。

③ 及时反馈与正向强化:当婴幼儿表现友好行为时,立即给予具体表扬(如"你刚刚轻轻摸妹妹,做得真好!")。

④ 排查诱因:观察打人行为的情境(如困倦、争抢玩具),提前干预,如提供备选玩具或调整作息。

⑤ 避免惩罚性处理:打骂或强制道歉可能加剧情绪对抗,应聚焦于解决问题而非责罚。

任务思考

1. 思考并讨论婴幼儿家庭教育物质环境与心理环境创设要点。
2. 请思考家庭教育指导的方式有哪些?
3. 结合实际谈谈婴幼儿家庭教育指导的内容包括哪些方面?

任务二 支持婴幼儿家托社合作共育

案例导入

在阳光社区,家长们曾为婴幼儿照护和早期教育问题深感困扰。年轻父母因工作繁忙,老人精力有限,导致婴幼儿的照护需求难以得到充分满足。后来,社区积极践行婴幼儿家托与社区合作共育的理念,联合当地几家有意愿的家庭,共同打造了家庭式托育点。社区提供场地改造资金和安全指导,家庭则贡献空间并配备专业照护人员。家长们不仅能随时探望婴幼儿,还能在社区的组织下交流育儿经验。随着合作的不断深入,婴幼儿得到更好的照护,家长们也能安心工作。这一成功实践充分彰显了婴幼儿家托与社区合作共育的巨大潜力,为解决更多社区的育儿难题提供了宝贵借鉴。

? 请结合案例思考如何有效依托社区开展家托社合作共育活动。

由于0~3岁婴幼儿多在家居住,加大对社区婴幼儿照护服务的支持力度,扩展婴幼儿照护服务机构"面向社区,指导照护者提升教养能力"的功能,推动中国特色家庭式托育服务体系建设,需重视社区资源的独特价值。《中华人民共和国家庭教育促进法》施行后,家庭式托育服务不仅要照顾婴幼儿,还要为家长提供科学养育指导。家庭和社区参与对托育服务质量影响很大,是实现高质量托育的关键。展示典型家庭社区托育服务模式,能助力了解其与社区共育的结合机制,推动"幼有所育"。

一、了解家托社合作共育模式的意义

2021年中国3岁以下婴幼儿入托率仅为5.5%左右,中国每千人人口拥有3岁以下婴幼儿托位数仅为2.03个,距离"十四五"规划末达到4.5个的目标存在较大差距。如何促进普惠托育服务扩容,多渠道增加托育服务供给,建设方便可及、价格可接受、质量优质的托育机构成为普惠托育服务未来发展的核心任务。家托社合作共育是新时代构建全员育人、全过程育人和全方位育人的客观要求,是提升育人质量和效果的现实要求。就现实情况看,构建家托社合作共育模式具有重要意义。

(一) 提高婴幼儿照护服务发展质量

家托社合作共育模式,正是托育机构、家庭与社区携手合作的生动体现,高度契合法律中关于家庭与社会协同育人的理念,通过整合场地、人力等资源,打造出多元照护空间,满足婴幼儿多样化的成长需求。国务院办公厅《关于促进3岁以下婴幼儿照护服务发展的指导意见》强调,要充分调动社会力量的积极性,以多种形式开展婴幼儿照护服务。家托社合作共育模式积极响应这一政策导向,一方面,社区引入专业力量,为家庭托育人员和家长提供培训,提升照护的专业性,符合文件中对提高照护服务质量的要求;另一方面,根据每个家庭的独特需求,提供个性化照护方案,满足不同婴幼儿的成长需要,体现了文件中倡导的多样化、个性化服务原则。

(二) 促进婴幼儿身心健康发展

家托社合作共育能够从不同教育主体出发,形成教育合力,达到共同促进婴幼儿身心健康成长的最终目标。一方面,家长具有教育子女的天然动力和巨大热情,但相对缺乏科学育儿知识和经验,托育机构的介入可以帮助家长获得科学专业的教育方法,提升教育质量。另一方面,家托与社区的联系同样非常重要。社区具有丰富的教育资源,如超市、医院、公园等,可以便于家庭和托育的教育延伸到更广阔的社会空间。托育机构如果将教育活动推向社区,宣传科学育儿方法,也会为社区发展提供支持。

(三) 增强家庭科学育儿能力

国务院办公厅印发的《关于促进3岁以下婴幼儿照护服务发展的指导意见》明确指出,要充分发挥社区的婴幼儿照护服务功能,加强对家庭婴幼儿照护的支持和指导,这为社区在共育模式中的工作指明了方向。社区能利用自身的宣传阵地,如社区公告栏、公众号、社区广播等,定期发布科学育儿知识。通过生动有趣的图文、视频等形式,将复杂的育儿知识简单化,便于家长理解。例如,制作关于"0~12个月婴儿睡眠训练"的系列短视频,详细讲解婴儿睡眠周期、如何建立良好睡眠习惯等内容,发布在社区公众号上,方便家长随时学习。

同时社区可以定期举办科学育儿讲座,邀请育儿专家、医生、教育工作者等专业人士授课。讲座内容可以根据家长的需求和婴幼儿不同阶段的特点进行设置,讲座结束后设置互动环节,让家长提出育儿过程中遇到的问题,专家现场解答,增强家长对科学育儿知识的理解和应用能力。加强对家庭的婴幼儿早期发展指导,通过入户指导、亲子活动、家长课堂等方式,利用互联网等信息化手段,为家长及婴幼儿照护者提供婴幼儿早期发展指导服务,增强家庭的科学育儿能力。[①]

(四) 优化家托社育人大环境

美国学者布朗芬布伦纳的生态学理论认为,个体的发展是在与周围环境系统相互作用的过程中实现的,这些环境系统包括微观系统、中间系统、外层系统和宏观系统。在微观系统层面,家庭和托育机构作为婴幼儿直接接触的环境,对其成长影响显著。中观系统层面,家庭、托育机构和社区的协同互动十分关键,三方的良性互动为婴幼儿发展提供有利支持。外观系统层面,父母工作环境、社区政策等间接因素会干扰婴幼儿发展。例如,企业通过推行育儿友好政策(如弹性工时)、社区增设临时托育点,能帮助家庭减轻育儿负担。在宏观系统层面,社会文化和法律政策决定育儿环境的大方向。尽管《中华人民共和国家庭教育促进法》明确了各方责任,但落实有待加强。政府应完善育儿津贴、托育补贴政策,助力

---

① 国务院办公厅.关于促进3岁以下婴幼儿照护服务发展的指导意见[z].2019-4-17.国办发〔2019〕15号。

社区整合医疗、教育等资源,绘制"育儿资源地图"。各系统相互关联,为促进婴幼儿健康成长,需协同优化各系统的职责与功能。

二、构建家托社合作共育的实践模式

(一)上海市社区"宝宝屋":政府主导的嵌入式托育服务

"宝宝屋",沪语谐音"抱抱我",寓意要给予最柔软的群体以最温柔的呵护。一般是由上海区一级托育指导中心指导建设,委托第三方专业团队来运营,建设和运营费用由社区街道承担,基本可以认为是政府主导推进。上海"宝宝屋"作为一项创新的社区托育服务,以"政府主导、安全普惠、属地管理、多方参与、就近就便"的原则,旨在为0至3岁的婴幼儿家庭提供多样化、专业化的临时性照护服务。

1. "公建民营"模式

经营方面,有委托幼儿园运营的,也有委托托育机构运营的,模式比较多样。"宝宝屋"不是一个全日制的托育机构,但是它可以提供半日托、临时托、计时托等服务,不供餐。"宝宝屋"一般贴近社区或者工作场所,设在社区党群服务中心、养老服务中心、社区闲置用房、产业园区的一楼等位置,提供就近方便的托育服务。家长在进行日常购物或处理事务时,可将婴幼儿临时安置于本机构,以获得短暂的托管服务。该服务的核心优势在于其免费性质,即每年可享受12次免费托管,超出此次数后,将按照每次50元或100元的标准进行象征性收费。

2. 服务形式和内容上的创新

一是场所的嵌入性。"宝宝屋"因地制宜,采取多种模式柔性嵌入,结合"15分钟生活圈"的整体规划,将服务送到家长的身边。比如,普陀区万里街道"宝宝屋",设置在街镇综合服务中心的二楼,家长可将家中的"一老一小"同时送托。楼下就是社区食堂,老人、婴幼儿同托管,康复、娱乐、午餐一站式解决,还能顺道打包几份饭菜回家。二是预约的便捷性。本市适龄婴幼儿家庭每年可以接受12次"宝宝屋"的免费服务。自2023年起,全市各区逐步将"宝宝屋"预约纳入"一网通办",家长随时、随地即可预约就近的"宝宝屋"接受服务。三是内容的灵活性。"宝宝屋"除了提供临时托育服务,还是家庭科学育儿指导的阵地。各街镇结合辖区内家长的需求,定期开展适合不同月龄段的科学育儿指导。四是管理的严格性。2023年,上海市教育委员会联合公安部门专门印发了"宝宝屋"的安防管理细则。"宝宝屋"人员配备、工具等,都一一做了明确,用最硬的管理手段,呵护最柔软的宝宝。

(二)杭州市"杭小育"AI:科技赋能的智慧托育体系

杭州市"杭小育"AI,是杭州在托育领域的一大创新举措。它依托先进的人工智能技术,搭建起一个综合性育儿服务平台。一方面,通过大数据分析家长的育儿需求与婴幼儿的成长阶段,精准推送贴合实际的育儿知识,内容涵盖婴幼儿营养搭配、早期教育方法、常见疾病预防等多个维度,帮助家长科学育儿。另一方面,针对家长在寻找合适托育机构时的困扰,"杭小育"AI利用智能算法,整合周边托育资源,根据家长的位置偏好、价格承受范围、托育服务类型需求等,为其精准匹配最适宜的托育机构,提供详细的机构信息、师资力量、课程设置以及用户评价等内容,大大节省家长筛选托育资源的时间和精力。此外,该平台还设有在线咨询功能,家长能随时向育儿专家提问,获取专业解答。自上线以来,"杭小育"AI已服务大量家庭,有效提升了当地家庭育儿的科学性与便捷性,为家庭育儿提供了强大的助力。

(三)成都市"蓉易托":社区空间共享与功能复合化

在社区空间服务利用方面,成都市"蓉易托"可谓独树一帜。它以敏锐的视角深入挖掘社区内部的各类闲置空间资源和区域,以及陈旧的物业用房等。通过专业的规划设计与改造,将这些空间巧妙地转化为安全、舒适且功能完备的托育场地。在装修过程中,充分考虑到婴幼儿的需求,选用环保无毒的材料,打造出色彩鲜艳、充满童趣的环境。2022年起,成都市在全国率先推行建立社区托育城市品牌"蓉易托",探索城市社区嵌入式托育机构的发展道路。整合利用城市"金角银边"和社区闲置空间,推进社区托育服务设施建设与改造,重点依托社区综合体和闲置低效国有资产,在家门口为群众提供便捷、安全、优质的普惠托育服务。把社区托育服务作为兜底性的公共服务纳入"一老一小"整体解决方案和"15

分钟社区生活服务圈"。

在服务内容层面,"蓉易托"提供了极为丰富多元的项目。不仅有满足不同家长时间安排的基础全日托、半日托服务,让家长们能根据自身工作生活节奏灵活选择;还精心增设了一系列特色服务。例如,特色亲子互动课程,通过亲子手工、亲子游戏等多种形式,在欢乐的氛围中增进亲子之间的情感交流,让婴幼儿在与家长互动中获得安全感与归属感。家长育儿讲座邀请育儿专家、资深幼师等专业人士,围绕婴幼儿喂养、早期教育、心理发展等多方面知识展开讲解,为家长们答疑解惑,有效促进亲子关系与家长育儿水平的提升。

在运营模式层面,"蓉易托"开创了政府引导、社区主导、社会力量参与的创新模式。政府发挥宏观引导作用,制定相关政策法规,为托育服务的发展提供政策支持与方向指引;社区则承担主导责任,负责协调各类资源,积极与周边单位、商家沟通合作,为托育服务争取更多便利。同时,严格监督服务质量,定期对托育机构的卫生状况、师资配备、教学活动等进行检查评估,保障托育服务的规范性与安全性。"蓉易托"还充分利用社区贴近居民的天然优势,通过线上问卷、线下访谈等多种渠道广泛收集家长意见。依据家长们的反馈,不断优化服务内容与流程,比如根据家长建议调整课程时间、丰富餐食种类等,让托育服务真正做到精准满足社区家庭需求。

以上三个模式通过制度设计、资源整合与技术应用,推动托育服务从单一供给向多元共治转型,既缓解了家庭育儿压力,也为婴幼儿成长营造了安全、包容的社区环境,为全国推广家托社合作共育提供了可复制的经验。未来需进一步探索标准化建设、长效运营机制与多方利益平衡,以实现普惠托育服务的可持续发展。

三、掌握家托社合作共育的内容和方法

(一) 积极宣传,共同参与

家托社三方合作的基础在于让各方充分了解合作的意义与价值,从而积极参与其中。托育机构与社区可联合开展宣传活动,利用社区公告栏、公众号、线下讲座等渠道,向家长和社区居民普及科学育儿知识,强调家庭、托育机构和社区合作对婴幼儿成长的重要性。例如,举办"婴幼儿成长与三方合作"主题讲座,邀请专家深入浅出地讲解家庭在日常陪伴中的关键作用、托育机构的专业教育优势以及社区提供的丰富资源如何协同促进婴幼儿发展。同时,鼓励家长和社区居民分享自己在育儿过程中的经验和困惑,激发大家参与合作的积极性。此外,还可以组织亲子运动会、亲子阅读日、亲子公益活动等,吸引家庭和社区居民共同参与,增进彼此之间的了解和信任,营造合作共育的良好氛围。(图 7-2-1)

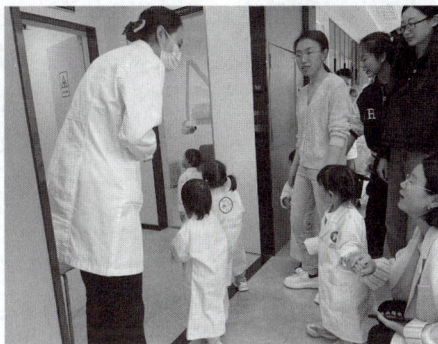

图 7-2-1 参访社区牙医馆①

(二) 整合资源,合理利用

家庭拥有丰富的生活教育资源,托育机构具备专业的教育设施和师资,社区则涵盖各类公共资源,如公园、图书馆、科技馆等,能提供广阔的社交平台和丰富的社会资源。三方应整合这些资源,实现优势互补。例如,托育机构可以与社区图书馆合作,定期组织婴幼儿和家长到图书馆参加阅读活动,让婴幼儿在丰富的图书资源中培养阅读兴趣和语言能力。或者托育机构可以开设亲子教育课程,邀请家长参与,将专业的教育理念和方法传递给家长,同时也让家长了解婴幼儿在托育机构的学习情况。社区可以利用公园等户外场地,为托育机构的户外活动提供支持,让婴幼儿亲近自然,锻炼身体(图 7-2-2)。家庭方面,家长可以将自己的专业技能或兴趣爱好融入合作中,如医生家长可以为托育机构和社区举办婴

---

① 图片由成都高新区森林里宝宝托育提供。

幼儿健康讲座,教师家长可以协助开展亲子教育活动,举办婴幼儿心理发展讲座(图7-2-3)等。通过合理利用各方资源,为婴幼儿创造更加多元和丰富的成长环境。

图7-2-2 社区公园亲子活动①

图7-2-3 早教进社区公益活动②

(三)拓展形式,服务指导

为了更好地满足家庭和婴幼儿的需求,家托社合作共育应不断拓展服务形式和指导内容。除了传统的线下活动,还可以利用互联网平台开展线上服务。例如,建立线上育儿交流群,邀请专家和家长共同参与,随时解答家长在育儿过程中的疑问;托育机构可以通过直播的方式,向家长展示日常教学活动,让家长即使不在现场也能了解婴幼儿参与活动的情况。在服务指导内容上,不仅要关注婴幼儿的身体发育和智力发展,还要注重情感培养、品德教育等方面。例如,邀请心理咨询师为家长提供婴幼儿心理健康讲座,帮助家长更好地应对婴幼儿的情绪问题;组织志愿者为家庭提供上门服务,如指导家长进行亲子游戏、帮助家庭改善养育环境等。通过不断拓展服务形式和指导内容,提升合作共育的质量和效果。

家庭、托育机构和社区的合作共育是一个系统工程,通过积极宣传、整合资源和拓展服务形式,能够形成强大的教育合力,为婴幼儿的健康成长提供全方位的支持。

育儿宝典

家托共育:缓解幼儿入托焦虑的有效策略

2岁左右的幼儿首次脱离家长庇护,独自融入全新的集体环境,极易产生紧张与不安情绪,进而表现出不同程度的入托焦虑。这种焦虑的产生主要归因于环境的更迭、生活规律与习惯的调整,以及成人与幼儿关系的转变。为切实缓解幼儿的入托焦虑,托育机构与家庭需协同合作,家长与教师应加强沟通、紧密配合,助力新入托幼儿平稳度过这一焦虑阶段。

1. 提前与家长沟通,做好环境变化准备

首先,在观念层面,家长需秉持尊重与放手的理念。应认识到幼儿经历这一阶段是成长的必然过程,需精准剖析幼儿焦虑的成因,并及时实施科学有效的照护举措。家托共育是助力幼儿顺利度过焦虑期的核心要素。当幼儿出现不良情绪时,家长需明晰孩子仅处于轻微的分离不适状态,假以时日自会缓解。家长应给予孩子充分信任,多予鼓励,并在恰当的时候果断放手。

2. 信守约定,引导家长温柔且坚定地告别

早晨入托时,家长应与幼儿达成明确约定,清晰告知幼儿放学后会前来接其回家,杜绝欺骗行为,避免偷偷离开。此类行为会使幼儿对家长和教师产生信任危机,加剧其对托育机构的抵触情绪。家长应如实相告,以温柔且坚定的方式与幼儿告别,并严格履行承诺。入托首周,

---

①② 图片由漳州悦芽托育提供。

家长可提前1小时或半小时接幼儿离托,随后逐步延长在托时间,为幼儿提供适应的缓冲期。

3. 创设家庭化环境,缓解幼儿入托焦虑

托育园需着力营造家庭化的园所环境,涵盖墙面图案色调的搭配、室内灯光的设置、桌椅橱柜的布局以及区域的规划,使幼儿产生安全便捷之感。教师应构建宽松和谐的心理环境,营造"平视式"的师幼交往氛围。鼓励幼儿参与环境创设,设置温馨展示区,允许摆放"全家福"与毛绒玩具,定期展示手工、绘画作品的照片或视频,让幼儿感受温馨氛围。此外,教师应组织自主游戏与户外活动,激发幼儿的参与热情,使其体验与同伴玩耍的乐趣,缓解入托时的焦虑与紧张情绪。通过与教师和同伴建立亲密关系,降低幼儿对家长的依赖程度,培养其对教师和园所的情感依恋。

4. 多给予幼儿正向、积极的反馈

一方面,家长应采用正向、积极的交流方式,规避使用负面语言。例如,避免询问"是不是有小朋友欺负你?"或采用威胁性话语"再不听话,马上把你送托班"。相反,多多与幼儿分享托育园中的愉悦经历,如"宝贝,今天在托育园发生了什么开心的事呀?跟妈妈分享一下吧。""宝贝,你今天认识了新朋友吗?真是太棒了!"

另一方面,教师也应及时给予幼儿正向、积极的活动反馈。当幼儿完成一项小任务时,应即刻给予具体、明确的夸赞,如"老师看到你把小椅子放回了原位,真是太能干了,都能帮老师整理教室了。"放学时,教师也应在家长面前多表扬幼儿的进步,增强幼儿的自信心,使其体会到上托班的快乐。

只要方法得当,教师与家长齐心协力、密切配合,以爱感染幼儿,以耐心和理解包容幼儿,定能助力幼儿顺利度过这一阶段。

任务思考

1. 结合实践谈谈家托社合作共育模式中适合家长的形式有哪些?理由是什么?
2. 分组讨论:本节内容中家庭社区托育模式,各自的优势与不足是什么?
3. 查阅资料:归纳总结家托社合作共育模式中其他类型的托育形式。
4. 实践操作:任选一种指导形式,设计一份指导活动方案。

实训实践

甜甜,女孩,2岁8个月,能使用勺子独立进餐。平时在进餐时喜欢脱掉鞋子吃饭,并且从来不喜欢吃肉类食物。家长反馈,甜甜在家里不吃鸡蛋,对于甜甜的饮食习惯,十分头疼。作为托大班的教师,请从家托共育的角度提出一些指导建议。

建议内容:

1. 请撰写一份甜甜进餐行为的观察记录表,包含观察记录与行为分析。
2. 请结合甜甜的问题设计一份游戏活动方案,包含活动名称、活动目标、活动准备、活动过程。并在现场进行游戏活动展示,时间10分钟以内。
3. 请现场模拟展示家托沟通的话术,展示时间5分钟以内。

赛证链接

一、单选题

1. 婴儿爬行时,可选择一些色彩鲜艳或婴儿感兴趣的玩具放置在婴儿的前方,其目的是( )。

A. 让婴儿心情愉悦　　　　B. 婴儿对鲜艳的色彩感兴趣

在线练习

C. 激发婴儿爬行的兴趣   D. 锻炼婴儿的追视

2. 给婴幼儿放洗澡水时,顺序正确的选项是(　　)。

A. 先放冷水,后放热水,再放婴儿   B. 先放冷水,后放婴儿,再放热水

C. 先放婴儿,后放热水,再放冷水   D. 先放热水,后放婴儿,再放冷水

二、多选题

1. 随着年龄的成长,父母就需要为婴幼儿营造一个能够(　　)的生活空间。

A. 自由活动   B. 自由发挥   C. 自由探索   D. 局促封闭

2. 目前托育机构和家庭合作共育中存在的主要问题有(　　)。

A. 教师和家长的关系是单向的、不平等的

B. 存在重视智商、忽视情商的倾向

C. 普遍重视幼儿特长教育而忽视幼儿的兴趣培养

D. 重视家庭和托育机构而忽视社区的教育作用

3. 托育机构和家庭合作共育的意义(　　)。

A. 有利于形成教育合力提高教育质量   B. 帮助家长转变教育观念提高家教水平

C. 利用家庭资源为课程建设服务   D. 有利于教师的自我成长,提高托育机构的声誉

(以上题目均选自中国—东盟教育交流周职业院校技能大赛婴幼儿保教技能竞赛题)

三、案例分析题

案例:7月龄的亮亮,近期出现不断啃咬玩教具,流口水等现象,家长出于卫生考虑,在家中制止孩子啃咬,并对孩子出现啃咬现象非常不解。

问题:请针对案例中亮亮的啃咬需求,在保证清洁、卫生、健康的前提下,制定符合该婴儿发展规律的科学养育支持指导方案。

(以上题目来自福建省职业院校技能大赛高职组"婴幼儿照护"赛项)

项目八 熟悉婴幼儿照护服务机构

学习目标

1. 熟悉一日生活保教的主要原则、基本流程。
2. 掌握组织生活照护、安全健康以及早期发展活动的关键要领。
3. 具备开展婴幼儿照护服务机构早期教养的集中指导和个别指导活动的能力。
4. 明确婴幼儿照护服务机构的保教工作对婴幼儿成长的重要影响。

知识导图

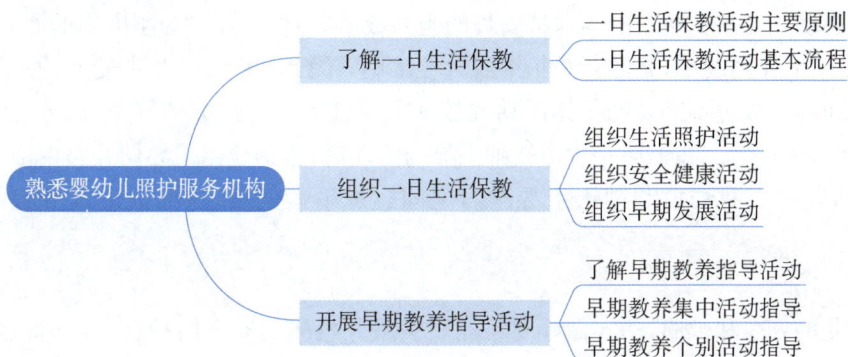

视频

托育机构一日
生活保教原则、
流程

任务一　了解一日生活保教

案例导入

学生1：今天第一次来到0~3岁婴幼儿照护服务机构进行观摩学习,给我留下深刻印象的是其日常生活的流程安排,从孩子们的入园、晨间接待一日流程及过渡环节直至离托,各个活动环节安排得井井有条。令人惊叹的是,年龄这么小的婴幼儿也能够如此出色地适应集体生活。

学生2：婴幼儿照护服务机构的日常生活流程似乎与3~6岁幼儿园的安排颇为相似。那么,婴幼儿照护服务机构在日常保教内容上究竟有何独特之处呢?

一、一日生活保教活动主要原则

(一)一日生活保教活动内涵界定

婴幼儿照护服务机构的保育工作,不仅包含早期学习内容,更着重于卫生保健、生活照料、安全看护以及平衡膳食等范畴。高等职业院校早期教育、托育专业建设应紧密契合"健康中国"战略背景,强调生命全周期健康服务的相互衔接,以安全与健康作为基本准则,逐步拓展专业领域,朝着"医育结合"的发展方向迈进。

一日生活保教活动是婴幼儿照护服务机构所有活动的统称,其核心是以0~3岁婴幼儿的发展需求为导向,在科学的保育与教育理念引领下,通过合理规划生活照护、日常保健、早期发展等环节,构建具有连续性、节奏性和教育性的每日活动体系。其内涵包含三个维度:生活即教育、以游戏为载体、规律作息与弹性调整相统一。一日生活保教活动的设计需以《托育机构保育指导大纲》为依据,整合健康养护、情感回应、环境刺激等要素,最终达成"养中有教、教中重养"的协同发展目标。

(二)一日生活保教活动实施原则

婴幼儿照护服务机构的教师在开展一日生活的保育与教育活动时,需着重遵循一日生活安排的实施原则。依据《托育机构保育指导大纲(试行)》,婴幼儿照护服务机构开展保育与教育工作时应遵循以下四项基本原则。

1. 尊重儿童

坚持儿童优先,保障儿童权利。尊重婴幼儿的成长特性与规律,关注个体间的差异,推动每个婴幼儿实现全面发展。尊重儿童的核心体现为依据婴幼儿的身心发展特征,合理规划一日生活保教活动中的集体游戏与自主游戏。婴幼儿几乎无法长时间保持安静的坐立或躺卧状态,即便为刚出生的婴儿,亦会进行身体活动。并且,婴幼儿年龄越小,其注意力集中的时长越短。因此,在0~3岁婴幼儿的一日活动中,应设置大量自主活动时间,减少不必要的集体活动或教师主导性活动。达成动静交替、劳逸结合的效果,促使婴幼儿的生活有序开展。在经历一段由教师主导的活动后,教师应给予婴幼儿自由活动时间,以实现自我释放。婴幼儿在自我释放与他人引导学习之间达成平衡发展,进而促进其身心健康成长。

2. 安全健康

最大限度地保护婴幼儿的安全和健康,切实做好婴幼儿照护服务机构的安全防护、营养膳食、疾病防控等工作。在0~3岁婴幼儿照护的一日保教工作中,安全健康是贯穿始终的核心原则,需从环境、饮食、疾病防控等多维度落实细节:安全防护上,活动室家具采用圆角设计并铺设软垫,玩具每日检查无尖锐或小零件脱落风险,教师应保持"一对一"或"小组看护"以防碰撞或触碰危险物品,除此之外,教师应通过稳定的一日活动流程,给予婴幼儿安全感。营养膳食方面,严格遵循"按需喂养",注重蛋白质、维生素搭配,确保食物温热适宜、易咀嚼吞咽,餐具每餐高温消毒;疾病防控强调"预防为先",每日晨检(测体温、查口腔/皮肤),活动室与玩具、毛巾等用品"一人一用一消",引导婴幼儿养成勤洗手习惯,教师需密切观察发热、咳嗽等异常症状并及时隔离上报。通过环境安全、心理安全、科学喂养、卫生防控的精细化落实,为婴幼儿构建全方位健康屏障,护航其安全成长。

3. 积极回应

提供支持性环境,敏锐观察婴幼儿的动作、表情、声音和言语提示,理解其生理和心理需求,并及时给予积极适宜的回应。设计0~3岁婴幼儿一日活动时,除了考虑其饮食、睡眠、安全、卫生等基本需求外,还应提供充足的游戏玩耍时间,让其在自由游戏中通过探索环境和材料,积累丰富的感官经验,刺激视觉、听觉、味觉、嗅觉、触觉的发展,以及知觉能力、注意力、想象力等方面的提升。教师还应提供玩具,与婴幼儿一起念儿歌或玩律动游戏等,给予有益的外部刺激,通过积极回应支持婴幼儿大脑神经系统的发展。

4. 科学规范

按照国家和地方相关标准和规范,遵循婴幼儿发展年龄特点,科学合理安排婴幼儿的一日活动,坚持保育为主、保教结合,满足其生长发育的需要。一日作息需科学分区:睡眠区保证每天12~14小时优质睡眠,设置安静、光线柔和的独立空间;活动区按年龄段配置适宜玩具,0~1岁以感官刺激类为主,1~2岁增加爬行、站立辅助设施,2~3岁提供简单拼搭玩具。喂养环节执行标准化流程,母乳、配方奶喂养间隔、辅食添加种类与质地均参照《婴幼儿喂养指南》。教育活动遵循"游戏为主"原则,每日安排1~2小时自由探索及15~20分钟互动游戏。对0~3岁婴幼儿而言,须保证其每日有足够的自由自主户外活动时间。遇到下雪、下雨、刮风等特殊天气,教师可灵活调整当天的户外活动安排。避免过早知识灌输。所有照护行为均可通过标准化、规范化、科学化的日常安排,促进婴幼儿身心健康发展。

二、一日生活保教活动基本流程

婴幼儿照护服务机构的一日生活保教活动是婴幼儿早期教育的重要组成部分,科学合理的流程设计能够满足婴幼儿的生理、心理发展需求,同时帮助其建立良好的生活习惯。婴幼儿照护服务机构一日生活保教活动主要包括生活照护活动(包括入托离托、盥洗如厕、进餐饮水、午睡)、安全健康活动(生活习惯、健康检查、突发事件)、早期发展活动(游戏活动、学习活动、户外活动)等三大类,三类活动保教核心任务各有侧重。婴幼儿照护服务机构的一日生活安排以婴幼儿发展需求为核心,遵循规律性与灵活性相统一的原则,其显著特点是保障充足的户外活动时间,并最大限度减少集体活动。科学编排生活照护、安全健康、早期发展活动,旨在促进婴幼儿身心和谐发展,并为家庭养育提供专业支持。日常活动主要涵盖晨间活动、生活活动、运动活动、学习与游戏活动、离园活动等环节。

(一) 晨间活动

1. 晨间接待

晨间接待环节是婴幼儿入托后一日生活的开始,虽短暂,却蕴含着丰富的保教内涵。照护者应充分利用这一时段,对婴幼儿进行持续而细致的引导,例如主动热情地与教师及小伙伴打招呼问好,以及挥手向家长道别等。对于新入托或情绪不稳定的婴幼儿,教师应给予耐心安抚,如拥抱、轻声交流或提供熟悉的玩具,帮助其适应环境。

2. 健康检查

婴幼儿每日进入婴幼儿照护服务机构后,医务保健人员和照护者会对他们进行全面的健康检查与细致观察,包括体温测量、口腔检查、手部清洁等基础健康检查项目,同时留意是否有异常情况,如情绪低落、皮肤问题等。晨检的核心内容在于对婴幼儿的身体健康进行全面检查,这不仅为婴幼儿自身提供安全保障,也确保了其他婴幼儿的健康,更是家托沟通中不可或缺的重要环节。在家长交接时,教师需详细询问并记录婴幼儿在家中的饮食、睡眠及健康状况。

3. 学习与游戏活动

教师提供安全且柔软的游戏材料,如布书、大颗粒拼图等。入托较早且已完成晨检的婴幼儿可以在室内进行积木拼搭、绘本阅读等活动,在轻松愉悦的氛围中开启一天的集体生活。教师借此机会观察婴幼儿的社交行为,引导他们一起搭积木、阅读绘本,并鼓励其进行语言表达。

(二)生活活动

1. 如厕、盥洗、饮水

教师分批引导婴幼儿如厕、洗手,活动过程中全程陪伴,同步培养穿脱衣服、洗手等基本生活技能,建立健康卫生习惯,感知身体需求。婴幼儿阶段对水的需求量大,需要及时补充水分。教师可鼓励1~2岁幼儿自己喝水,2~3岁幼儿自己捧杯喝水。教师提前为幼儿准备温度适宜(30℃左右)的白开水,引导幼儿从杯橱中取出自己的水杯,双手拿稳,安静有序喝水。

2. 点心

在点心环节,须严格执行餐具消毒(开水烫洗),按份分配。教师分发或引导能力适宜的幼儿自取点心。提醒其细嚼慢咽,关注进食量。同时,须为过敏婴幼儿提供安全替代餐点。餐后引导婴幼儿擦拭嘴巴和小手。在婴幼儿照护服务机构,点心环节上午、下午各有一次,上午的点心环节一般在婴幼儿的晨间活动结束之后(约9:30~10:00),下午的点心环节一般在婴幼儿午睡起床之后(约15:10~15:40)。

3. 午餐活动

(1)餐前准备

在进餐前,确保幼儿的双手已彻底清洗干净。教师通过讲述故事、播放音乐等方式,营造宁静的就餐环境。此外,向幼儿介绍餐桌礼仪和食物的营养价值,激发婴幼儿对食物的兴趣和好感,提升食欲。

(2)愉快午餐

确保食物的温度适宜,鼓励婴幼儿自主用餐,如自己拿围兜、坐到位置上,吃完午餐后把餐具递给教师。对于进食较慢的幼儿,教师应给予适当的协助。

(3)餐后活动

餐后,引导幼儿漱口和洗手。安排一些安静的游戏,如散步、聆听轻音乐或讲故事等活动,这不仅有助于消化,还能为接下来的午休做好准备。

4. 午睡活动

(1)午睡

教师依据婴幼儿的身体状况及需求,精心挑选合适的睡前活动,包括听舒缓音乐、散步、讲故事和看绘本等。在完成睡前检查的同时,教师及时排查并排除潜在的安全隐患。针对有需要的婴幼儿,及时更换纸尿裤,确保各项睡前准备工作细致到位。午睡期间,教师全力营造宁静的睡眠环境,帮助婴幼儿放松身心。此外,教师会定时巡视,纠正不良睡姿,迅速应对哭闹或尿床等突发情况。同步进行睡眠管理工作,包括详细记录每位婴幼儿的睡眠时长和质量,并与家长保持密切沟通,以便及时调整作息安排。

(2)整理活动

婴幼儿睡醒后通常会出现哭闹、不愿起床等情况,教师需引导婴幼儿陆续起床。起床唤醒环节,教师应轻柔唤醒,避免突然惊吓,帮助婴幼儿穿衣、如厕,满足婴幼儿的情感及个性化照护需求。

(三)运动活动

运动活动以发展婴幼儿基本动作能力、增强体质、亲近自然为核心目标。坚持户外活动优先原则,天气适宜时,充分利用户外场地组织骑行、攀爬、跳跃、荡秋千等大肌肉活动,并引导婴幼儿观察花草、昆虫等自然事物,培养探索兴趣与观察力。若遇不良天气,则选择室内宽敞区域进行建构、推小车、玩皮球、走平衡木等平缓体能活动,或开展音乐律动(如打击乐器、自由舞蹈)。教师需注重活动设计的多样性,促进大肌肉群协调发展,并依据季节特点调整时长与强度,做好防晒或保暖措施。安全是首要前提:活动前务必细致检查场地器械,排除隐患;活动中全程密切看护,防止意外,及时关注婴幼儿身体状态(如面色、出汗),适时擦汗、调整衣物或更换汗巾。

（四）学习与游戏活动

学习与游戏活动核心在于通过游戏化、探索性的体验，激发婴幼儿内在的好奇心与学习动力，促进其认知、动作、语言、情绪情感与交往适应等多元领域的自然发展。特别强调，此类学习与游戏并非孤立进行，而是高度灵活的，可与其他环节有机融合。例如：在生活活动（如点心、如厕）中融入认知（认识食物、用具名称/形状/颜色）、语言（描述动作、需求）或简单规则（排队、等待）。在运动活动中融入自然观察、空间探索或利用自然物进行简易艺术创作。

在相对集中的学习与游戏时间段内，摒弃集体统一授课模式，教师应依据婴幼儿年龄及发展水平，创设开放、可选择的材料环境（如：认知区——颜色形状配对卡、实物分类盒；语言区——绘本、玩偶、指偶；艺术区——安全颜料、撕贴材料、黏土）。活动类型聚焦于认知游戏（辨识配对、分类、简单因果）、语言游戏（儿歌、手指谣、绘本共读与情境对话）、艺术游戏（自由涂鸦、撕贴拼画、黏土塑形）。教师作为敏锐的观察者、支持者与共同探索者，鼓励婴幼儿在自主操作和互动中学习，确保活动充满趣味性，避免长时间让婴幼儿静坐。同时，持续观察个体差异，灵活调整材料复杂度、任务挑战及互动策略，确保活动契合每位婴幼儿的"最近发展区"。

（五）离园活动

离园活动主要包括离园整理和家园互动。在离园整理环节，教师须做好物品整理工作，仔细检查婴幼儿的衣物和书包，避免遗漏。在家园互动环节，积极与家长沟通，开展有效的家园互动，反馈婴幼儿在园的一日表现，包括饮食、睡眠、情绪及特殊事项等，并针对出现的问题提供针对性的家庭教育建议，如调整饮食或睡眠习惯。

婴幼儿照护服务机构的一日流程应始终以婴幼儿的发展需求为核心，既要注重规律性，又要保持灵活性。通过科学合理地安排生活照护、安全健康和早期发展活动，全面促进婴幼儿的身心健康发展，并为家长提供专业的支持与指导。教师需持续进行观察和记录，根据每位婴幼儿的个体差异，个性化调整活动内容，确保他们在充满关爱与安全保障的环境中愉快成长。

现以厦门市某托育中心"一日生活保教流程"举例说明以上各类活动在实际保教流程中的安排（表8-1-1）。

表8-1-1　厦门市某托育中心托班一日生活保教活动流程

PDF

一日生活保教
活动流程参考

时间	活动类型	环节
8:00~8:30	晨间活动	晨间接待、晨检环节
8:30~9:30		自主游戏（区域游戏）
9:30~10:00	生活活动	如厕、盥洗、饮水
		上午点心
10:00~10:40	户外活动	体能锻炼/自然探索
10:40~11:20	学习活动	创造活动/探索活动/听说活动
11:20~11:40	午餐活动	餐前准备
11:40~12:20		愉快午餐
12:20~12:40		餐后漱口/餐后游戏
12:40~14:40	午睡活动	换尿布/午睡
14:40~15:10	整理活动	陆续起床/如厕饮水
15:10~15:40	午点活动	下午点
15:40~16:10	室内/户外活动	创造活动/探索活动/听说活动/肢体活动
16:10~16:30	离园活动	离园整理
		家园互动

育儿宝典

许多家长反映,自己的孩子在家和托育园的表现存在差异。在家中,孩子较为活跃,说话声音大,可以独自玩耍且活泼好动。然而,到了托育园,他们却不敢在众人面前做自我介绍,分发材料时也不敢上前领取,且不乐意参与集体活动。这种在家与在外表现不一的现象,实际上是许多孩子成长过程中的一种常见行为。这种行为的发生通常有以下原因:

1. 婴幼儿自身因素

部分婴幼儿性格较为害羞、敏感。害羞作为一种气质特点,可能源自父母的遗传。害羞的婴幼儿对周围世界既感到好奇和期待,又充满担忧和恐惧。家长需要学会理解婴幼儿的内心世界,帮助他们认识并适应这个美好的世界。

2. 家庭教养环境的影响

① 家长对婴幼儿过度保护。出于避免婴幼儿受到任何伤害的考虑,家长往往不让他们接触陌生环境,限制其社会交往,导致婴幼儿对家长过度依赖,不懂得如何应对陌生情境,更不懂得如何与他人互动。因此,在社交场合中,他们往往沉默不语,显得紧张害怕。

② 家长对婴幼儿有过高期望。婴幼儿因自身表现难以达到家长的要求,增加了对他人评价的敏感度。

③ 家长对婴幼儿作出消极评价。这同样加剧了婴幼儿对他人否定自己的担忧。

针对上述情况,提出以下家托共育指导建议:

① 避免过度保护婴幼儿,增加其与外界接触的机会。例如,多邀请其他孩子来家中玩耍,让婴幼儿在实践中学会如何与他人交往。

② 不要对婴幼儿提出过高要求。应多给予肯定,减轻婴幼儿因消极评价而产生的心理压力。

③ 帮助婴幼儿为即将面临的新情况做好准备,提前向其解释将要发生的事情,并告知应对方法。

④ 当婴幼儿表现出退缩和羞怯时,给予其适应的时间,不强迫或责备。先进行示范,再鼓励其参与。一旦婴幼儿迈出尝试的步伐,立即给予表扬,如夸奖:"宝贝,真大方,真有礼貌"等。

任务思考

1. 简述婴幼儿照护服务机构一日生活保教活动的内涵。
2. 简述婴幼儿照护服务机构一日生活保教活动主要原则。
3. 简述婴幼儿照护服务机构一日生活保教活动流程安排。

任务二　组织一日生活保教

案例导入

视频
托育机构一日生活保教指导

孩子爸爸:老师您好,我家宝贝明天就要正式入托了,需要自己在托育中心待一整天。一想到他挑食、偏食的饮食习惯,我就担心他在咱们这里会吃不饱。我家孩子对绿色青菜一律不碰,只喜欢吃肉,真不知道他该如何适应集体生活呢?

教师:爸爸您放心,我们这里遇到过很多类似偏食、挑食的小朋友。我们有专业的方法帮助宝贝逐步养成良好的饮食习惯。

❓ 请从婴幼儿照护服务机构的角度,思考如何引导婴幼儿爱上吃蔬菜?

婴幼儿照护服务机构一日活动保教包括生活照护活动、安全健康活动以及早期发展活动。照护者应在就餐、如厕、睡眠、盥洗、游戏等各个环节中,通过科学规范的保教工作,促进婴幼儿在营养与喂养、睡眠、卫生、健康、早期发展等方面全面发展。

一、组织生活照护活动

(一) 有序接待入托离托

1. 入托环节流程与操作规范

婴幼儿入托主要包括晨间接待和情绪安抚两个重要环节。教师应主动问候、热情接待刚入托的婴幼儿及其家长,关心并安抚内向敏感或有哭闹情绪的婴幼儿,尊重其感受并耐心等待其回应。抓住教育契机,运用教育策略与家长沟通,帮助婴幼儿建立并保持良好情绪,愉快地度过每一天。晨检照护要点为"一摸二看三问四查",并为婴幼儿做好手部消毒。

(1) 环境准备

① 晨检台保健教师需提前到岗,使用消毒棉片仔细擦拭晨检台面(重点区域:台面及晨检工具接触面)。

② 摆放物品:体温计、手电筒(用于口腔检查)、喂药记录本、免洗洗手液、晨检卡。

(2) 晨检与健康评估

① 一看、二摸、三问、四查。一看指观察婴幼儿的面部(面色、眼神是否困倦或红肿)、皮肤(裸露部位是否有疹子或伤痕)以及口腔(用手电筒快速检查是否有溃疡或疱疹)。二摸指手心轻触婴幼儿的额头和颈部,感知其体温及出汗情况。三问指使用固定话术向家长询问"宝宝昨晚睡得好吗?早餐吃了什么?"并记录异常情况(如腹泻、过敏等)。四查指检查婴幼儿的书包内是否有危险物品(如小玩具、坚果类零食)和未登记药物,同时检查婴幼儿的衣着是否安全(避免穿带绳连帽衫和过紧的袜子,以防影响血液循环)。

② 手部消毒。挤取黄豆大小的免洗洗手液,引导婴幼儿搓手(可配合儿歌:"小手搓搓,细菌跑掉")。对于过敏体质的婴幼儿,需用清水冲洗。

(3) 情绪安抚与交接

班级教师在迎接环节需站在教室门口显眼位置,蹲下与婴幼儿保持平视,用热情自然的语言问候,并鼓励婴幼儿与家长道别。随后引导婴幼儿坐在换鞋区的矮凳上,协助其更换防滑袜。对于 2 岁以上的幼儿,可鼓励幼儿自己脱鞋以培养其自理能力。

2. 离托环节流程与操作规范

离托环节是婴幼儿照护服务机构一日生活活动的最后一个环节,也是婴幼儿照护服务机构活动与家庭保教活动交替衔接的重要环节。核心要点包括整理物品、检查仪容仪表、测量体温、热情再见。

① 整理物品、关注情绪。离园前将婴幼儿的衣物、携带的水杯等物品以及要分发回去的物品提前放进书包,做到井井有条。引导、帮助幼儿如厕,有序收好玩具,尽量减少消极等待的时间。

② 检查仪容仪表。为婴幼儿进行晚检和仪容仪表检查,为每位宝宝擦干净脸、脖子、手,梳好头发、提好裤子、拉平外衣,检查是否有磕碰伤口。对衣袖湿了、鞋子穿反、裤子尿湿的婴幼儿,照护者应敏锐观察,及时回应其需求。

③ 重视离托安全。有序组织、妥善安排离托环节,提醒婴幼儿:"老师叫到你的名字,宝贝才能离开座位",确保安全地将婴幼儿交到家长手中,不可交给陌生人或未成年人。

④ 家托沟通,热情再见。培养离托礼仪,引导婴幼儿主动与教师、同伴说再见。离托前夸奖宝宝,给宝宝一个爱的抱抱,让宝宝感到自豪又开心。同时,将婴幼儿当天在托情况言简意赅地与家长交流,对孩子的进步表现予以表扬。若婴幼儿有特殊情况发生(如摔伤、受伤、身体不适或与同伴发生矛盾冲突等),教师要及时向家长说明情况。与家长沟通交流时,注意控制时间,也可约定时间线上交流,避免疏忽其他婴幼儿和家长。

（二）渐进指导盥洗如厕

具体包括漱口刷牙、洗手洗脸、二便照护、如厕指导等内容。

1. 漱口刷牙流程与操作规范

婴幼儿漱口时应使用温开水，避免使用自来水或漱口水，以防吞咽。照护者可鼓励婴幼儿学习"闭嘴、鼓腮、吐水"等动作，通过模仿加深对漱口步骤的记忆。照护者应鼓励婴幼儿尝试自己刷牙，但由于年龄较小，仍需照护者的帮助和监督。刷牙时，照护者可站在婴幼儿的右后方，采取抱姿、坐姿或站姿，左手环绕婴幼儿背部，轻托其下颌，按照从左到右、先上后下、先外侧后内侧的顺序，确保牙齿的六面都能刷到。

在日常照护过程中，照护者可通过读绘本、讲故事的方式，帮助婴幼儿了解口腔清洁的重要性及漱口刷牙的方法。同时，通过示范和哼唱儿歌童谣等方式，激发婴幼儿的刷牙兴趣。

2. 盥洗环节流程与操作规范

盥洗环节需确保盥洗室地面干燥、防滑、安全，并提前准备好洗手液和擦手毛巾。分批引导婴幼儿洗手，指导其依次完成"挽袖子—打湿双手—抹肥皂—七步洗手法搓洗—冲洗干净—捧水浇灌水龙头—甩掉多余水—擦干手—挂毛巾"等步骤。七步洗手法的顺序为"内—外—夹—弓—大—立—腕"。

3. 如厕指导流程与操作规范

学习自主如厕是婴幼儿成长过程中的重要阶段。如厕指导不仅能让婴幼儿学会自己上厕所，培养其生活自理能力，还有助于发展其自主意识，养成良好的卫生习惯。

（1）如厕前准备

如厕前准备包括环境准备、物品准备、照护者准备和婴幼儿准备。环境与物品准备方面，提供婴幼儿专用小马桶或马桶圈踏板，确保稳固安全。马桶位置固定（如卫生间内），便于婴幼儿形成条件反射。备好宽松易脱的裤子、干净内裤及清洁用品。照护者需了解婴幼儿的如厕习惯和需求，观察其生理信号（如夹腿、摸尿布、语言表达），适时引导。在餐后、睡醒后等时段主动询问婴幼儿是否需要如厕。

（2）如厕中指导

主要包括以下五个方面：

① 示范与陪伴。教师或保育员陪同如厕，通过绘本或儿歌讲解"脱裤子—坐下—擦净—冲水"等如厕步骤。

② 脱裤子。指导婴幼儿伸出两个大拇指，伸入内裤内侧，轻轻将内裤拉至膝盖处。

③ 坐下。引导婴幼儿在马桶上坐稳，以聊天、唱歌等方式安抚并引导其排尿。鼓励男孩模仿正确小便姿势（初期可坐便，熟练后学习站立）。

④ 擦净。尿完后，示范抽取一张卫生纸，中间对折2次，女童由前往后擦拭，将用过的卫生纸丢弃到垃圾桶。男童将尿液滴干净后站起来即可。

⑤ 穿裤子、冲水、洗手。引导婴幼儿将大拇指伸进内裤两侧，将裤子和内裤拉起来穿好并整理好。如厕后协助冲水、洗手，强化卫生习惯。

（3）整理与记录

整理环境，清洁、消毒马桶，照护者洗净双手，填写《如厕记录表》，记录如厕情况。

（三）规范操作喂奶进餐

婴幼儿照护服务机构应顺应不同年龄阶段婴幼儿的喂养和进餐需求，科学制订食谱，确保婴幼儿膳食平衡。

1. 奶粉喂养流程与操作规范

（1）准备工作

喂奶室应保持干净整洁，房间温湿度适宜。照护者需摘掉首饰，修剪指甲，洗净双手。婴幼儿情绪稳定，表现出进食需求。照护者应准备好干净奶瓶、奶嘴、奶瓶盖、奶瓶夹、40～45℃的温开水、配方奶粉。须有专人负责母乳及配方奶粉的储存。配方奶粉应标明生产日期、开罐日期、保质期、婴幼儿姓名、家长姓名等信息。

（2）冲泡奶粉

按照规范流程冲泡奶粉,配制好的奶液应立即食用,未喝完的建议尽快丢弃,在容器中静置时间不超过2小时。冲泡奶粉基本步骤如下:将温开水倒入清洁好的奶瓶中;用专属奶粉勺舀取适量奶粉,对准奶瓶口倒入;套上奶嘴并拧紧,缓慢左右摇晃奶瓶,确保配方奶充分溶解;倒置奶瓶,注意手不要碰到奶嘴位置,观察奶液滴速是否恰当;每次开罐后务必确保盖紧盖子,袋装奶粉每次使用后封严袋口,放置于阴凉、干燥处。

（3）奶粉喂养

首先,采用正确的喂哺姿势。抱起婴儿,斜靠在照护者臂弯中,左右位置均可。照护者用奶嘴轻触婴儿嘴角,待其张开嘴巴时将奶嘴放入口中。调整奶瓶方向,使有气孔的一面朝上,保证奶嘴内充满奶液,避免婴儿吸入过多空气。其次,掌握科学的喂哺时间。喂哺时间不宜过短,正常情况下,每次喂哺时间为10~15分钟,两次喂哺间隔时间为3~4小时。再次,掌握拍嗝要领。喂哺后,照护者将婴儿轻轻抱起趴伏于肩上,手掌呈空心掌状,力度和频率适中,由婴儿后背中部逐渐往上拍打,直至婴儿打嗝,排出吸入胃中的空气。最后,将婴儿放置床上安静躺着,头颈背部可略微垫高,以免溢奶。

（4）奶瓶清洗与消毒

照护者在清洗与消毒奶瓶前务必确保双手已彻底清洁,消毒环境整洁。

① 奶瓶清洗。首先,立即冲洗。使用后立即将奶瓶、奶嘴、奶瓶盖等部件拆开,用流动清水冲洗残留奶液,避免奶垢凝固。其次,用专用刷清洁。在奶瓶中倒入少量奶瓶清洗剂,用奶瓶刷彻底刷洗瓶身内壁、外壁、瓶口螺纹处及奶瓶盖等。最后,用流动水反复冲洗奶瓶、奶瓶盖和奶嘴,倒置控干。

② 奶瓶消毒。根据家庭与婴幼儿照护服务机构的条件选择适宜的消毒方式。常用的消毒方式主要有以下三种:

煮沸消毒法:将清洗后的奶瓶部件完全浸入冷水锅中(玻璃奶瓶冷水下锅,塑料奶瓶水沸后放入)。煮沸后保持5~10分钟,奶嘴等硅胶部件需在水沸后放入,煮3分钟即可取出。

蒸汽消毒锅消毒:将洗净的奶瓶和奶嘴放入蒸汽消毒锅内,奶瓶倒置摆放,消毒锅内加入适量水,水量不要超过瓶口,待水沸腾后消毒10~15分钟。

紫外线消毒柜使用方法:确保奶瓶内外完全干燥后,放入消毒柜中,关闭柜门并启动紫外线与臭氧双效消毒程序。

清洗和消毒完奶瓶后,将消毒后的奶瓶部件倒扣于专用晾干架上,置于通风无尘环境中自然晾干。待完全干燥后,组装奶瓶,并将其放入带盖的洁净容器或消毒柜内密封保存。建议24小时内未使用的奶瓶需重新进行消毒。避免使用钢丝球或腐蚀性清洁剂,以防止刮伤瓶体或造成化学残留。定期检查奶嘴是否老化或变形,建议每2~3个月更换一次。消毒后,切勿用未洗净的手直接触碰奶嘴内部。

2. 进餐指导流程与操作规范

进餐环节是培养婴幼儿良好饮食习惯的重要阶段,需要重点掌握以下几方面的基本要点:

① 按时进餐:建立规律的进餐时间,避免随意加餐或拖延。

② 顺应喂养:观察婴幼儿的饥饿和饱腹信号,避免强迫进食或过度喂养。

③ 安全看护:全程监护,防止噎食、呛咳等意外发生。

④ 习惯培养:注重饮食卫生、自主进食能力的逐步养成。

⑤ 时间控制:单次进餐时间建议20~30分钟,餐后可安排10~15分钟的安静互动或散步,促进消化。

在进餐的不同环节须遵循"餐前准备充分、餐中安全看护、餐后合理整理"的原则。

（1）餐前准备

确保进餐区域安静、整洁,避免玩具、电子设备等干扰。安排婴幼儿在固定进餐位置,如婴儿餐椅或成人膝上(需确保稳定性)。根据婴幼儿年龄准备合适的餐具(防摔碗、软头勺等)和围兜。提供的食物温度适宜(以手腕内侧试温,避免过烫或过凉),备好清洁湿巾或毛巾,便于随时擦拭。婴幼儿已发出进食信号,餐前已如厕、洗手。注意检查婴幼儿状态,避免在过度困倦或哭闹时强行喂食。

（2）餐中看护

在婴幼儿进餐过程中,照护者应与婴幼儿保持面对面,以便观察其吞咽情况。鼓励婴幼儿小口进食,确保每一口食物完全咽下后再喂下一口,避免催促。食用固体食物时,需将食物切成小块（如香蕉、蒸软的胡萝卜）,以防噎呛。同时,鼓励婴幼儿自主进食,允许其触摸食物或尝试使用勺子,以培养进食兴趣,避免因进食速度慢而由照护者代劳。进餐前,可向婴幼儿介绍餐点的名称及其营养价值,以激发其进餐兴趣。

（3）餐后整理

引导婴幼儿将用过的餐具分别放在指定位置,帮助和指导婴幼儿漱口、洗手,使用餐巾或小毛巾擦嘴,提醒婴幼儿将自己的小椅子放回固定位置。进餐后,照护者可组织婴幼儿散步,为午睡做准备。照护者及时记录进食量及反应,便于调整后续餐食安排。照护者最后做好餐桌、地面清理,并完成餐具清洗消毒工作。

（四）温馨实施睡眠照护

睡眠是婴幼儿健康生活不可或缺的环节,照护者应注重培养婴幼儿养成独立入睡、作息规律的良好睡眠习惯。关注个体差异及睡眠问题,采取适宜的照护方式。睡眠照护的核心要点主要包括睡前准备、睡中照护和睡后整理。

1. 睡前准备指导流程与操作规范

（1）环境准备

确保寝室整洁、安全、温馨,温湿度、光线适宜,保持室温 22～26℃、湿度 50%～60%。检查婴儿床的安全性,移除玩具、松软寝具,确保床垫硬实无缝隙。

（2）婴幼儿准备

睡前 1 小时避免剧烈活动,改为抚触、轻柔按摩。测量体温,检查婴幼儿是否有发烧情况。观察婴幼儿面色、情绪是否正常,检查是否携带危险物品进入寝室。为小月龄婴幼儿更换干净尿布,指导或协助大月龄婴幼儿脱衣,穿着透气棉质睡衣或睡袋。上床后为其盖好被子。

（3）睡眠仪式

照护者进行入睡指导,安抚哄睡,引导自主入睡。也可固定睡前流程,如读一本绘本、听一首摇篮曲、说一句午安等。

2. 睡中照护指导流程与操作规范

睡中监护包括睡眠环境检查、安全检查、不良睡姿纠正、体温监测、巡查记录等环节。

（1）睡眠环境检查

及时查看温度计和湿度计,确保睡眠环境适宜。注意不要让空调吹风口直接对着婴幼儿。夏季使用空调时,将窗户打开一些缝隙,保持空气新鲜。

（2）安全检查

及时帮助婴幼儿将被子盖到胸口处,避免蒙住头或遮住口鼻。及时移开安抚物,远离婴幼儿口鼻。注意观察婴幼儿脖颈是否被衣服、线头缠绕。

（3）睡姿检查

婴幼儿宜采用右侧卧睡姿,既避免心脏受压,也预防吐奶。但睡眠过程中,右侧卧易变成俯卧位,对不会翻身的小月龄婴儿存在危险,需加强看护,及时调整睡姿。检查时动作轻柔,避免打扰婴幼儿。

（4）体温监测

检查婴幼儿出汗情况,用额温枪进行体温监测。注意识别正常体温与异常体温,婴幼儿正常体温范围:腋下体温 36～37.4℃,37.5～38℃属于低热。

（5）巡查记录

及时记录婴幼儿睡眠情况,填写睡眠照护过程记录表。

3. 睡后整理指导流程与操作规范

睡后整理包括唤醒过渡、着装整理、环境整理、睡眠记录等主要环节。

（1）唤醒过渡

唤醒环节应根据婴幼儿实际情况采取不同的策略，如声音唤醒、光线唤醒、同伴唤醒和照护者唤醒等。自然醒后等待 2～3 分钟再接触，允许婴幼儿独自玩耍片刻。拉开窗帘引入自然光，用欢快语调问候（如"下午好"）。

（2）整理着装

照护者检查婴幼儿穿戴纸尿裤情况，根据需要更换尿布，并检查皮肤是否有压痕或湿疹。鼓励和引导婴幼儿学习自主穿衣服和鞋袜，对小月龄婴幼儿适时提供引导和帮助，给予积极回应，避免其产生挫败感。检查鞋子是否穿反、鞋扣是否扣好、鞋带是否系好、鞋舌是否拉出，避免婴幼儿因此摔倒或绊倒。

（3）环境整理

引导婴幼儿整理枕头、被子，撤下床单检查清洁度，注意床品是否有脏污，每周至少更换 2 次寝具，开窗通风 10 分钟。一名照护者按机构要求整理寝具，另一名照护者引导婴幼儿完成如厕、盥洗、喝水等环节，分工站位，确保全体婴幼儿在安全监管下。最后对睡眠环境进行清洁消毒，开窗通风。

（4）睡眠记录

照护者及时准确记录婴幼儿睡醒状况，记录入睡、觉醒时间，夜醒次数及异常表现（如磨牙、打鼾），及时评估婴幼儿睡眠质量。

二、组织安全健康活动

婴幼儿时期是人生最脆弱也最重要的成长阶段，婴幼儿照护服务机构作为婴幼儿日常活动的重要场所，必须将安全健康管理作为工作的重中之重。要最大限度地保护婴幼儿安全和健康，切实做好机构安全防护、营养膳食、疾病防控等工作。这不仅是保障婴幼儿健康成长的基本要求，更是婴幼儿照护服务机构专业性和责任感的体现。具体而言，需要重点完成以下三项任务。

（一）有序培养生活常规

建立科学合理的生活常规是保障婴幼儿健康发展的基础。婴幼儿照护服务机构应当根据婴幼儿的年龄特点和发展需求，制定系统化的生活常规培养方案。

首先，要建立规律的作息制度。为不同月龄段的婴幼儿设计适合的作息时间表，包括睡眠、进餐、活动等环节。例如，0～6 个月的婴儿每天需要 14～17 小时的睡眠，6～12 个月需要 12～15 小时。要确保每个婴幼儿都能获得充足的睡眠时间。

其次，要培养良好的卫生与饮食习惯。引导婴幼儿饭前便后洗手、正确使用餐具等基本卫生习惯。引导婴幼儿养成不挑食、不偏食的健康饮食习惯。在培养时，可以通过儿歌、游戏等趣味方式，让婴幼儿在轻松愉快的氛围中学习。例如，教唱"洗手歌"，配合洗手动作示范。

再次，要建立安全的活动规范。教导婴幼儿在活动室、游戏区等场所的安全行为准则，如不推挤同伴、不将玩具放入口中等。保育人员要以身作则，通过示范引导婴幼儿养成良好的行为习惯。

最后，要注意个体差异。每个婴幼儿的发展速度不同，要因材施教，循序渐进地培养生活常规，避免一刀切。对于有特殊需要的婴幼儿，要制定个性化的培养方案。

（二）定期开展健康检查

完善的健康检查制度是预防疾病、保障健康的重要防线。婴幼儿照护服务机构要建立系统化的健康检查体系，包括以下几个方面。

入托健康检查：所有新入托的婴幼儿都必须提供正规医疗机构出具的健康证明，包括既往病史、疫苗接种情况等基本信息。同时，保育人员要对新入托的婴幼儿进行适应性观察，记录其饮食、睡眠、情绪等方面的表现。

定期健康检查：每月进行一次生长发育监测，包括身高、体重、头围等指标的测量和记录。每季度邀请专业医护人员到园进行健康评估,重点关注婴幼儿的运动、语言、社交等方面的发展状况。

日常健康观察:严格执行晨检、午检制度。早晨入园时要检查婴幼儿的精神状态、皮肤状况、体温等;午睡前要再次观察。全日健康观察要重点关注婴幼儿的饮食、排泄、活动等情况,发现异常及时处理。

健康档案管理:为每个婴幼儿建立完整的健康档案,详细记录各项检查结果和观察情况。档案要定期更新,妥善保管,确保信息的完整性和隐私性。

传染病防控:严格执行消毒隔离制度,做好日常清洁消毒工作。发现疑似传染病病例要及时隔离,并按规定报告相关部门。定期开展健康教育活动,提高家长和保育员的防病意识。

(三) 妥善处理突发事件

婴幼儿照护服务机构要建立健全的突发事件应急处理机制,确保在紧急情况下能够快速、有效地保障婴幼儿安全。

1. 制定安全管理制度

要针对婴幼儿常见伤害类型制定详细的预防和处理制度,包括:预防窒息,确保睡眠安全;预防跌倒伤,设置安全防护设施,规范活动区域;预防烧烫伤,严格管理热源,规范食品温度;预防溺水,加强水域管理,禁止单独接近水源;预防中毒,妥善保管药品和化学品;预防异物伤害,规范玩具管理,避免小零件脱落被误吞;预防道路交通伤害,规范接送管理,确保交通安全。

2. 配备应急物资

婴幼儿照护服务机构要配备完善的急救箱,包括消毒用品、包扎材料、常用药品等。同时要确保有可用的通信设备,以便在紧急情况下及时联系医疗机构和家长。

3. 开展应急演练

婴幼儿照护服务机构要定期组织教职工进行急救技能培训和突发事件演练,包括心肺复苏、外伤处理、火灾逃生等内容。确保每位工作人员都能熟练掌握应急处理流程。

4. 建立应急响应机制

婴幼儿照护服务机构要制定详细的应急预案,明确各类突发事件的处理流程和责任人。发生突发事件时要保持冷静,按照预案有序处理,并及时通知家长和相关管理部门。

5. 事后处理与改进

突发事件处理后,要及时总结经验教训,完善相关制度和措施。对受影响的婴幼儿要进行心理疏导,帮助其尽快恢复正常状态。

通过以上三个方面的系统工作,婴幼儿照护服务机构能够为婴幼儿创造一个安全、健康的成长环境,有效预防各类健康风险,妥善处理突发事件,切实保障婴幼儿的身心健康。这不仅需要完善的管理制度,更需要保育从业人员的高度责任感和专业素养。

三、组织早期发展活动

早期发展活动突出"保"和"教"一体化,包括游戏活动、学习活动和户外活动三种类型。

(一) 游戏活动

婴幼儿照护服务机构的游戏活动应遵循"游戏即学习"理念,系统设计包含四大类发展适宜性活动:音乐游戏(如律动儿歌、乐器探索)培养节奏感;语言游戏(如绘本互动、指物命名)发展早期语言;动作游戏(如障碍爬行、平衡步道)强化大运动能力;探索游戏(如感官盆、物体恒存盒)激发认知发展。根据1~3岁婴幼儿特点,每日需安排3小时游戏时间(含1小时大运动),采用师幼互动与自主探索相结合的形式。材料投放应选择贴近生活的真实物品(如厨具模型)、多感官刺激的开放式材料(如纹理球、响铃),所有教具须经过防吞咽测试(直径>4 cm)并每日消毒。教师通过平行游戏、情绪标注等策略,在保障安全的前提下最大化游戏的发展价值。

(二) 学习活动

婴幼儿照护服务机构的学习活动是一个多领域融合的发展支持系统,主要包括以下四类核心活动:

主题式学习活动(图8-2-1、图8-2-2),领域整合活动(将动作、语言、认知等发展目标融入一个活动中,图8-2-3、图8-2-4),特色教学活动(蒙氏生活实践、感统训练等专业活动),以及基础发展活动(艺术、阅读等日常活动)。

图8-2-1　"冬至小团圆"主题活动[①]

图8-2-2　"蔗就厉害了"主题活动

图8-2-3　多民族探索之旅——苗族服饰

图8-2-4　多民族探索之旅——苗族美食

这些活动采取灵活的组织形式,包括集体互动、小组探索及个性化指导,确保适应不同发展阶段婴幼儿的需求。活动设计注重环境创设的"三化原则":教具材料生活化(使用真实物品)、活动空间情境化(设置主题区域)、安全防护系统化(全方位保护措施),在保障安全的前提下,系统促进婴幼儿认知、语言、运动、社交等关键能力的发展。

(三) 充分保证户外活动

1. 充分保证每日户外活动时间

为确保0~1岁婴儿的健康成长,建议每日安排不少于1小时的户外活动时间,让宝宝们能够接触到新鲜空气和阳光,促进身体发育。而对于1~3岁幼儿来说,每日的户外活动时间则应增加至不少于2小时,以满足他们更高的活动需求和探索欲望。当然,在寒冷、炎热的季节或遇到特殊天气情况时,保育人员可以根据实际情况适当调整户外活动的时间和强度,以确保宝宝们的安全和舒适。

---

① 项目八所有图片均由漳州悦芽托育提供。

2. 充分利用日光、空气和水等自然条件进行身体锻炼

婴幼儿照护服务机构的户外活动是一个融合自然教育与运动发展的综合体系,主要包括以下四类核心活动:自然探索活动(观察动植物,图 8-2-5、图 8-2-6)、大肌肉运动(攀爬、跑跳等基础动作发展)、感官体验活动(玩沙戏水、光影探索等自然元素互动)以及社交游戏(集体追逐、协作搬运等群体互动)。活动设计遵循"自然三浴"原则(日光、空气、水),场地选择需确保通风良好、光照充足,并配备适合婴幼儿尺寸的器械(矮滑梯、软垫斜坡)。

图 8-2-5 户外"兔宅"

图 8-2-6 照护小兔子

3. 做好运动中观察及照护,避免发生伤害

为了确保婴幼儿在户外活动中的安全,保育人员必须对户外活动设施和环境进行严格的检查和维护,确保其安全可靠。同时,加强日常安全教育也是至关重要的,通过教育让婴幼儿了解基本的安全知识,增强他们的自我保护意识,使他们在遇到危险时能够采取正确的应对措施。

在组织户外活动时,保育人员应密切观察婴幼儿的精神状态和身体反应。例如,注意婴幼儿是否表现出过度疲劳、兴奋或不安的情绪,以及他们在活动过程中出汗量是否过多。活动结束后,应立即帮助婴幼儿更换衣物,避免因出汗过多而着凉感冒。此外,保育人员还应仔细观察婴幼儿在活动后的精神状态、食欲和睡眠质量等方面的表现,以便及时发现并处理可能出现的健康问题。通过细致的观察和及时的护理,可以最大限度地保障婴幼儿在户外活动中的安全和健康。

育儿宝典

家长如何应对刚入托宝贝的分离焦虑?

分离焦虑是婴幼儿初入婴幼儿照护服务机构时的常见现象,通常表现为哭闹、抗拒入园、黏人,甚至出现食欲和睡眠的变化。这是孩子面对陌生环境时产生的正常心理反应。家长和婴幼儿照护服务机构需密切配合,采用科学、温和的方法,帮助孩子顺利度过适应期。

1. 提前铺垫,建立安全感

在入托前 1~2 周,家长应提前帮助孩子熟悉婴幼儿照护服务机构的环境。可以带孩子参观婴幼儿照护服务机构,认识老师,以减少陌生感。进行短暂分离练习:家长可以引导幼儿进行短暂分离的练习游戏,在家逐步进行短时间的分离(如让其他照料者陪伴),帮助孩子理解"妈妈离开后会回来"的概念。入托初期,允许孩子携带熟悉的安抚物(如小毯子、玩偶),以增强他们的心理安全感。

2. 告别时坚定而温暖

将宝贝送到托育园门口后,家长应避免偷偷溜走,因为突然消失会加剧孩子的不安。明确告知"妈妈下午来接你",并用简单愉快的语言进行告别。合理控制告别时间,拖延或反复折返只会延长焦虑。建议简短拥抱后,果断离开,信任老师接手安抚。家长需尽量放松,保持情绪稳定,避免表现出过度担忧。

3. 家园协作,巩固信任感

家长应积极与老师沟通,向老师详细介绍孩子的性格、喜好及安抚方法,以便老师进行个性化引导。在下午离托时间,家长需遵守承诺,准时接孩子,初期甚至可适当提前,让孩子切实感受到"约定被兑现"的可靠性。接孩子时,多给予正面肯定(如"今天你和小朋友玩积木真棒!"),以提升孩子入托的积极性。

4. 回家后的高质量陪伴

入托初期,家长常通过拥抱、亲子游戏等途径来满足孩子分离期间的依恋需求。应避免给予负面暗示,少问"有没有哭""想不想妈妈"之类的问题,多引导孩子分享"今天玩了什么有趣的事"。确保孩子的作息规律,尽快与婴幼儿照护服务机构的饮食和睡眠节奏保持一致,以减少适应期的混乱感。

5. 特殊情况处理

若孩子长时间(超过 1 个月)无法适应,或出现拒食、持续夜醒等行为,家长应与老师、儿科医生或儿童心理专家共同评估,排除潜在的压力源。

缓解分离焦虑需要时间和耐心,大多数孩子会在 2～4 周内逐渐适应新环境。家长的理解、婴幼儿照护服务机构的专业引导以及稳定的生活节奏,是帮助孩子建立新依恋关系的关键因素。请相信,每一次温柔的放手,都是孩子走向独立的重要成长契机。

任务思考

1. 简述组织婴幼儿照护服务机构生活照护活动的要点。
2. 简述组织婴幼儿照护服务机构安全健康活动的要点。
3. 简述组织婴幼儿照护服务机构早期发展活动的要点。

任务三　开展早期教养指导活动

案例导入

以下为两位学生在实习观摩过程中的一段对话。

学生1:刚才听家长说,咱们今天来观摩的这个中心一周只给小朋友上两次课,每次仅有 45 分钟到 1 个小时的时间。这么短的上课时间,对婴幼儿真的有那么大的帮助吗?

学生2:是啊,这种早期教养指导活动主要是围绕婴幼儿开展游戏,家长们只是坐在旁边陪伴。这和婴幼儿全天在婴幼儿照护服务机构的全托形式有什么区别呢?

❓ 请根据两位学生的对话内容,探讨婴幼儿照护服务机构早期教养指导活动的意义及其独特之处。

家庭和婴幼儿照护服务机构共同承担着早期教养的重要责任,家长和教师是婴幼儿照护实践的主体,因此在婴幼儿照护服务机构中,要结合婴幼儿照护服务机构从业人员的专业能力,面向家长开展早期教养指导活动。并注重进行个性化的指导,解决家长的育儿困惑,提升育儿能力。

一、了解早期教养指导活动

(一)早期教养指导活动的含义

早期教养是一种直接针对 0～3 岁婴幼儿开展的教与养活动,以 0～3 岁婴幼儿为直接指导对象,以

视频

托育机构早期
教养指导活动

身心发展各个方面为选择内容和指导依据,以是否促进婴幼儿发展作为设计目标和评价标准,关注0～3岁婴幼儿个体的发展。而早期教养指导活动则是由接受过专业培训,同时又有着丰富教养经验的教师,面向家长开展的培训活动。目的是提高家长科学教养婴幼儿的能力,转变家长错误的教养理念,从而更有效地促进婴幼儿长期发展。(图8-3-1)

图8-3-1 早期教养指导活动

早期教养指导机构是指面向0～3岁婴幼儿,对其家长及其看护人员提供科学育儿指导、咨询,并提供婴幼儿教养活动场所的机构,是普及学前教育的重要服务形式,其目的是提高科学育儿的水平,促进婴幼儿身心和谐发展。

(二)早期教养指导活动的目标

2019年国务院办公厅发布《关于促进3岁以下婴幼儿照护服务发展的指导意见》指出:家庭对婴幼儿照护负主体责任,发展婴幼儿照护服务的重点就是为家庭提供科学的养育指导。

早期教养指导活动的核心目标是建立科学的育儿支持体系,通过专业指导促进婴幼儿全面发展。具体包括:培养照护者科学育儿能力,使其掌握符合婴幼儿发展规律的养育技巧;促进婴幼儿五大领域(粗大动作、精细动作、认知、语言、情绪情感与交往适应)的协调发展;建立安全的亲子依恋关系,帮助婴幼儿获得安全感;提升家庭教养质量,指导家长创设适宜的发展空间;预防和早期发现发展偏离,提供个性化干预建议。活动设计强调"发展适宜性"原则,通过示范、体验、反馈等方式,帮助家长理解婴幼儿发展的连续性和阶段性特征,掌握回应性照护技巧,最终实现赋能家长、发展儿童的双重目标,为婴幼儿健康成长奠定坚实基础。(图8-3-2)

(三)早期教养指导活动的内容

2021年10月23日,第十三届全国人民代表大会通过了《中华人民共和国家庭教育促进法》,促进法指出"婴幼儿照护服务机构、早期教育服务机构应当为未成年人的父母或者其他监护人提供科学养育指导等家庭教育指导服务。"文件精神再次凸显了早期教育指导工作的重要价值。

早期教养指导活动以"发展适宜性"为核心理念,围绕婴幼儿成长需求和家庭养育实际,从育儿观念、育儿知识、育儿能力三个层面展开,旨在提升照护者的科学养育水平,优化婴幼儿发展环境。活动内容紧扣五大目标维度,采用示范、体验、情景模拟、互动反馈等形式,帮助家长将理论转化为实践。基于育儿观念、育儿知识和育儿能力三方面的支撑,全面提升照护者的育儿能力。具体指导内容涵盖以下三大方面。

1. 育儿观念:树立科学的早期发展观

通过专题讲座、家长沙龙、亲子观察日记等多种形式,引导照护者深入理解婴幼儿发展的连续性与阶段性,树立尊重儿童个体差异的养育态度。专题讲座涵盖诸如《0～3岁大脑发育关键期》《回应性照

图8-3-2　早教指导服务

护的心理学基础》等主题,结合实际案例,阐释早期经验对终身发展的深远影响。在家长沙龙活动中,通过观看婴幼儿行为录像,围绕"如何区分需求与任性""过度保护与自主探索的平衡"等议题展开讨论,纠正"超前教育"等常见误区。此外,指导家长撰写亲子观察日记,记录孩子日常行为(如抓握、咿呀发声),分析其发展规律,逐步形成"观察—理解—支持"的育儿观念。

2. 育儿知识:掌握早期发展领域要点

普及婴幼儿发展里程碑知识,帮助家长识别各领域(粗大运动、精细动作、认知、语言、情绪情感与适应交往)的典型表现与支持策略。通过开展分月龄发展指南工作坊,针对0～6个月、7～12个月、1～2岁、2～3岁等阶段,详细讲解各领域的发展特点。例如,演示俯卧抬头—翻身—爬行的粗大动作进阶练习;指导家长通过平行对话和扩展句型促进婴幼儿的语言表达能力。此外,还可以组织亲子互动体验活动,设置各领域游戏区(如感统爬行垫、串珠桌、绘本角),让家长在教师指导下亲身体验如何通过游戏促进婴幼儿发展。教师需日常做好家长育儿问题的答疑解惑工作,如"宝宝走路晚需要干预吗?""如何支持宝宝应对陌生人焦虑",并结合婴幼儿发展阶段性水平,提供科学的解答。

3. 育儿能力:提升回应性照护技巧

通过实操训练,帮助家长掌握"观察—回应—拓展"的养育技能,从而改善亲子互动质量。通过情景模拟与角色扮演,例如模拟婴幼儿哭闹、抗拒吃饭等场景,练习"情感标注"(如"你因为积木倒了很生气")和正向引导技巧。指导家长学习"敏感回应四步法"(察觉—理解—回应—反思),并通过抚触、共同注意训练来增强孩子的安全感;示范如何布置安全探索空间(如使用矮柜收纳玩具、安装防撞角),指导家长自制低成本教具(如感官瓶、触摸板)。此外,还可以开展个性化指导与反馈,让家长录制亲子互动视频,由教师分析家长的回应方式(如是否及时、是否过度代劳),并提出改进建议;针对存在发展迟缓风险的儿童,制订家庭干预计划(如针对语言发育迟缓的家庭输入技巧)。

婴幼儿照护服务机构通过高效开展早期教养指导活动,其核心目标是将婴幼儿发展规律融入日常养育行为,使每一次换尿布、喂食、游戏等活动都成为促进婴幼儿成长的宝贵契机。此举旨在帮助照护者成长为"会照料、会抚爱、会陪玩、会倾听、会沟通、会等待、会放手"的"7会"型家长,从而掌握科学的育儿方法,让带娃过程变得轻松、充满爱意且富有科学性,与宝贝一同享受人生最初1000天的美好时光。

二、早期教养集中活动指导

开展家庭早期教养指导服务工作,帮助家长树立科学育儿观念,对于婴幼儿的健康成长具有深远意义。目前,在早期教养的集中指导形式中,位居首位的是以亲子活动为载体实施的模块式集中指导。所谓集中指导,是指通过集体游戏的形式将婴幼儿及其家长聚集在一起,由一名教师同时指导两个或两个以上的家长。这种指导形式效率高、覆盖面广。集中指导的流程主要分为活动导入、活动新授和活动结束三个阶段。

(一)活动导入阶段

1. 互动问好环节

互动问好环节作为建立社交安全感与规则意识的重要开端,须兼顾情感联结与能力培养。教师首先通过热情邀请营造接纳氛围,如张开双臂微笑提议"伸出双手互相认识",带领全体按节奏拍手"欢迎,欢迎,欢迎大家!"快速激活婴幼儿参与兴趣。随后采用开放式提问"今天谁愿意第一个问好",鼓励婴幼儿自主走向教师完成自我介绍——基础要求为说出姓名并挥手示意,能力较强者可补充年龄信息或展示简短才艺,结束时引导其表达感谢,全体再次以拍手回应强化正向反馈。

针对个体差异,须遵循不强迫、重示范原则:对犹豫退缩的婴幼儿,避免催促,可通过手势引导(如点头、挥手)降低表达压力,或由教师主动示范问好流程,待婴幼儿模仿成功后立即给予具体表扬(如"你能挥手打招呼了,真棒")。此过程中需同步培养社会性技能,强调倾听礼仪——通过语言提示(如"我们先认真听××介绍")和成人榜样示范(专注眼神、点头回应),帮助婴幼儿理解轮流与等待的意义,逐步培养延迟满足能力。整个环节需保持节奏舒缓,确保每个婴幼儿在获得情感支持的前提下,自然融入集体。

2. 亲子律动操环节

此环节旨在激发婴幼儿及家长参与活动的热情。律动操通常以儿歌或节奏性动作为主要内容,时长约5分钟,形式为亲子互动的律动操。该环节有助于培养婴幼儿的模仿能力和音乐节奏感,同时让他们体验到音乐带来的愉悦。

在这一环节,教师应鼓励家长放下技巧要求,专注陪伴婴幼儿投入动作模仿或情绪共鸣(如拍手哼唱),允许婴幼儿以自由动作响应音乐,不要求动作标准一致;对于抗拒肢体参与的婴幼儿,可通过语言互动或眼神交流维持其集体归属感。教师需同步观察多组家庭互动状态,及时用积极语言肯定家长的包容态度(如"××妈妈跟着节奏摆动身体,宝宝看得多认真"),强化正向示范。

(二)活动新授阶段

1. 活动组织要领

每一次引入新游戏活动时,教师需向家长详尽介绍活动的目的与价值、游戏材料的操作方法、婴幼儿在活动中的表现特点、家长应掌握的指导策略以及家庭延伸的具体方法。唯有让家长充分理解活动的意义,才能主动并有意识地指导婴幼儿。

在活动新授阶段,主要由教师进行集体教授,详细介绍每个新活动的内容及玩法。通常情况下,每次活动课会安排2至3个不同领域的游戏活动,确保领域均衡、动静结合,并在活动中间设置10~15分钟的休息时间。活动环境和操作材料须具备层次梯度,以适应不同能力水平的婴幼儿需求。

在集体教授环节,教师通常会进行两次示范:第一次完整展示整个活动流程;第二次则重点示范并详细讲解,涵盖活动开展的方法要领、活动过程中可能出现的教养误区等内容。此环节占用时间较短,大部分时间留给亲子互动及个别练习。

2. 教养指导重点

在活动新授阶段,教师采用了示范操作与讲解说明相结合的指导方式。"示范操作"直观易懂,便于婴幼儿及其照护者掌握材料的操作方法;"讲解说明"则帮助家长理解活动对婴幼儿发展的意义,并丰富其关于婴幼儿发展特点的知识。具体指导策略的运用,对家长而言更具实际意义,例如,在活动中提醒家长引导婴幼儿用手逐一将豆子放入瓶中,锻炼其在规定的30秒内完成全部豆子的放置,并将精细动作"捏取"与"数数"的认知能力相结合。同时,告知家长根据婴幼儿的个体能力水平,在回家操作时自主调整游戏的难易程度。最后,提醒家长注意观察,若婴幼儿手部精细动作发展较好,可尝试使用木质夹子夹起豆子,初期练习阶段可从夹取较大物体开始。

（三）活动结束阶段

在活动结束阶段,主要为简单放松活动与告别活动,这是构成情感联结与经验沉淀的关键环节,需以舒缓过渡与双向反馈为核心,充分发挥集中指导的价值。

1. 简单放松活动

需兼顾生理调节与情感联结的双重目标。教师可准备不同尺寸的按摩球,配合舒缓音乐营造安全氛围,引导家长对婴幼儿进行按摩抚触。按摩操作遵循从上至下、由躯干到末梢的顺序。此环节通过触觉刺激与韵律运动的结合,不仅能缓解婴幼儿活动后的肌肉紧张,更能借助肢体接触与童谣共鸣强化亲子依恋。教师需现场观察照护者力度把控(如按摩球压力是否适中)与情感投入度(是否配合语言安抚),及时给予肯定性反馈。

2. 告别活动

告别活动承载着经验总结与家园共育的桥梁功能。教师须以结构化表达完成三重任务:明确下次活动预告,个性化提醒家庭延伸方向(如"××妈妈可观察宝宝抓握勺子的姿势,在家中可尝试提供粗柄餐具"),以及关键教养要点(如"当宝宝拒绝分享玩具时,可用轮流玩替代强制介入")。告别活动须注重情感联结的仪式感:教师可主动拥抱婴幼儿并直呼其名,引导不同的家庭互相告别,同步用语言强化社交礼仪(如"跟小伙伴挥挥手说拜拜")。

此阶段的核心价值在于创设"安全分离"体验——教师须肯定婴幼儿当日的积极表现,针对活动中观察到的具体问题(如照护者代劳过多或回应延迟),采用"现象描述＋建议方案"的沟通策略(如"刚才观察到××抢玩具时,您立即介入制止了冲突,下次可以试试先蹲下来问'你们都想玩这个吗',给宝贝自己解决问题的机会")。同时鼓励家长提出个性化困惑,通过个别交流提供针对性建议,最终帮助家庭将活动经验转化为可持续的教养实践。

三、早期教养个别活动指导

早期教养个别活动指导是指教师或专业指导人员基于婴幼儿个体发展特点与需求,在集体活动或家庭场景中,通过观察、评估与个性化互动,为婴幼儿及其家长提供的针对性支持与教育引导。其核心在于以"个体差异"为导向,通过定制化活动设计、分龄适宜的材料与环境调整、实时反馈与策略优化,促进婴幼儿的全面发展,同时提升照护者的科学教养能力,最终实现"因材施教"的早期教育目标。（图 8-3-3）

图 8-3-3　亲子活动个别指导环节

早期教养个别指导活动的基本流程主要包括前期评估—活动设计—活动实施—总结反馈四个阶段。

1. 前期评估

前期评估与目标设定是活动设计的基础。教师需通过日常观察、家长访谈及标准化发展量表（如《婴幼儿发展评估指南》），全面了解婴幼儿在动作、认知、语言、情绪情感与交往适应等领域的现有水平与发展需求（如"抓握时拇指食指分化不足""对声音反应敏感但词汇量较少"）。同时，需分析家长的教养困惑（如"不知如何引导宝宝自主进食"）与家庭教养环境特点（如主要家长是否固定、亲子互动频率）。此阶段需注意避免主观臆断，应基于客观证据确定优先发展目标（如优先提升手部精细动作而非强行推进语言训练），并与家长达成共识，确保目标既符合发展规律又贴合家庭实际需求。

2. 活动设计

个别指导活动设计需遵循适龄性、趣味性与可操作性原则。教师需根据评估结果，选择匹配的活动领域（如精细动作训练或语言启蒙），设计分层任务（如提供大颗粒积木→小软球逐步提升抓握难度）与多样化材料（如木质勺子、硅胶碗辅助进食练习）。活动形式需融合游戏化元素（如"喂小熊吃饭"角色扮演），激发婴幼儿兴趣；同时预设多种调整方案（如减少干扰物、延长单次任务时间），以应对个体差异。此阶段需特别关注安全细节（如材料无尖锐边角、避免小零件吞咽风险），并确保活动目标与家庭日常场景可衔接（如延伸建议"用餐时让宝宝练习用勺子舀软食"）。

3. 活动实施

活动实施与个性化指导是核心环节。教师需以观察—示范—支持为路径展开：首先通过非干预性观察（如记录婴幼儿抓握时的手部姿势）判断其当前能力水平；随后采用分解动作示范（如"先捏住积木边缘，再移到瓶口上方"），配合简洁语言提示（如"我们慢慢松开手指"）；过程中需动态调整支持强度（如从全辅助到口头鼓励），避免过度代劳。针对家长，须实时反馈指导策略（如"当宝宝尝试3次未成功时，可以轻托手腕辅助定位"），并纠正常见误区（如急于完成动作而忽略过程体验）。此阶段需注重营造宽松氛围，允许婴幼儿因疲劳或兴趣转移中断活动，同时鼓励家长捕捉非显性进步（如操作时专注的眼神、自发模仿动作）。

4. 总结反馈

在总结反馈环节，教师须以具体案例总结婴幼儿的积极表现（如"××今天独立完成了3次积木放入瓶中"），强化家长信心；同时指出待提升方向（如"尝试引导宝宝用拇指和食指捏取更小物品"），并提供可操作的延伸建议（如在家中用袜子团练习抓握）。针对家长的个性化困惑（如"宝宝拒绝使用勺子"），须结合评估结果给出针对性方案（如改用硅胶软勺降低抗拒感，初期允许手抓食物过渡）。此阶段还需建立长效沟通机制（如每周反馈表、线上咨询渠道），帮助家庭将活动经验融入日常生活环节，形成观察—实践—调整的科学教养循环。

整个流程需贯穿"个体差异优先"理念：从评估阶段的精准识别需求，到设计阶段的个性化方案定制，再到实施阶段的动态支持调整，最终通过反馈环节实现家园共育闭环。教师须始终以婴幼儿的发展节奏为基准，避免横向比较，通过持续性指导帮助每个婴幼儿在自己的最近发展区内获得最佳成长支持。

育儿宝典

公益育儿平台案例推荐

一、官方平台

1. 幸福家·家庭教育服务园地

这是全国妇联统筹中国家庭教育学会、腾讯公司等共同打造的家庭教育在线服务平台。目前已在"全国妇联女性之声"微信公众号和"腾讯未成年人家长服务平台"微信小程序设置平台入口。

2. 上海科学育儿指导官方 APP"育之有道"

"育之有道"APP 整合了幼儿园托班、托育机构、社区教育"宝宝屋"、科学育儿指导服务站等相关信息。它是上海市政府运用信息化工具赋能托育服务,搭建家长需求与资源供给精准对接的桥梁。

二、高校平台

1. "北师大儿童发展与家庭教育研究院"微信公众号

北师大儿童发展与家庭教育研究院隶属北京师范大学教育学部,主要从事儿童发展与家庭教育领域科学研究、人才培养、社会服务、教学与科研。该公众号定期推送基于心理学研究的育儿指南、优秀案例,线上直播讲座。

2. "知心慧语"小程序

这是华东师范大学家庭教育特色项目——知心慧语智能陪练系统。

任务思考

1. 简述婴幼儿照护服务机构组织生活照护活动的要点。
2. 简述婴幼儿照护服务机构组织安全健康活动的要点。
3. 简述婴幼儿照护服务机构组织早期发展活动的要点。
4. 如何理解婴幼儿照护服务机构早期教养指导活动的特殊价值?

实训实践

任务:指导幼儿洗手

情景案例:丽丽,2 岁 5 个月,在婴幼儿照护服务机构生活学习 2 个月了,午睡后吃完点心,丽丽不断地舔着小手。照护者带着丽丽来到水池旁,拧开水龙头,丽丽将小手放在水龙头下冲洗了一下就结束了。

实训任务:作为照护者,请正确进行七步洗手法指导,指导幼儿洗手用物清单如表 8-3-1 所示。

实训要求:准备 8 分钟,测试时间 8 分钟

表 8-3-1　指导幼儿洗手用物清单

序号	名称	规格	单位	数量	备注
1	仿真婴儿模型	配衣服、填充物 PP 棉,无纺布内衬,手脚头软搪胶	个	1	
2	洗手台	仿真幼儿洗手台	张	1	
3	洗手液	儿童洗手液	个	1	
4	毛巾	儿童棉质小毛巾	条	2	
5	记录笔	黑色 0.5 mm	支	1	
6	记录本	封面加厚、环保纯木浆纸张、无线热熔胶装、高品质双胶纸,A5、30 页	本	1	
7	免洗手消毒剂	500 毫升	瓶	1	

(实训题目来自全国职业院校技能大赛婴幼儿健康养育照护赛项赛题第一套技能实操模块)

赛证链接

一、单选题

1. 托育机构应合理配备保育人员,与婴幼儿的比例应当不低于以下标准:乳儿班 1∶3,托小班(　　),

托大班 1∶7。

A. 1∶4　　　　　B. 1∶5　　　　　C. 1∶6　　　　　D. 1∶7

2. 下列选项中可以保持全天开窗通风的是（　　）。

A. 盥洗室　　　　B. 卧室　　　　C. 活动室　　　　D. 以上都可以

3. 托育机构教师在新生入园前的家访工作主要是为了了解婴幼儿的特点、脾气秉性和生活习惯、婴幼儿生活的家庭背景和（　　）等情况。

A. 父母的教育方式　　　　　　　　　B. 父母的经济情况

C. 婴幼儿智力发展情况　　　　　　　D. 婴幼儿心理素质

二、多选题

1. 培养婴幼儿良好的睡眠习惯的常用方法有（　　）。

A. 独立睡眠，想睡时就睡　　　　　　B. 独立睡眠、自己入睡、按时睡觉、按时起床

C. 自己睡觉、睡醒后自己在床上玩耍　D. 成人哄睡、摇晃入睡

2. 托育机构对于传染病的预防应根据传染病发生和流行的基本环节，采取迅速而科学合理的措施，下列说法正确的是（　　）。

A. 有效控制传染源　　　　　　　　　B. 抛弃病原体

C. 切断传染途径　　　　　　　　　　D. 保护易感儿

E. 有效控制传染源，早发现、早上报、早隔离

3. 0～3岁婴幼儿从吃奶到吃普通食物；从躺卧状态、完全随意动作到用手操纵物体和直立行走；从完全不能说话到能用语言交流；从软弱的个体到相对独立的个体，非常需要成人的（　　）。

A. 重点保护　　　　　　　　　　　　B. 精心养护，并在养护过程中融合教育

C. 精心呵护　　　　　　　　　　　　D. 尽早教育

E. 食物数量适宜

三、判断题

1. 托育机构在冬季开窗通风的时间一般为每半天5～10分钟。（　　）

2. 在托育机构环境创设中，首先要考虑的就是为婴幼儿创设安全、健康的环境。（　　）

3. 托育机构应制定合理的一日生活作息制度，两餐间隔时间不得少于三小时。（　　）

（中国—东盟教育交流周职业院校技能大赛婴幼儿保教技能竞赛题）

参 考 文 献

1. 洪秀敏等. 婴幼儿托育机构设置标准的国际经验与启示[M]. 北京：北京师范大学出版社,2020:1.
2. 文颐. 婴幼儿心理与教育[M]. 北京：北京师范大学出版社,2023:244.
3. 朱宗涵、李晓南. 0~6岁自然养育百科[M]. 北京：中国人口出版社,2022:393.
4. 王宁,李雪,蔡健. 婴幼儿健康评估与指导[M]. 北京：中国人民大学出版社,2022:35.
5. 高振敏. 0~1岁儿童智能测评与促进方案[M]. 上海：第二军医大学出版社,2001:18-19.
6. [美]冈萨雷斯-米纳J,等. 婴幼儿及其照护者：基于尊重、回应和关系的心理抚养[M]. 张和颐,张萌,冀巧玲,译. 北京：商务印书馆,2024:193.
7. 郭力平,吴龙英. 早期教育环境创设[M]. 上海：华东师范大学出版社.2019:62.
8. 华爱华. 学前教育改革启示录[M]. 上海：上海社会科学院出版社,2009:9.
9. 尤敏. "活教育的中心是儿童"——陈鹤琴儿童本位价值取向探析[J]. 早期教育,2024(12):5-10.
10. 国家卫生健康委员会. 7岁以下儿童生长标准：WS/T 423—2022[S]. 2022-09-19.
11. 中华医学会儿科学分会新生儿学组. 新生儿胸围测量标准[J]. 中华儿科杂志,2018,56(增刊1):12-15.
12. 国家卫生健康委办公厅. 婴幼儿早期发展服务指南(试行)[Z]. 2024-12-5.
13. 国家卫生健康委员会. 婴幼儿辅食添加营养指南：WS/T 678—2020[S]. 2020-05-06.
14. 国家卫生和计划生育委员会. 0岁~5岁儿童睡眠卫生指南[Z]. 2017-10-12.
15. 国家卫生健康委. 托育机构保育指导大纲(试行)[Z]. 2021-1-12.
16. 国家卫生健康委办公厅. 托育从业人员职业行为准则(试行)[Z]. 2022-11-23.
17. 上海市教育委员会. 上海市0—3岁婴幼儿教养方案[Z]. 2008-05-08. 沪教委基[2008]33号.
18. 成都市卫生健康委员会. 成都市家庭婴幼儿照护指南(试行)[Z]. 2021-10-26.
19. 国务院办公厅. 关于促进3岁以下婴幼儿照护服务发展的指导意见[Z]. 2019-4-17.

图书在版编目(CIP)数据

早期教育概论/陈雅芳,颜晓燕总主编;刘丽云主
编.--上海:复旦大学出版社,2025.8. -- ISBN 978-
7-309-18095-4

Ⅰ.G61

中国国家版本馆 CIP 数据核字第 2025QN2150 号

早期教育概论

陈雅芳　颜晓燕　总主编

刘丽云　主　编

责任编辑/颜萍萍

复旦大学出版社有限公司出版发行

上海市国权路 579 号　邮编:200433

网址:fupnet@ fudanpress.com　http://www.fudanpress.com

门市零售:86-21-65102580　　团体订购:86-21-65104505

出版部电话:86-21-65642845

上海四维数字图文有限公司

开本 890 毫米×1240 毫米　1/16　印张 11.25　字数 348 千字

2025 年 8 月第 1 版第 1 次印刷

ISBN 978-7-309-18095-4/G·2726

定价:45.00 元